嵌入中国城镇化脉络的
县域中小学布局调整

QIANRU ZHONGGUO CHENGZHENHUA MAILUO DE
XIANYU ZHONGXIAOXUE BUJU TIAOZHENG

荣利颖 著

中国人民大学出版社
· 北京 ·

本研究为教育部人文社科研究项目“县域中小学布局调整的政策工具分析”（项目批准号 12YJC880083）的成果。

序

中小学校的布局问题是普及义务教育必然会遇到的问题。因为要普及，就要满足每个孩子都能上学的需要。怎么有利于每个孩子都能上学，就要考虑学校布局问题。特别是我国，地理幅员广大，各地经济社会发展很不均衡，学校布局有其复杂性，有时会处于两难的境地。例如，为了便于孩子上学，最好把学校设在家门口，但村子小、孩子少，教师编制就少，就难以开足国家规定的课程，难以保证教育质量。因此出现并校的设想。但把村小合并起来，解决了师资问题，却又出现了孩子生活上的问题。孩子远离家庭，得不到家庭温暖。我们调研看到小学一年级6岁的孩子就寄宿在学校，感到他们很可怜。同时，村小撤掉了，这个村也就没有文化了。所以21世纪初教育部一度发文要求撤并学校，过了几年又撤销了这个决定，恢复必要的村小。恐怕村小撤并也好，保留也好，都不能一刀切，要视当地的条件和发展前景，因地因时解决，两难之间取其更有利于孩子发展的方式。我想，这个问题随着我国城镇化还会有很大的变化。但总体上讲，最偏僻的山区，教学点还是会保留一段时间。即使在最发达的美国，也还有一师一校的教学点。我认为，最关键的问题还在于教师。如果教学点上有一位愿意献身教育事业的全科教师，保留教学点与提高教学质量就不会有矛盾。

首都师范大学青年学者荣利颖对中小学校布局问题作了详细调查，梳理了历史上中小学校布局调整的政策文本和各地方政府出台的文件，还介绍了外国的经验，对我国中小学校布局的现状通过几个地区的案例进行了分析评估，并对今后中小学校布局调整提出了建设性的意见。论文有理论，更有实际，是一份很好的研究报告。

2015年12月15日

前 言

我国县域中小学布局调整既是教育变革的重要举措，也是城镇化进程的重要组成部分；县域中小学布局调整既有其内在逻辑，也受政策环境的影响与制约。县域中小学布局调整作为城乡义务教育治理的重要政策工具，承载着优化教育资源配置、促进教育公平的功能，但其在具体的发展演变历程中，也充满了政策导向与实践逻辑的分歧和对立。基于此，本研究提出县域中小学布局调整是嵌入中国城镇化脉络——二元分割的“未发轫”状态、“行政主导”的快速城镇化与“权利本位”的新型城镇化三个阶段——的国家治理范式价值内核的具体反映。从深层次而言，县域中小学布局调整政策的制定、实施过程及运行机制，是国家治理范式与城镇化演进在县域义务教育治理中的表现乃至“映射”。本研究结合城镇化进程，深入分析县域中小学布局调整政策执行过程中的主导力量及其产生的主要问题，有助于发现县域中小学布局调整的发展演变规律，为进一步推动义务教育转型提供参考与借鉴。

此外，本研究为了全景式地展示城镇化对县域中小学布局调整的影响，将改革开放以来中国城镇化的形态、路径与模式大体分为“自然状态下的城镇化”与“行政主导下的城镇化”两种。通过多案例的研究，考察了两种状态下的城镇化分别对县域中小学布局调整所产生的影响。此外，秉持“麻雀虽小，五脏俱全”的研究立场，本研究对云南省红河州建水县、浙江省绍兴市柯桥区、山东省德州市平原县的县域中小学布局调整情况进行了详细的个案研究。通过个案研究，力图展现我国县域中小学布局调整的具体运作状况与实践逻辑，揭示政府意志与基层社会、制度与生活之间复杂互动的微观机理与现实图景。“他山之石，可以攻玉。”毋庸置疑，对美国、日本、英国以及我国台湾地区中小学布局调整经验的考察，也将为新型城镇化背景下县域中小学布局调整提供有益参考。

总体而言，发展主义主导下“行政主导”的城镇化，忽视公民自下而上的参与和民间社会的“共同治理”，以牺牲公民的基本权利为代价。而在县域中小学布局调整中，程序正义的缺位使得儿童的受教育权遭到践踏。儿童就近入学的受教育权在巨大的经济利益与官员政绩驱动下，显得苍白无力。研究认为，新型城镇化的到来是对“行政主导下城镇化”的批判与反思，是对“自然状态下城镇化”的经验汲取与思想升华。它昭示着，未来中国县域中小学布局调整将通过平等协商与商谈沟通，致力于在社会公共利益、群体利益与个人利益等多重利益之间寻求更多的共识，在尊重公民受教育权这一宪法保障的基本权利的前提下，基于法治的程序、精神与思维开展，以更好地保障不同地区、阶层的城乡儿童能够在同一片蓝天下健康地学习和成长。

荣利颖

目　录

第一章
我国县域中小学布局调整政策的历史沿革

总体来看，我国县域中小学布局调整[①]产生与发展的进程可以划分为五个阶段：一是近代以来，跌宕起伏的前布局调整时期；二是1978年至1986年，布局调整的初步探索时期；三是1987年至2000年，布局调整的逐步调整时期；四是2001年至2011年，布局调整的高潮推进时期；五是从2012年至今，布局调整的理性反思时期。

一、前布局调整时期

（一）政策出台背景

近代以前，传统的旧学教育一统天下，并依靠科举制度维系其生命力。西学东渐的浪潮以及清末新政的开启，使得现代新学制度被引入，中国教育的现代性发轫。1905年，延续1 300多年的科举制遂告废止，标志着中国古代官学、书院等旧学教育制度彻底覆灭，适应时代需求的以新学堂为标志的中国近代新学教育制度在中国最终取得了完全胜利，从而结束了很长一段时间的“学堂科举，新旧

① 在本研究中，“布局调整”是指为适应新的情况，对事物进行全面的重新规划、调整。因此，“县域中小学布局调整”是指为适应以县为主的教育发展的新形势，对县域内中小学进行重新规划、调整。这种规划、调整有多种形式，包括：撤并学校、合并迁校、新建学校、保留或新设教学点、置换新建等。

并行”的局面。随着南京国民政府的建立，公立学校有了较大规模的发展，教育投入有所增加，教育体制日臻完善，“民国时期农村基础教育政策在政策层面上，具体且深入到最基层的行政规划区域，以便教育管理的便利与灵活；在义务教育层面上，全面且详尽至年限、课程和发展规划，以便提升国民素质和人才培养；在教育宗旨上，明确且突出三民主义的国民教育宗旨，以便明确教育发展方向和路径轨迹”①，国民政府竭力加强对教育的控制，政策与措施实行刚柔相济。

（二）政策的历史演进与实施效果

新中国成立以后，革命政权通过人民公社制度重构了国家与乡土社会以及农民之间的关系，农民被束缚在土地上。通过全能主义的国家控制，村落空间自此开始进入权力无限扩张的年代。1949 年以后，尽管国家控制程度提高，许多 1949 年以前的传统还是保存了下来。特别是在“文化大革命”时期（1966—1976 年），“民办公助”办学模式——“民办”指由大队（村）和公社（乡）办理，“公助”指由政府在资金、师资等方面提供不同程度的帮助——成为典型，推动了农村义务教育的空前普及。在国家制定的指导方针下，乡村大多管理和维护着自己的学校。很多学校雇用的教师，其工资的一部分由集体工分来支付。这个体系成功地为绝大多数农村人口提供了免费的小学教育。② 这种乡村教育的简约治理之所以得以维系，很大程度上依托于革命政权充沛的合法性资源，通过群众动员的方式实现“穷国办大教育”和“村村办小学”的国家理想。在资源相对匮乏的年代，这种与“行政下乡”相结合的简约治理模式以及“正式制度的非正式运作”成为教育覆盖村落的重要策略。

与此同时，革命政权的全能主义统治③，也使得乡村教育被赋予政治属性。新中国成立后直至 20 世纪 70 年代后期，国家的阶级政策充分影响了乡村教育的运行逻辑。其中，1958 年“大跃进”中教育与生产劳动相结合的号召以及“文化大革命”期间“以阶级斗争为纲”的政治路线对农村教育场域的支配，都是乡

① 曲铁华、慈玲玲：《民国时期农村基础教育政策变迁的基本路径与内在逻辑》，载《湖南师范大学教育科学学报》，2013（5）：49～51 页。

② 参见黄宗智：《集权的简约治理——中国以准官员和纠纷解决为主的半正式基层行政》，载《开放时代》，2008（2）：23 页。

③ 参见邹谠：《中国廿世纪政治与西方政治学》，载《政治研究》，1986（3）：1～5 页。（邹谠介绍了缝隙国家与社会关系的一个独特视角：全能主义。他认为：“全能主义”仅仅指政治机构的权力可以随时无限制地侵入和控制社会每一个阶层和每一个领域的指导思想。“全能主义政治”指的是以这个指导思想为基础的政治社会。）

村教育彰显国家意志的典型案例。以江苏省泰县为例，“1958 年，教育‘大跃进’，小学总数由 432 所激增到 809 所，儿童入学率达 90%以上。师生频繁参加集体生产劳动，公社小队亦可下令停课，课堂教学受冲击，质量下降。三年困难时期，小学大量流产。”过分强调教育与生产劳动相结合，与“大跃进”时期好大喜功的政治氛围一起，导致乡村教学秩序的混乱。

而“文化大革命”期间，农村学校的“教学内容和课程设置随意性很大，有的即以毛主席语录取代语文。传统的思想政治工作被全部否定，纪律松弛，无政府思潮泛滥。同时实行‘教育革命’，按‘上小学不出队’的要求，把公办小学下放到大队办。实行贫下中农管理学校，工农兵登讲台。学文化知识被诬为‘白专道路’，交白卷则为‘反潮流’。大批判、讲‘三史’、忆苦思甜充斥于课堂教学。”[①] 这一时期的乡村教育在乡村教育管理体制、师资、办学经费的来源、招生等方面也都打着特殊社会情况的烙印。

1969 年贫下中农进驻学校，乡村学校出现了新的格局。公社建立了贫下中农管理学校委员会（简称贫管会），大队组建贫下中农管理学校小组（简称贫管组）。贫管会和贫管组在乡村教育系统中的权力和职责始终模糊不清，贫管组织权力的大小常常取决于它的头头们的能力、手腕甚至野心。贫下中农管理学校伤害了教师的自尊心，打击了教师教书育人的积极性，从而影响了乡村学校教学质量的提高。1976 年随着“文化大革命”的结束，乡村学校中的贫管组织被撤销。

二、布局调整的初步探索时期（1978—1986 年）

（一）政策出台背景

“文化大革命”期间，在“最高指示”的号召下，“教育革命，开门办学”成为基础教育的重要指导方针。这一时期，村落小学“遍地开花”，在数量上达到了中国历史最高峰。“村村有小学，队队有初中，社社有高中”成为这十年农村教育飞速膨胀的生动写照。但是，由于“文化大革命”期间学校办学忽视了客观实际，更因“一刀切”和急于求成产生了一系列问题。从改革开放到 20 世纪 80 年代中期，政府开始对基础教育进行“拨乱反正”、调整并恢复教育秩序。这一时期，恢复中小学的教育秩序、缩减办学规模、普及和提高小学教育成为政府工

① 泰县县志编纂委员会：《泰县志》，644 页，南京，江苏古籍出版社，1993。

作的重中之重。“一些不合格的村办小学被纷纷撤并，原来下放为民办的公社小学也重新恢复为公办。”[①] 在此期间，中小学教学秩序得到有效恢复和整顿，中小学出现稳步发展。

(二) 政策的历史演进与实施效果

1980年，《中共中央、国务院关于普及小学教育若干问题的决定》颁布。此决定提出在全国实现普及小学教育的任务，有条件的地区应该普及初中教育。实行“村办小学、分级办学、分级管理”的体制。[②] 政策出台后，上至国家，下到农村，都积极努力地恢复和发展教育事业。

1983年5月，《中共中央、国务院关于加强和改革农村学校教育若干问题的通知》(以下简称《通知》) 进一步明确了普及初等教育的任务和应当采取的方针措施，指出普及初等教育是培养现代化建设人才的奠基工程。《通知》中还指出：“办好农村学校教育，要坚持‘两条腿走路’的方针，通过多种渠道切实解决经费问题。中央和地方要逐年增加教育经费，厂矿、企业单位、农村合作组织都要集资办学，还应鼓励农民在自愿基础上集资办学和私人办学。”[③] 《通知》的颁布，拓宽了农村教育经费来源，为农村基础教育的发展提供了一定的物质和政策保障，充分调动了农村办学的积极性。

1985年颁布的《中共中央关于教育体制改革的决定》提出：“实行九年制义务教育，实行基础教育由地方负责、分级管理的原则。”“除大政方针和宏观规划由中央决定外，具体政策、制度、计划的制定和实施，以及对学校的领导、管理和检查，责任和权力都交给地方。”“为了保证地方发展教育事业，除了国家拨款以外，地方机动财力中应有适当比例用于教育，乡财政收入应主要用于教育。地方可以征收教育费附加，此项收入首先用于改善基础教育的教学设施，不得挪作他用。”[④] 这就在政策上进一步明确了农村基础教育分级管理体制及财政保障制度。

1986年颁布施行的《中华人民共和国义务教育法》规定：“县级以上地方人民政府根据本行政区域内居住的适龄儿童、少年的数量和分布状况等因素，按照国家

---

① 吉标：《中国村落小学的百年兴衰》，载《华东师范大学学报（教育科学版）》，2012（4）：81～88页。

② 参见《中共中央、国务院关于普及小学教育若干问题的决定》，中发〔1980〕84号，1980-12-03。

③ 《中共中央、国务院关于加强和改革农村学校教育若干问题的通知》，1983-05-06。

④ 《中共中央关于教育体制改革的决定》，1985-05-27。

有关规定，制定、调整学校设置规划。”[①] 各级地方政府以农村初、高中为重点，撤并了一批规模过小的“麻雀校”和“教学点”，初步整合了当时县域内的教育资源。

总体上来看，这一时期，“普九”是国家义务教育的战略重点，教育主要是保障基本和方便的入学机会。20 世纪 80 年代初，全国农村小学数量高达 94.9 万所，至 1985 年全国农村小学数量减少到 83.23 万所。全国农村学生数量由 20 世纪 80 年代初的 12 467.4 万人，增加到 1985 年的 13 370.18 万人。[②] 村办小学的数量有所精简，学生数量开始回升，学校办学得到规范与发展。

三、布局调整的逐步调整时期（1987—2000 年）

（一）政策出台背景

随着计划生育政策的推行，人民群众的生育观念逐步改变，人口出生率降低，学龄人口下降。至 20 世纪 80 年代中后期，计划生育政策实施效果逐渐显现，我国人口自然增长率逐年下降，适龄入学儿童数量也开始呈现下降趋势。

20 世纪 80 年代末期，随着农村富余劳动力向城市的大规模转移，城镇化的发展迅猛，[③] 城镇人口的集聚成为不可逆转的发展趋势，传统的“村村办小学、乡乡办初中、县镇办高中”的农村教育结构已不适应城镇化发展趋势。农村学龄人口的自然减少和空间流动，使得农村学校“空壳化”现象严重，将学校向城镇地区集中成为学校布局调整政策的必然选择。

（二）政策的历史演进与实施效果

1987 年 6 月，国家教育委员会和中华人民共和国财政部（以下简称财政部）联合发布了《关于农村基础教育管理体制改革若干问题的意见》，进一步强化了各级机构在基础教育中的办学责任。“县学县办、乡学乡办，村学村办”的教育管理体制继续维持。[④]

---

① 《中华人民共和国义务教育法》，1986 - 04 - 12。

② 参见张健：《中国教育年鉴（1985—1986）》，1～5 页，长沙，湖南教育出版社，1988。

③ 参见邬志辉、史宁中：《农村学校布局调整的十年走势与政策议题》，载《教育研究》，2011（7）：22～30 页。

④ 参见《关于农村基础教育管理体制改革若干问题的意见》，教政研字〔1987〕2 号，1987 - 06 - 15。

中华人民共和国教育部（以下简称教育部）1998年出台的《关于认真做好"两基"验收后巩固提高工作的若干意见》第六条规定："进一步调整学校布局，充实和改善办学条件。遵循方便学生就近入学和充分利用教育资源，提高办学规模、效益原则，合理调整中小学校布局。新建居民区和老居民区改造时，必须配套建设实施义务教育学校。"①

1999年颁布的《中共中央国务院关于深化教育改革，全面推进素质教育的决定》提出："农村学校从现实和长远出发，更应优化结构，调整布局，适度集中办学，加速改革发展。""为加速农村地区教育的改革与发展，农村地区要优化自己的学校结构，合理地调整学校的布局结构，在注意适度的情况下，要采取集中办学的策略。"②

2000年3月2日颁布的《中共中央国务院关于进行农村税费改革试点工作的通知》首次提出"适当合并现有乡村学校，对教师队伍进行必要的整顿和压缩"③。

自此，各地政府以相关文件为依据，对县域内一些规模过小的学校进行撤并，初步整合了县域内教育资源，在一定程度上实现了教育资源的优化配置。1986年，全国农村小学数量为82.08万，经过撤点并校后，截至2000年，全国农村中小学数量减少到44万，数量比1986年减少了46.39%。④

四、布局调整的高潮推进时期（2001—2011年）

（一）政策出台背景

20世纪90年代中期，随着中国教育事业逐步走向规模化、效率化，经济理性主义在一定程度上已经成为引导教育事业发展的指导思想，我国一些经济学家受新自由主义的影响，以深化改革的名义引入新自由主义理论，反映在教育领域，即开展了一系列以新自由主义、新管理主义思潮为指导思想、以市场机制为范式的学校改革运动。新自由主义思想中蕴涵的市场化运作理念，注重自由竞争、经济效益及规模效益，导致人们对教育功能的主流理解发生转变，将教育的

---

① 《关于认真做好"两基"验收后巩固提高工作的若干意见》，教基〔1998〕8号，1998-08-03。

② 《中共中央国务院关于深化教育改革，全面推进素质教育的决定》，中发〔1999〕9号，1999-06-13。

③ 《中共中央、国务院关于进行农村税费改革试点工作的通知》，中发〔2000〕7号，2000-03-02。

④ 参见郑树山：《中国教育年鉴（2001）》，71-105页，北京，人民教育出版社，2001。

经济功能提高到首要位置。政府为了节约成本、提高效率，将布局调整的出发点放在合并或关闭那些规模小、入学率低的农村小学校上。

至20世纪90年代中后期，我国基本完成了“扫盲”和“普及九年义务教育”的任务。也正是在这个过程中，我国社会结构发生了深刻的转型。首先，农村城镇化水平迅猛提高，农村人口逐渐减少，同时计划生育政策的有效实施和生育观念的转变，致使农村学龄儿童数量急剧减少。其次，由于农村税费制度改革，乡村学校办学经费持续紧张，集中办学成为基层政府提高教育经费有效利用率的重要途径。最后，农民对教育质量的期望不断升高，他们在实现“有学上”的基础上，出现了“上好学”的强烈需要。农村基础教育尤其是农村教学点布局散、规模小、质量低、效率低下、教育经费投入不足等问题日益凸显。

21世纪以来，随着城镇化的加快推进，为了减轻农民负担，我国农村办学体制和投入体制开始发生变化。2001年，《国务院关于进一步做好农村税费改革试点工作的通知》也指出：“农村税费改革必须相应改革农村义务教育管理体制。由过去的乡级政府和当地农民集资办学，改为由县级政府举办和管理农村义务教育，教育经费纳入县级财政。要进一步优化教育资源配置，合理调整农村中小学校布局，根据实际情况适当撤并规模小的学校和教学点。”① 学校布局调整政策出台后，地方政府对办学条件差、教学质量低的农村中小学校进行大规模的撤点并校，全国上下掀起了一场旨在优化教学资源、提升教学质量的“撤点并校”风潮。

（二）政策的历史演进与实施效果

2001年5月29日《国务院关于基础教育改革与发展的决定》指出，“因地制宜调整农村义务教育学校布局。按照小学就近入学、初中相对集中、优化教育资源配置的原则，合理规划和调整学校布局。农村小学和教学点要在方便学生就近入学的前提下适当合并，在交通不便的地区仍需保留必要的教学点，防止因布局调整造成学生辍学。学校布局调整要与危房改造、规范学制、城镇化发展、移民搬迁等统筹规划。调整后的校舍等资产要保证用于发展教育事业。在有需要又有条件的地方，可举办寄宿制学校。”② 该《决定》正式提出要对农村中小学进行布局调整，地方政府以此为指导性纲领制定本地区的农村中小学布局调整规划。

---

① 《国务院关于进一步做好农村税费改革试点工作的通知》，国发〔2001〕5号，2001-03-24。

② 《国务院关于基础教育改革与发展的决定》，国发〔2001〕21号，2001-05-29。

在此之后，各省按照中央指示，出台了中小学布局调整的规划，具体政策文本见附录1。

2004年，为巩固“两基”成果，提高“两基”质量，经国务院同意，教育部、财政部发布了《教育部、财政部关于进一步加强农村地区“两基”巩固提高工作的意见》，指出“各地要遵循‘小学就近入学，初中相对集中’的原则，稳步推进农村学校布局结构调整工作，提高办学规模和效益”①。

2006年，教育部颁布《教育部关于实事求是地做好农村中小学布局调整工作的通知》。此通知指出，各地在农村中小学布局调整工作中取得显著成效，但是出现了一些新情况、新问题，有些地方盲目追求调整的规模和速度，存在简单化和“一刀切”的情况，造成了边远贫困山区农民子女上学困难问题，违背了学校布局调整的初衷。为此，通知强调，各地要落实科学发展观，坚持以人为本，保证学生就近入学的前提下，按照实事求是的原则稳步推进农村中小学布局调整，防止因过度调整造成学生失学、辍学和上学难问题，防止以布局调整为名减少教育投入，防止原有教育资源的浪费，以确保适龄儿童顺利完成九年义务教育，确保农村义务教育健康发展。②

2010年审议通过的教育部《国家中长期教育改革和发展规划纲要（2010—2020年）》指出：“巩固义务教育普及成果。适应城乡发展需要，合理规划学校布局，办好必要的教学点，方便学生就近入学。”③ 随着国家一系列政策的出台，中小学布局调整在广袤农村大地迅速展开。“经过十多年的布局结构调整，农村教育办学重心逐渐上移，尤其是一些经济较为发达的农村地区，集中力量改善或创办了一批乡镇中心小学，不少地方出现一个乡镇只有一所中心校的办学格局。”④

《农村教育布局调整十年评价报告》显示，2001年全国有42万所小学，2011年只剩下23万所，减少了19万所，减幅达45.24%。从2000年到2010年，在我国农村，平均每天要消失63所小学、30个教学点、3所初中，几乎每过一小时，就要消失4所农村学校。与此同时，10年间，我国农村小学生减少了3 153.49万人，减幅达37.8%，农村初中生减少了1 644万人，减幅达26.97%。农村初中就读的学生减少了22%，农村小学就读的学生减少了

① 《教育部、财政部关于进一步加强农村地区“两基”巩固提高工作的意见》，教基〔2004〕4号，2004-02-12。

② 参见《教育部关于实事求是地做好农村中小学布局调整工作的通知》，教基〔2006〕10号，2006-06-09。

③ 《国家中长期教育改革和发展规划纲要（2010—2020年）》，2010-07-29。

④ 吉标、徐继存：《中国村落小学的百年兴衰》，载《华东师范大学学报》，2012（4），81～88页。

11.5%，他们大多数进入县镇初中和县镇小学。[1] 农村中小学撤并数量与速度令人咋舌。可以说十年布局调整对农村基础教育的影响具有根本性、长期性，亟须“急刹车”进行思考整改。

五、布局调整的理性反思时期（2012 年至今）

（一）政策出台背景

从全国来看，这一时期很多农村地区尤其是我国的偏僻山区，在盲目的、大规模的“撤点并校”后，其后遗症也逐渐凸显出来。农村学校日益荒芜凋敝，从教育结构来看，出现了“城挤、乡弱、村空”的危局，“过度的学校撤并导致学生上学远、上学贵、上学难”。学校服务半径增大，学生人身安全受到威胁，校车事故频发，寄宿制学校诸多问题逐渐暴露。人们开始质疑农村“撤点并校”的初衷，反思布局调整的方式和力度，很多地区开始根据县域内具体的人口情况和教育实际，按照“就近入学”的原则，逐渐恢复有些已经撤并了的农村教学点。总体上讲，这一时期中小学布局已处于稳定阶段。

（二）政策的历史演进与实施效果

为更好地规范中小学布局调整，国务院办公厅 2012 年 9 月发布《国务院办公厅关于规范农村义务教育学校布局调整的意见》（以下简称《意见》）。《意见》明确提出，“坚决制止盲目撤并农村义务教育学校”，“在完成农村义务教育学校布局专项规范备案之前，暂停农村义务教育学校撤并”。[2] 以《意见》为标志，全国农村学校布局调整已进入由“效率优先、兼顾公平”转入“公平优先、以人为本”的“后布局调整”阶段，“集约高效、科学布局、可持续发展”成为农村学校布局调整工作的指导思想。全国各地开始探索试点先行，稳步推进农村教育科学发展的新路。在《意见》发布后，各省均按照中央部署对各省布局调整进行了重新规划，具体政策文本见附录 2。

---

① 参见杨东平：《农村教育布局调整十年评价报告》，21 世纪农村教育高峰论坛，2012。

② 《国务院办公厅关于规范农村义务教育学校布局调整的意见》，国办发〔2012〕48 号，2012－09－06。

六、我国县域中小学布局调整政策的反思

从中小学布局调整的探索时期到理性反思时期，前后 30 余年的政策推进取得了一定的成功，也凸显了一些问题，布局调整政策虽被“急刹”叫停，但是后续如何进行还需研究者不断探索。对已有布局调整政策的评价既提供了关于政策绩效的可靠和有效信息，作为政策继续执行的依据，也是后续或新生政策的基点，为达成政策目标提供选择。“制度分析除了预测结果，还可以估计正在获得的成果和在不同制度选择下将能达到的一组可能的成果。”① 尽管存在许多其他潜在的评估标准，我们尝试借鉴制度理性选择框架中行动舞台内的结果评估标准，对已有布局调整政策的效率性（经济效率）、公平性（融资均衡和再分配公平）、适当性作一些评价。

作为农村基础教育布局调整的主要方式，撤点并校对于合理配置农村教育资源、加快转变农村教育发展方式、促进基础教育均衡发展、推进城镇化健康发展产生了积极影响。②

农村中小学撤点并校前，普遍存在校点多、规模小的现象。由于教育资源投入不可分割的特点，无论学校规模大小，都要有固定的资金投入，造成农村教育资源的浪费。撤点并校的最直接成效就是促进了农村教育资源的合理配置，表现在：第一，将规模小、发展弱的中小学进行撤并，集中配置农村教育资源，防止资源浪费；第二，对农村中小学危房进行改造。在“国家贫困地区义务教育工程”和“危房改造工程”的推动下，改造农村中小学危房，改善了办学条件；第三，对农村中小学教师进行精简。撤点并校精简了部分教师，节省了工资性财政支出，使学校财政更加集中，同时也保证教师工资发放的及时性。在优化教育资源配置的同时，有效提高了农村教育资源的利用率，实现了农村教育的规模效益。所谓规模效益，是指随着规模的加大，生产成本和经营费用都得以降低，从而能够取得一种成本优势。从经济学视角看，撤并小规模学校可以在一定程度上节约办学成本、发挥规模效益、提高经济效益，全面提高农村中小学教育质量和效率。因此，布局调整政策在教育资源的配置、使用和提高教育质量方面都产生了积极有效的影响。

---

① ［美］保罗·A·萨巴蒂尔：《政策过程理论》，64 页，北京，三联书店，2004。

② 参见周洪新：《城镇化进程中农村中小学“撤点并校”的问题研究》，山东师范大学学位论文，2013。

然而，在布局调整的高潮推进时期过后，全国各地出现了大量被撤并或改为教学点的学校由于遗留资产处理不当，造成新的教育资源浪费的现象。在布局调整的实施过程中，撤并或改为教学点的学校往往是规模较小的初小，这些学校在调整前大多属于村级办学体制，调整后学校所在村村民、村委对校产的处理意见不一，造成校产分割困难。在这种情况下，学校和村委对学校所在土地和财产的处理办法往往是闲置，这对于教育资源本来就比较匮乏的农村中小学来说，本身就是一种极大的资源浪费。

当前，我国县域中小学布局调整在价值取向上具有“强调结果公平”和“扩张优质教育资源”两个特征。前者看似给予了所有学生公平的起点，实则只是表面结果的平等，而非实质上的起点平等。这有悖于我国推进全民普及义务教育的初衷，因为“单纯的效率优先原则可能会妨碍平等的实现，普及义务教育的意义更应该立足于道德认同”①。后者则以扩大优质办学资源为出发点，普遍关注县城学校胜于农村学校，关注中心小学胜于“片小”“村小”，关注高中胜于初中、小学；关注县镇公办高中如何拓展优质资源、扩充生源而忽视农村中小学为生存而奔波、分年危房改造等不良倾向。正是在上述两种价值取向的盲目扩展下，我国许多地区才会出现将整个农村学校布局的调整简单化为单纯的“收缩”与“撤并”，进而使原本应该着眼改善农村教育结构和提高农村教育质量的学校布局调整异变成为少数优质学校扩充生源的行为。因此，学校布局调整应该首先考虑如何确保学生在入学起点上得到相对公平的对待，并进一步明确农村学校布局调整的最终目的是调适完善、方便学生就近入学、促使教育均衡发展，而非简单的收缩和撤并。

县域内中小学布局调整的最终目的是加快农村教育转型、实现县域内教育均衡发展，最高标准是办好人民满意的农村教育、加快建设社会主义新农村。然而，在当前义务教育管理体制下，地方政府在决策时，考虑更多的是如何贯彻落实中央或上级政策文件精神而忽视了社会民心的基础，或者说是“一刀切”地执行国家政策，考虑经济效益，忽视了没有话语权的“沉默的大多数”的权益，撤点并校如急风暴雨般席卷广大农村，致使学校服务半径过大，学生上学难问题重现、学生身心健康受到影响。实行寄宿制的学校，教学形式单一，很少组织课外活动，家校沟通减少，农村学校离农化倾向日益严重，撤并后的各种重担只能由家长和学生自己承担。这在一定程度上给农村本来就处于弱势的政策目标群体带来了更大的困难，阻碍了社会主义新农村的发展。

布局调整政策在一定程度上促进了农村基础教育均衡发展，顺应了我国农村

---

① 周浩波：《教育哲学》，204页，北京，人民教育出版社，2000。

基础教育发展趋势。教育均衡发展要求在教育群体和教育机构之间，对教育资源进行公平合理的配置，从而使教育供给和教育需求达到相对的均衡。农村中小学撤点并校前，教育资源分散，不利于教育的均衡发展。农村中小学撤点并校后，进一步加大对一些发展较好的学校的投入，其基础设施、师资、教学设备和管理等方面与城市中小学的差距不断缩小，更多的农民子女有机会接受优质教育，一定程度上促进了农村基础教育的区域均衡发展。然而，农村中小学教育布局调整是一项系统工程，不仅仅需要经济效益，还需统筹社会效益和生态效益。农村中小学布局调整，绝不是简单的撤点、并校、联办学校、交叉办学，而是用现代先进的教学条件和教育方式取代传统落后的教学条件和教育方式的变革，是教育增长方式由粗放型向集约型转变的重要步骤。[①] 一方面，农村中小学布局大规模调整在优化农村基础教育结构、合理配置农村教育资源、满足农民群众对优质教育日益增长的需求等方面取得了积极成效；另一方面，在“运动式”农村中小学撤点并校中，部分地区决策失误、程序失范、措施失当，给改革相关利益攸关方造成诸多“伤害”，产生了许多“道德困境”与“伦理难题”。

总之，就目前布局调整的实施情况来看，在效率性方面，布局调整合理配置了教育资源，提高了教育资源的利用效率，使得农村教育资源的配置更加合理，地方政府可以将有限的资源集中使用，用来改善办学条件、更新教学设备，教育行政部门管理效能也有大幅提升。但是一些地方的“运动式”布局调整改革，后续政策与经费支持不到位，也造成了农村教育资源新的浪费。在公平性方面，农村的教育公平性在布局调整过程中被忽视，农村学校的办学历史、学校教育质量、学校设施状况、儿童上学距离、上学时间、交通便利度、区域文化等因素很少被提及，农村学校教育质量也在离农化的倾向下逐年下降。在适应性方面，布局调整在促进农村基础教育均衡发展的同时，还要统筹兼顾社会效益，随着我国农村教育的变化规律而不断进行调整。

---

① 参见张忠福：《稳步实施农村中小学布局调整的思考》，载《教学与管理》，2004 (1)：4页。

第二章
中国城镇化的范式与表现形态：中小学布局调整的政策脉络

诺贝尔经济学奖得主斯蒂格利茨认为："中国的城镇化和以美国为首的新技术革命将成为影响人类21世纪的两件大事。"我国的中小学布局调整始终嵌入城镇化的脉络当中，因此对中国城镇化范式和特征的把握有助于关注县域中小学布局调整问题。本章将城镇化划分为"自然状态下的城镇化"与"行政主导下的城镇化"，意在厘清不同发展范式主导下的政府行政模式，这对指导我国不同地区县域中小学布局调整的政策设计具有重要意义。

一、自然状态下的城镇化

（一）内涵

城镇化作为一种历史发展过程和阶段，其表征和内涵随着历史的演进而不断扩充和深化。城镇化不仅表现在人口和产业等显著可见的表象（包括农村人口向城镇转移，第二、三产业向城镇聚集，从而使城镇数量增多、规模扩大、现代化和集约化程度提高的过程），还表现在城市文明、城市生活方式、城市价值观念向农村扩散、渗透的过程。这一过程具体表现为：农村人口比重日渐降低、城镇人口比重日渐提高；农业从业人员越来越少，非农产业从业人员越来越多；城市文化在全社会的主导地位日益提高，乡村文化的影响越来越小；越来越多的农民思想观念得到更新、落后习惯得到改造、综合素质明显改善。[①] 由此可见，城镇化既有人口的集中、空间形态的改变和社会经济结构的变化等看得见的实体变化，也有农村意识、行动方式和生活方式向城市意识、行动方式和生活方式的转化，以及城市生活方式的扩散等精神文化方面的无形转变。

城镇化的发展需要各方面力量的推动，因此综合分析各方力量的协调与博弈就成为理解城镇化发展特征的关键。在社会发展的过程中，自发秩序和理性构建一直是不同流派学者争论的焦点。[②] 哈耶克（1967）最早区分和论述了社会科学领域存在着两种理性主义秩序：建构理性主义（Constructive Rationality）和进化理性主义（Ecological Rationality）。建构理性主义蔑视和贬低非理性的或未被理性充分理解的事物，它假定人生而具有知识和道德禀赋，因而人能够根据理性原则对社会精心规划，并尽可能抑制乃至消除一切非理性现象。而进化理性主义则认为，个人理性是十分有限的和不完全的，理性在人类事务中起相当小的作用。

按照古典或者新古典经济学的理解，如果市场具备完全出清的条件，也就是在完全市场条件下，一个城市的发展应该完全依赖市场机制进行调节。比如对各类生产要素的分配、对劳动力资源的需求等，但这只是一个理想或者理论上的最优状态。城镇化作为一种经济社会发展现象，同样与政府的制度安排及其变迁密切相关，这就使得政府成为城镇化进程的关键动力。[③] 在自然状态下，政府对城镇化的作用表现为引导和促进，不以行政手段过度干预城镇化的自然规律，同时政府行政的原则和规律不与城镇化规律相违背，在此情况下可以初步定义城镇化的类型特征。然而城镇化的发展类型是一个复杂多元的问题，政府的行政原则只能是其中一个具体可见的判别标准，在实际案例的分析当中还应结合背景、政策效果、影响等方面进行综合分析。

（二）运行机制

1. 经济的集聚大于人口的集聚

从最直观的意义上讲，很多人集聚在一个相对狭小的地理空间里，一旦达到

① 参见王格芳：《科学发展观视域下的中国城镇化战略研究》，山东师范大学学位论文，2013。

② 参见张谊浩、陈柳钦：《经济学中的建构理性主义和进化理性主义》，载《社会》，2004（9）：19～23页。

③ 参见张玉磊：《新型城镇化进程中市场与政府关系调适：一个新的分析框架》，载《理论导刊》，2014（9）：4～9页。

某个人口密度的标准，此地便被命名为“城市”。从长远来看，这个变化趋势在全球范围内迄今依然有增无减，“城市化”大潮不可阻挡。人类的经济与文明发展倾向于集聚，而人口集聚于城市的直接理由在于经济上的动力，城市能够创造更高的收入。[①] 在《2009 年世界发展报告：重塑世界经济地理》的前言中，有数据显示：[②] 据 2004 年的统计，大阪人口占日本人口的 1.6%，但经济（GDP）占 4.1%；伦敦人口占英国人口的 11.8%，经济占 13.3%；纽约人口占美国人口的 2.3%，经济占 3.5%；芝加哥人口占美国人口的 0.92%，经济占 1.25%；洛杉矶人口占美国人口的 1.3%，经济占 1.68%（这三大美国城市加到一起的人口占全美的 4.52%，经济占 6.43%）；多伦多人口占 13%，经济占 14.4%。发展中国家也是如此，如墨西哥城的人口占全国的 19%，但经济占 20%。时任世界银行行长佐利克还提供过一个更为夸张的例子：35.7%的埃及人口聚集在只占全国土地面积 0.5%的首都开罗，但产出的 GDP 却超出了全国的一半。

种种例证显示出经济发展和财富分布的地理不平衡：人口、生产和财富向城市、大城市和发达地带聚集与集中。长期以来的研究成果显示，不论有多少人偏好于“更平衡的增长”，全球范围的证据却表明，人的经济活动所包含的逻辑就是在流动中聚集，然后再流动、再聚集，直至人口、经济和财富在地理上集中到一个个面积奇小的地方去。这说明了城市化的动力机制：最开始由某些随机的原因促成了人口聚集，但人们发现人口聚集有利于经济增长，聚集到一起有利于增加收入，聚集与再聚集的增长引擎就发动了。人口聚集推进经济聚集，反过来再刺激人口聚集，这就是城市化的动态进程。

城市化以人为中心，人口迁移是城市化的关键与核心。在自然状态下，城镇化最直接的作用机制即经济集聚与人口集聚的相互促进和发展。2010 年第六次人口普查数据显示，在我国的 13.33 亿人口中，城市人口 4.04 亿，城镇人口 2.66 亿，农村人口 6.63 亿，其中城市和城镇人口占总人口的比重达到 50.27%，[③] 各省市的城镇人口分布比例也呈现出一定的规律。从中国各省市城乡人口分布比例图（见图 2—1）中可以看出，经济发达的北京、上海、天津、广州等地区，其城镇人口聚集的水平也处于全国各省市排名的前列。城镇人口的差异性分布可以在一定程度上解释城镇化的自然发展规律，即人口、生产和财富向城市、大城市和发达地带的聚集和集中，经济的聚集大于人口的聚集，进而推动人口聚集和经济聚集的持续发展。

① 参见周其仁：《城乡中国（上）》，北京，中信出版社，2013。

② 参见世界银行：《2009 年世界发展报告：重塑世界经济地理》，北京，清华大学出版社，2009。

③ 数据来自 2010 年第六次全国人口普查。

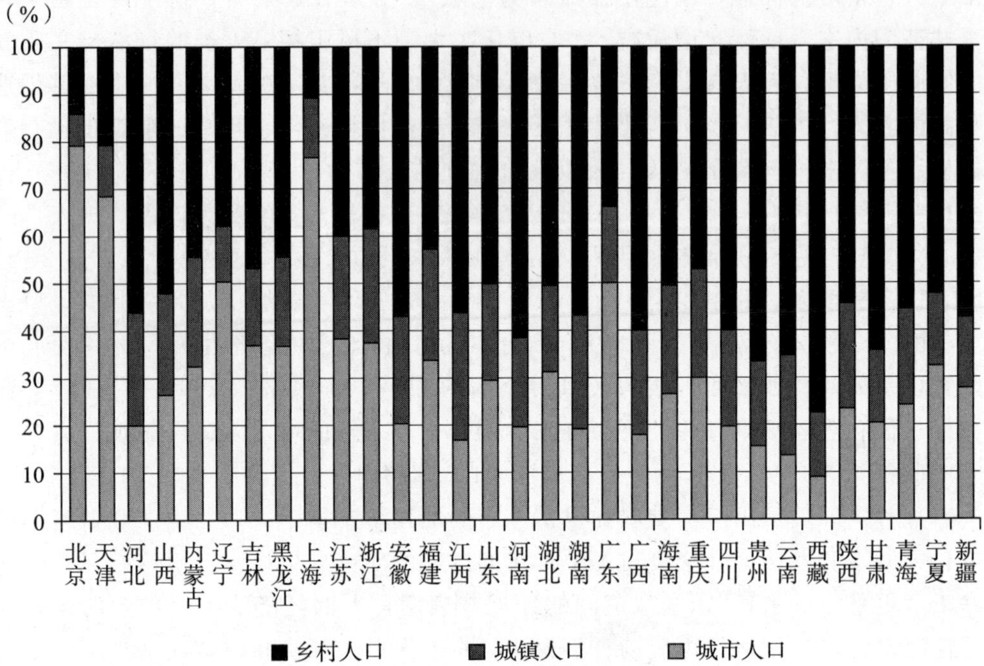

图 2—1　各省市城乡人口分布比例

2. “推拉”作用下的人口迁移

在众多城市化理论中，人口迁移论中的推拉理论对城市化中人口的变迁有着重要的现实指导意义。推拉理论的起源可以追溯到 19 世纪。最早对人口迁移进行研究的学者是英国的雷文斯坦（E. Ravenstien)。他在 1880 年出版的《人口迁移规律》一书中提出了七条人口迁移规律：（1）人口的迁移主要是短距离的，方向是朝工商业发达的城市；（2）流动的人口首先迁居到城镇的周围地带，然后又迁居到城镇里面；（3）全国各地的流动都是相似的，即农村人口向城市集中；（4）每一次大的人口迁移也带来了作为补偿的反向流动；（5）长距离的流动基本上是向大城市的流动；（6）城市居民与农村居民相比，流动率要低得多；（7）女性流动率要高于男性。

系统的人口转移“推—拉”理论则是唐纳德 · 博格（D. J. Bogue）于 20 世纪 50 年代末明确提出的。其主要观点为：从运动学的观点看，人口转移是两种不同方向的力相互作用的结果：一种是促使人口转移的力量，即有利于人口转移的正面积极因素；另一种是阻碍人口转移的力量，即不利于人口转移的负面消极因素。在人口迁出地，存在一种起主导作用的“推力”，把原居民推出其常居住地。产生推力的因素有自然资源枯竭、农业生产成本增加、农村劳动力过剩导致的失业与就业不足、较低的经济收入水平等。必须指出，在迁出地存在“推”人口转移的因素的同时，也存在“拉”人口的若干因素，如家人团聚的快乐、熟悉的社区环境、在出生和成长地长期形成的社交网络等。只不过比较起来，迁出地的“推”的力量比“拉”的力量大，占有主导地位。同样，在转入地也存在一种起主导作用的“拉”力把外地人口吸引过来。产生“拉”力的主要因素是：较多的就业机会、较高的工资收入、较好的生活水平、较好的受教育机会、较完善的文化设施和交通条件、较好的气候环境等。与此同时，转入地也存在一些不利于人口转入的“推”的因素，如转移可能带来的家庭分离、陌生的生产生活环境、激烈的竞争、生态环境质量下降等。综合起来，转入地的“拉”力比“推”力更大，占有主导地位。

“推—拉”理论认为，从农村向城镇的转移可能是因为城镇有利的经济发展造成的，也可能是因为农村不利的经济发展而产生的。这是最为全面、更能解释关于人口城乡迁移特别是农民工向城市流动动因的理论。按照“推—拉”理论的观点，在完全市场经济条件下，农民工向城市流动的过程，就是市场机制自发地对劳动力资源进行重新配置的过程。不过，农民工本身既是理性的经济人，也是劳动力资源的物质承担者，农民工向城市流动，就是农民工同时作为理性的经济人和作为劳动力资源的双重身份在行业和地区间的自由流动，这既是农民工重新选择就业的过程，也是劳动力资源由农村向城市流动的过程。农民工自身的价值选择和劳动力资源的逐利性决定了劳动力自由流动的方向和数量。从农民工个体来看，他的价值选择过程和流动就业过程是市场中同时存在的推力和拉力共同作用的结果。

3. 产业迁移与集聚

城镇化的实体变化过程包括非农产业活动向城镇的转移、聚居、强化和分异，精神变化过程包括城市经济、社会和技术变革的扩散并进入乡村地区。因而产业的转移和集聚是城镇化过程中必然伴随的内容。

关于城镇化与产业发展的联系，已有研究从多种视角解释了其作用机制。[①]孙中和（2001）[②]在全面总结中国城镇化发展过程的基础上，提出了农村工业化推进、比较利益驱动、农业剩余贡献和制度变迁等因素综合作用，促进构成了我国城镇化发展的动力机制；进而分析了中国城镇化不同发展阶段的动力机制，主要包括农业发展的基础作用和农村工业化的推动作用，并比较了利益驱动效应和

① 参见张贵先：《重庆市产业集群与城镇化互动发展模式研究》，西南大学学位论文，2012。

② 参见孙中和：《中国城镇化基本内涵与动力机制研究》，载《财经问题研究》，2001（11）：38～44页。

制度因素的促进作用。刘传江（1999）[①] 采用比较分析法，对全世界 222 个国家和地区的城镇化发展情况作了比较研究之后，得出结论：产业结构的非农化转换、不同产业及地域间经济要素的流动、相应的制度安排、创新体制机制是城市化发展的决定性因素。

埃德温·米尔斯的城市形成模型较好地概括了产业集群与城镇化的关系，其主要观点为：城镇化发展的主要动力来自产业的区位选择和集聚过程。并在此基础上进一步推论，从事某种存在规模经济活动的经济主体一定会选择在某一区位进行大规模生产，从而获得这种规模经济，这就是经济活动的地方化过程。在这个规模化经济活动过程中，从事经济活动的员工为了工作方便，同时避免交通成本多数会选择在经济活动地域附近定居，这一选择定居的结果是引起人（需求）的集中。在这种需求的指引下，与此相关的经济活动及其从业人员为了减少运输和通勤成本，也会纷纷效仿就近选址。这种人口和经济活动集聚的结果就会产生积极的外部效应，即集聚经济。新古典经济学认为，资源要素（资本、劳动）遵循趋利性原则在不同产业部门中分配，即由需求收入弹性小的产业部门向需求收入弹性大的产业部门转移，而随着区域产业结构的有序演变，资源要素在产业部门和空间的转移必将引起城镇化动力机制的变化。集聚经济的作用会引起连锁反应，效果会放大，甚至会吸引那些与最初经济活动无关的其他经济活动和人口的进一步集聚，从而就开始了城镇化的不断演进过程。

国内学者对此也展开了研究，形成了下列主要成果和观点。李铁立、李诚固（2003）[②] 认为，某一区域的产业布局像个有机体，其生长发育具体表现为产业结构的有序演变，而这种产业结构的有序演变是城镇化的动力机制所在。苏雪串（2004）[③] 认为，城镇化的基本动力是聚集经济，城镇化的基本特征是要素集聚，产业集群是城镇化发展的重要推动力，产业集群有利于提升城市竞争力，产业集群主要通过对区域结构的影响来推动城镇化进程。马春辉（2004）[④] 在研究论述了长三角和珠三角地区城镇化的进程及产业集群发展的关系后认为，该地区城镇化的加快是产业集群发展的结果。他指出，大城市集群的产业可能因土地、劳动力等生产要素成本提高等原因而向周边地区扩散，带动周边地区产业集群的发

① 参见刘传江：《世界城市化发展进程及其机制》，载《世界经济》，1999（12）：36～42 页。

② 参见李铁立、李诚固：《区域产业结构演变的城市化及反馈机制》，载《城市问题》，2003（5）：50～55 页。

③ 参见苏雪串：《城市化进程中的要素集聚、产业集群和城市群发展》，载《中央财经大学学报》，2004（1）：49～52 页。

④ 参见马春辉：《产业集群的发展与城市化——以长江、珠江三角洲为例》，载《经济问题》，2004（3）：30～32 页。

展，周边地区产业集群发展后，其城镇化水平会快速上升，通过产业集群和城镇化的互动，在一定区域范围内，产业结构的相同会促进相邻的城市联系起来形成都市圈，都市圈形成后又进一步促进产业集群的发展。因此，他认为中国的长江三角洲地区和珠江三角洲地区产业集群对城镇化的发展具有直接明显的作用。张炳申（2003）① 从人口的转移集中角度实证分析了产业集群的城镇化效应，结果表明珠江三角洲产业集群有效地推动了该区域城镇化发展水平，城镇化扩大了就业需求，促进劳动力加速集聚。仇保兴（2004）② 从分析企业集群、工业化和城镇化这三者的相互作用入手，阐明了培育企业集群与走新型工业化道路、促进我国城镇化健康发展之间的关系。他认为在城镇化的不同阶段需要不同阶段的工业化来推动，并提出了发展企业集群是重现新型工业化与城镇化良性互动的途径之一的观点。城镇化与工业化存在互动的关系，城镇化受制于工业化的空间组织形式，而不是工业化的产业结构的直接后果。侯守礼（2003）③ 提出，基于产业集群发展的城镇发展战略能促进城镇质量的提高。吕玉印（1995）④ 从聚集效应与土地利用关系切入，从城镇经济和空间系统运行的角度，建立了聚集经济影响下城镇聚集与土地利用均衡的静态分析框架。

综上所述，产业集群与城镇化发展存在着一种互动的内在联系，产业集群有序演变引起城镇化动力机制变化，不同区域城镇化也就表现出不同的地域特征。同时，城镇化对产业集群的演变具有载体、支撑、拉动等作用。城镇化是经济发展的空间集聚与分化过程，区域城镇化水平取决于该区域工业化水平和经济结构的演变程度。城镇对产业集群的承载能力和对产业集群演变的适应能力会随着城镇化的发展和城镇规模的不断扩大而不断完善。

然而，在当前“产业城镇化”的进程中，应当防止两种倾向：一是“空心城镇”，即没有产业支持，只有人口聚集的城镇。东部沿海地区的城镇是内生的，城镇因经济社会发展而兴。中西部地区的城镇由于缺乏产业支持，如果简单地将人口聚集起来，相当多的人会在失去土地的同时没有非农职业可就。分散的农村人口集聚在城市，可能将社会矛盾也聚集起来。近些年，一些中西部地区的县城发生相当规模的群体性事件，便与这些县城存在一个无稳定职业的“游民群体”相关。二是“空心农村”。农村城镇化不是不要农村，恰恰是通过减少农村人口

---

① 参见张炳申：《中小企业群集及其就业的乘数效应——广东经验及K理论启示》，载《华南金融研究》，2003（3）：7～12页。

② 参见仇保兴：《新型工业化、城镇化与企业集群》，载《现代城市研究》，2004（1）：17～23页。

③ 参见侯守礼：《基于产业集群的小城镇质量发展战略》，载《经济经纬》，2003（3）：61～63页。

④ 参见吕玉印：《体制变革与城市化进程——中国城市化偏态发展的制度分析》，载《城市问题》，1995（2）：2～5页。

而形成农业产业规模，做强农业；更不是以牺牲农村和农民利益为代价。历史制度主义注意到制度变迁中的“历史否决点”，即制度创新过程中的否定性因素导致创新的失败。在中国，行政主导的体制具有强大的制度惯性，很容易为实现某一行政目标而不惜代价和成本，从而扭曲制度创新的原意。正因为如此，中央再三强调，在农村城镇化进程中，决不能以牺牲农民利益为代价。

（三）政府的行政原则

当前，我国正处于城镇化快速推进阶段的发展关键期，推进新型城镇化的战略任务是中国未来五到十年甚至更长一段时间发展的战略支点。[①] 伴随着我国城镇化进程的不断深入，中国社会经历了一系列重大变革的局面，由此衍生出的问题使城镇化成为政府和学术研究共同关注的焦点。

国内外城镇化的经验表明，市场与政府的关系始终是城镇化进程中的核心问题。按照古典或者新古典经济学的理解，在完全市场条件下，一个城市的发展应该完全依赖市场机制进行调节，如对各类生产要素的分配、对劳动力资源的需求等。但这只是一个理想或者理论上的最优状态，现实中的城镇化并非单纯依靠自发秩序和市场力量推动的城镇化。事实上，制度在经济发展过程中起着不可忽视的作用，尽管这种作用长期以来一直被相对忽视。古典经济学一般将制度安排及创新当做经济发展的外生变量，而更加关注劳动分工和专业化的问题。新制度经济学则将制度因素纳入经济分析的内生变量，认为制度是经济增长的关键因素，有效率的制度安排能够促进经济增长和发展，而无效率的制度安排则会抑制甚至阻碍经济增长和发展，因为“现实的人是在由现实的制度所赋予的制度约束中从事社会经济活动”，“土地、劳动和资本这些要素，在有了制度时才得以发挥功能”[②]。据此，政府作为制度的安排者，与市场一样是经济社会发展的基本动力。而城镇化作为一种经济社会发展现象，同样与政府的制度安排及其变迁密切相关，这就使得政府成为城镇化进程的关键动力。[③] 已有的研究多从二元对立的视角探讨城镇化进程中市场与政府的关系，但在自然状态下的城镇化中，政府合法化的行政行为有助于经济社会发展顺应城镇化的自然规律，是中国特色新型城镇

---

① 参见张玉磊：《新型城镇化进程中市场与政府关系调适：一个新的分析框架》，载《理论导刊》，2014（9）：4～9页。

② 景春梅：《城市化、动力机制及其制度创新——基于政府行为的视角》，62页，北京，社会科学文献出版社，2010。

③ 参见张玉磊，《新型城镇化进程中市场与政府关系调适，一个新的分析框架》，载《理论导刊》，2014（9）：4～9页。

化道路以及全面提高城镇化质量的战略需要。

在自然状态下，政府对城镇化的作用表现为引导和促进，不以行政手段过度干预城镇化的自然规律，在行政命令的颁布和实施方面，遵循基本权利原则，注重保护公民权利；遵循法治原则，使法律支配权力，确保权利至上、规则至上和秩序至上；遵循正当程序原则，保证行政主体没有偏见，听取相对人的意见，并说明行政行为的理由；遵循信息公开原则，尊重与保障公民知情权，提高公权力行使主体的责任意识和法治意识。

1. 保障基本权利原则

根据启蒙思想家在“天赋人权”理论中表达出的“主权在民”观点，构成一个社会或国家的人民是那个国家中的一切权力的源泉[①]，国家权力在本质上源自个人权利并从属于个人权利[②]。因此，国家权力的最终目的就必须通过宪法确认公民所享有的个人权利，即公民基本权利。保护公民权利是包括宪法在内的全部国家法律的基本任务。《中华人民共和国行政许可法》第一条规定“保护公民、法人和其他组织的合法权益”，法律宣示其保护人民权利的宗旨、立场和态度。[③]为公民基本权利提供保护，是现代国家合法性的重要来源。[④]

公民基本权利指的是一国宪法确认的公民在政治、经济、文化、人身等方面所享有的基本权利，是宪法所确认的关系着人的生存与发展的最基本、最重要的权利。基本权利的根据是人的尊严性。[⑤] 这种尊严性取决于人的社会属性，是人的本质或共同特性所决定的，它是在人类社会的发展进步中逐渐形成的。基本权利条款的设置从整体上表征国家与公民之间的平等关系，这种平等关系要求行政程序法建构起交互式的行政程序，吸纳公众有效参与行政过程。[⑥] 基本权利建构了公民与国家之间的平等关系，在此关系中，公民与国家一样，都是作为独立的法律人格者存在，不存在公民依附于国家之状况，公民具有意志的自由，并可依其自由意志请求国家为或不为一定的行为。

因而，在政府行政过程中，行政法律关系主体双方互有权利义务，不允许存在一方只行使权利而另一方只履行义务的情况。然而，由于行政主体行使的是国家行政职权，具有优越性，行政相对人行使的是普通的权利义务；且行政主体之

---

① 参见高菲斐：《论公民基本权利的宪法保障》，中国政法大学学位论文，2005。

② 参见罗玉中、万其刚：《人权与法制》，103页，北京，北京大学出版社，2001。

③ 参见柳经纬：《从权利救济看我国法律体系的缺陷》，载《法律科学》，2014（5）。

④ 参见谢立斌：《论法院对基本权利的保护》，载《法学家》，2012（2）：32～42页、176～177页。

⑤ 参见［日］芦部信喜：《宪法》，71页，北京，北京大学出版社，2006。

⑥ 参见周海源：《基本权利规范的正当程序价值——兼议行政程序法如何保障基本权利》，载《西南政法大学学报》，2014（5）：82～88页。

权利要多于行政相对人之权利，而相对人所负义务较多。[①] 因此行政程序法应重点制约行政主体的行政行为，这种制约通过在程序中为行政主体设定更多的义务性规范来实现，从而维持公民权利和行政权力之间的平衡关系。行政主体对其实体权力的行使，将不可依其单方意志而为之，行政决策做出的过程，也应当加入相对方的意志，决策的结果由双方主体经博弈而生成。具体而言，行政主体应当在听取对方意见和调查取证的基础上对相关事实做出认定，并严格依据行政事实做出决定，行政主体于实体法上享有的裁量权将被程序法所分割和限制。宪法实体规范所宣示的平等精神，是行政程序的最高依据。

2. *法治原则*

法治是现代国家的基本特征，是立宪国家的基本标志和必须遵循的原则和出发点。[②] 民主和人权是法治最核心的价值追求，法治内在的价值和精神主要是法律对权力的支配和权利对权力的支配，权力的非人格化是法治的基本任务。

由于近现代所谓的“法”是公意的表现，所以法治在内在价值和基本精神上主要是两层：第一是权与法，法律要支配权力；第二，既然法律是人们普遍意志的结果，那么这种法律对权力的支配亦即权利对权力的支配，因此，宪法至上实质上即权利至上、规则至上和秩序至上。如果说规则至上和秩序至上只是宪法至上的表层特征的话，那么权利至上则是宪法至上的核心内容。因此我们完全可以认为：宪法至上的内在精神即以权利制约权力。

法治方式的根本之处体现在法律是人们思考问题的出发点和归宿，思维决策者奉行的是法律决断论，但是，他们在法律决断过程中并不是机械司法或执法，而是必须根据法律进行思考，虽然在思考过程中法律是思维的根据，但并不是法律单方面发挥作用，[③] 法律的运用者要考虑法律与事实、法律与社会、法律与其他社会规范的关系，包括道德、正义等的介入。法治方式是根据法律，在充分思考的基础上所形成的决断，是一种行为方式，目的是要根据法律进行更加能体现公平、效率的管理，以及理性地解决纠纷。

3. *正当程序原则*

一般认为，正当程序可追溯到英国法中古老的“自然正义原则”，它是对司法审判的基本要求，即“自己不做自己的法官”和“对他人做出不利行为要事先

---

① 参见胡建淼：《论公法原则》，杭州，浙江大学出版社，2005。

② 参见周叶中：《宪法至上：中国法治之路的灵魂》，载《法学评论》，1995（6）：1～12页。

③ 参见陈金钊：《诠释“法治方式”》，载《新疆师范大学学报（哲学社会科学版）》，2013（2）：1～17页、114页。

告知、说明理由和听取申辩”[①]。通过这两个基本要求，法官的裁判获得了正当性，容易为当事人和公众所接受和信服。随着13世纪《英国大宪章》规定“王国法律”以及《美国联邦宪法第五修正案》和《美国联邦宪法第十四修正案》确立的正当法律程序，正当程序被赋予了“防止政府权力的专断和滥用”的新意义。只有程序控制下的权力才具有正当性，公众才会信服。[②] 正当程序是实现对行政规制权力控制的当然要求。这是因为，正当程序契合了规制的科学性和合法性要求，能够实现行政规制与法律控权的有机结合。

法制程序问题是一个较难取得共识的问题，也是当下中国法制建设和学术研究的焦点问题。[③] 从哈贝马斯交往行为理论的视角来看，行政主体没有偏见，听取相对人的意见，并说明行政行为的理由，在程序上才符合基本的交往理性。这三项要素是正当法律程序的核心，也是据以判断某一行政行为的程序是否正当的标准。

根据正当程序原则，行政行为中的合理性是需要证明的。从某种意义上说，行政行为的过程也是一个寻求共识的过程。行政主体和相对人双方通过交往与沟通，在确定的事实根据与法律根据的基础上，形成行政决定。除非出于某种非法利益的考虑，行政主体和相对人双方都希望最终的结果是一个合法、合理的行政决定。行政行为不仅应当完全合法，而且应当合理。对于相对人，以及对“广大观众”而言，一个完全合法、合理的行政行为才具有可接受性。[④]

与西方发达国家城镇化更多具自发渐进特征有别，中国的城镇化更多呈现政府主导推进的特质，且推进“过程”凸显法律规制（特别是程序规制）的不在场或在场不足。[⑤] 城镇化政府主导推进的特质不仅关乎法律在场的必要，更关乎怎样的法律在场。以过程哲学和程序的法理观之，应当强调，对这一“过程”本身的法律在场应更多是正当程序的在场。正当程序不只是控权机制，且可能催发权力结构实体上哪怕是细微的改变。城镇化是一种公共选择和决策，应通过富含开放性、分权性、交涉性、包容性要素的程序装置促使政府和有利害关系的个人或群体在程序内的互动博弈论辩妥协中各自反思其诉求主张，在不断的程序性试错和校调中渐进获得各方都可接受的共识和方案，使城镇化成为真正的互动善治过程。

4. 信息公开原则

政府信息是行政权力运行的载体，政府信息公开则是政府工作全领域、全口

① 姜明安：《正当法律程序：扼制腐败的屏障》，载《中国法学》，2008（3）：37～47页。

② 参见王柱国：《论行政规制的正当程序控制》，载《法商研究》，2014（3）：23～31页。

③ 参见刘东亮：《什么是正当法律程序》，载《中国法学》，2010（4）：76～88页。

④ 参见［德］尤尔根·哈贝马斯：《交往行为理论：行为合理性与社会合理化》，105页、25页、375页，上海，上海人民出版社，2004。

⑤ 参见孙莉：《论城镇化政府主导推进的程序规制》，载《法学》，2015（4）：48～57页。

径、全流程的外化表现。[①] 行政信息公开的过程不仅是对公民知情权的尊重与保障，更体现着对公权力行使主体责任意识、法治意识提高的不懈要求。[②] 从一般意义上理解，行政信息公开应该是行政机关以及法律、法规授权的组织，在依法行使国家行政管理权的过程中，以法定（或特定）的形式（载体），将资料、文字等与行政事务有关的行政信息，依据程序向社会大众或特定的人公开的制度。

首先，行政信息公开的主体是特定的，也是法定的，它包括具有行政权的行政机关以及法律、法规授权的组织；其次，行政信息公开的内容是特定的，也是法定的，是行政主体在行使公权力过程中形成的，包括与行政事务有关的各种信息，如各种文件、与行政权有关的各种资料等；再次，行政信息公开的方式与过程是特定的，也是法定；最后，行政信息公开过程的相对方是广大社会成员或特定的人[③]，也体现出特定性与法定性。

信息公开虽是政府行为，但是往往涉及申请人、第三人、国家等多方利益主体。申请人作为公开信息的请求者，其要求能否得到满足，构成申请人利益。政府基于行政管理的需要，向个人、企业和社会组织收集大量信息，这些信息的公开必然涉及个人、企业和社会组织的利益，形成与申请人相对称的第三人利益。

支持信息公开的公共利益源于表达自由权，知情权本身就是一种公共利益，其内涵接近信息公开的价值，并外化于信息公开法的立法目的，其外延具有开放性，包括但不限于以下具体目标：重要公共事务的讨论；提高行政决策的科学性；监督公共资金使用的合法性和效益性；监督公共机构履行职能；确保或者提高公务人员的责任性；揭露违法犯罪行为；保护公共健康和公共安全、环境保护；发挥政府信息的服务作用。

（四）表现形式

1. 美国——与工业化同步的城市化

美国是高度城市化的国家，它早在19世纪就开始了从农村社会向城市社会的转变。工业化的启动以及国内市场的扩大使城市数量迅速增加、城市规模逐渐扩大，城市空间结构也随之发生显著变化，由最初的紧凑和密集结构向多中心分散结构发展。同时，美国用一百年左右的时间实现了城市化，截至20世纪末期，

---

① 参见王敬波：《政府信息公开中的公共利益衡量》，载《中国社会科学》，2014（9）：105～124页、205页。

② 参见黄佳宇：《行政信息公开研究》，吉林大学学位论文，2015。

③ 参见贲能富：《行政信息公开及其制度比较研究》，苏州大学学位论文，2005。

美国城市化率达到70%以上，成为世界上城市化水平最高的国家之一。纵观美国的城市化进程，可以发现其城市化过程中的一些总体性特征。

美国的城市化主要表现为内生作用为主的自我发展。不同于中国的城市化甚至其他发达国家的城市化，美国的城市化进程较少受到外生的、偶然的或不确定因素的干扰，如战争、自然灾害、行政干预等，而是源于经济发展的内生动力。进一步分析可以发现，美国的城市化与其工业化是同步的。

从美国区域发展阶段看，其建国之初的经济活动偏于东北部。19世纪初期，商业贸易成为城市化的主要动力，促进了东北部的繁荣；内战后至20世纪20年代，工业化和城市化进入鼎盛阶段，中西部脱颖而出，成为新的重工业区；20世纪60年代以来，高科技和第三产业的长足发展，使得太平洋沿岸后来居上，成为高科技聚集区，落后的南部也随之异军突起。在区域发展的这几个阶段中，城市规模逐渐由小到大，形成了城市体系、大规模郊区化，直到大都市区的不断扩展。美国区域发展由发散到收敛的过程以及城市空间形态由点状、线状再到面状的发展过程无不体现出内生性特点，虽然在此期间美国政府也出台了一些有利于城市化的政策法规，但这些政策法规只起辅助作用，其主导因素还是内生因素，如产业结构动态变化、交通运输状况改善等。

美国城市化的另一典型特征是生产要素在全国范围内自由流动，尤其是人口的流动最为明显。人口自由迁移有美国人天生好动和勇于冒险的性格等原因，但更重要的是铁路网、公路网建设以及汽车的普及。在城市化的不同阶段，人口迁移方向也不同。在集中城市化阶段，人口主要从农村迁向城市；而在郊区化阶段，人口又从大都市区内的市区迁向郊区。从人口区际迁移的角度讲，在美国的城市化过程中，人口从东北部和南部地区迁向中北部和西部，美国一百多年来的人口迁移使得人口在地区分布上趋于均衡，西部和东北部的人口比例各在20%左右，而南部和中北部的人口比例各在30%左右。这从一个侧面也说明了美国工业以及城市的地理分布由工业化初期的不均衡性，在内战后逐步走向均衡的过程。人口自由流动促进了美国的城市化，人口区际迁移过程与美国区域发展以及城市化由发散走向收敛过程刚好一致。

城市的发展涉及地方和国家的经济、政治利益，城市政策是多方影响和均衡的结果。美国政府对城市的管理相应分为联邦、州和地方三级。[①]

（1）联邦政府与城市管理。

美国联邦政府为城市提供大量的资金资源，但是城市独立于联邦政府的管理。美国联邦政府、州政府和地方政府的关系从建国以来不断发生着变化，从完

① 参见王睿：《论市场机制对美国城市化进程的影响》，外交学院学位论文，2013。

全的二元独立时期，到罗斯福新政的合作联邦主义时期，再到里根新联邦主义时期。从里根总统开始，州政府和地方政府从联邦政府那里获取的资金受到空前削减，尽管持续存在着大量的补助项目，但是联邦对城市的援助已经发生了巨大变化，越来越多的资金直接援助个人，而非援助州政府和地方政府。现在，联邦援助资金中，资助个人需求占到了64%，如支付医疗费、失业补偿和福利等。[①] 而相应的，城市获得了更多独立，可以更加自由地花费从联邦政府获得的资金。面对联邦政府补助提出的各项要求，地方政府通常能够通过讨价还价使补助项目符合地方需求。

（2）州政府和城市间的关系。

州政府和城市的关系具有两面性：一方面，州政府为城市提供财政支持；另一方面，州政府也在很大程度上可以限制和管制城市的发展。在财政上，州政府给予城市的支持远远高于联邦。2001 财政年度，州政府的援助在市政收入中已经占到了22%。[②] 州政府资助逐渐填补了联邦政府资助的空缺，但是总体还是呈现缩小的趋势，城市越来越得靠自力更生解决财政困难。

城市间还相互存在着关联和影响，大约80%的美国人口居住在大都市区[③]，大都市区存在大量的地方政府——县、城市、学区和特区。这种高度碎片化的政治结构也产生了很多问题：各地方政府管辖权相互重叠交叉，规划缺乏宏观调控，中心城市和郊区财政不平衡等。对于是否会产生集权的大都市区政府，以及如何处理其和州、地方政府之间的关系问题还存在很多争议。

（3）城市内部政治结构。

目前，美国城市的地方政府主要存在两种形式：市长—议会制和议会—经理制。

市长—议会制城市的立法权和行政权保持分离，行政首长管理行政权力，议会占据立法主体的地位。市长和市议会都由选民选举产生。不同城市的市长和议会的权限、地位略有差别，城市各部门（如警察、消防、市政秘书、公共建设工程、街道等）向市议会或市长负责。大多数权威人士支持强市长制，认为城市需要强硬的政治领导力，这对于大城市来讲尤为重要。而对于小城市来讲，弱市长制仍很普遍。

在议会—经理制中，市议会负责制定政策、通过法令和通过拨款，并对市政

① 参见［美］戴维·R·摩根等：《城市管理学美国视角》，北京，中国人民大学出版社，2011。

② 根据美国人口普查局数据计算，见 www.census.gov/govs/estimate/0200ussl _ 2.html。

③ See John Harrigan, Ronald K. Vogel, *Political Change in the Metropolis*, New York, Addison-Wesley, 2003, p. 25.

府的行政活动实施全面监管。同时，城市聘用全职的、受过良好训练的城市管理者（称为城市经理）对城市日常运行负责。城市经理编制和管理行政预算，而市长主要行使一些礼仪性职责，很少或不介入城市行政事务。这种制度将企业管理思路应用在城市管理中，最大化地提高管理效率和使用专业技术。但是，市长和城市经理的角色地位难以界定，市民也不知道究竟该诉诸市长还是城市经理，而城市经理又是市议会任命的，并不直接听命于市长。

从整体来说，美国城市化进程政府干预较少，联邦和州对地方政府有一定的财政支持，但城市主要依靠自身财政进行相应的城市公共建设和市政管理。

2. 判例：南京市建邺区“学区划分案”

在我国实际的学校布局调整过程中，法院如何根据《中华人民共和国教育法》的规定对就近入学进行解释，如何对“法治原则”“信息公开原则”“正当程序原则”等进行定义，涉及县域中小学布局调整的行政法治与儿童受教育权的法律保护。因此，学校布局调整的法律适用性应当引起研究者的广泛关注。以下案例来自南京市中级人民法院教育行政诉讼案，具体情况如下：

> 备受公众关注的顾某诉教育局重新划分施教区一案[①]，经江苏省南京市建邺区法院审理，于 2015 年 12 月 11 日作出一审判决，驳回原告顾某的诉讼请求。
>
> 原告顾某诉称，其住所地吉庆家园小区，十多年来小学施教区一直都被派位到南京市南湖第三小学（以下简称南湖三小）。从该小区距南湖三小距离 2.5 千米，行走时间 50 分钟以上。2013 年开办的南京师范大学附属中学新城小学北校区（以下简称新城小学北校区）与吉庆家园仅一条马路之隔，距离 460 米，步行 5 分钟。但 2014 年、2015 年，吉庆家园小学施教区还是被派位到南湖三小。区教育局施教区的划分不符合“就近入学”的规定，因此要求判决撤销被告 2015 年对新城小学北校区、南湖三小施教区划分的具体行政行为，并作出重新划分。
>
> 被告区教育局辩称，首先，“就近入学”不等于最近入学，不能以入学儿童户籍地和学校的直线距离作为划分学区的唯一原则。根据法律规定，划分学校施教区要把握四个原则：一是应当保障适龄儿童在其户籍所在地就近入学；二是应当根据当地的行政区划；三是应当结合学校的布局；四是应当考虑适龄儿童数量和分布状况。这四个原则是一个有机整体，划分学校施教区应当充分考虑上述四个原则，以最终保障每个

① 南京市中级人民法院教育行政诉讼案，南京市民状告该市教育局“学区划分不符合就近入学”案。

适龄儿童接受义务教育的权利。其次，被告作出的建邺区小学入学工作实施办法系依法制定，程序和内容都符合法律规定的要求，请求驳回原告的诉讼请求。

法院审理认为，被告作出的行政行为合法，亦不存在明显不合理；原告的诉讼主张缺乏事实根据和法律依据，故作出上述判决。关于学区划分行政行为的合法性、合理性问题的依据如下：[①]

一、被诉行政行为主要证据是否充分、程序是否合法、适用法律是否正确

本案中，原告认为区教育局将摸底这项执法权交给了没有执法权的学校，且未能听取作为利害关系人的原告的意见，未将实施方案的草稿向全社会公布讨论，据此被诉行政行为在事实基础、行政程序和法律适用上均属违法。

关于调查摸底可否委托学校进行，法院认为，对适龄儿童的数量和分布情况进行调查摸底，属于不对外发生法律效果的事务性工作，调查摸底结果亦不发生权利义务变动的效果，故区教育局委托学校调查摸底并不违法，由此形成的事实证据具备合法性，予以采信。关于是否"广泛听取意见"，法院认为，本案中，区教育局在前期对适龄儿童情况进行调查摸底的基础上，组织了公众参与研讨会、专家论证会等以听取意见，最终经由局办公会集体讨论研究作出包括被诉行为在内的施教区划分，且听取意见的对象包括人大代表、政协委员、各街道工作人员、各社区教育咨询委员、部分家长代表等，应当认为区教育局已经履行了"广泛听取意见"的程序。由于法律法规对如何"广泛听取意见"的程序未作明确限定，教育行政部门对采取何种行政程序来听取意见具有一定的裁量空间，法律法规规定的"广泛听取意见"，是最低限度的程序要求，它并不排斥在个案中提供更加合理和完善的程序保障。但在本案中，被告已经履行了最低限度的程序要求，并不违反法律规定。被告在今后的工作中，应当尽可能地增强听取意见的广泛性、代表性和公开性。综上，被诉行政行为认定事实清楚，主要证据充分，程序合法，适用法律正确。

二、被诉行政行为是否存在明显不当的情形

根据《中华人民共和国行政诉讼法》的相关规定，行政行为的合理

① 参见申冉：《就近入学不等于最近入学　南京学区划分案原告诉请被驳回》，见中国新闻网，2015－12－11。

性须达到“明显不当的”程度，人民法院才能作出否定评价。因此，人民法院对行政行为合理性审查的权限是有限的，本案中，法院仅对被诉行为是否存在明显不合理情形进行审查。

原告诉称，被诉行为划分施教区方式是以道路为界、兼顾社区的不规则多边形方式，应当采取以学校为中心，确定半径后向外辐射画圆的划分方式，其划分方式不合理。法院认为，从不同角度看，两者均存在一定的不合理性。原告主张的划分方式必然导致施教区之间存在空白和重合；未考虑路面状况等实际因素，圆的半径并不等于实际行程；未考虑不同学校之间办学规模的差别；未考虑学校周边土地的居住、商业、工业、绿地等用地性质的差别。相对地，被告采用的以道路为界、兼顾社区的不规则多边形方式，也会造成部分适龄儿童未被安排入学至离家最近的学校，但是这种方式能够兼顾学校布局、适龄儿童数量和分布、地理状况等条件，符合义务教育全员接纳、教育公平、就近入学原则。因此，被诉行为的施教区划分方式不存在明显不合理。

原告认为，其住所地距新城小学北校区近，距南湖三小远，按照“就近入学”原则应到新城小学北校区就读，被告让其入学到南湖三小不科学、不合理，是滥用职权。法院认为，根据相关规定办法，教育行政部门应按照“就近入学”原则，综合考虑本行政区域内学校布局以及适龄儿童、少年的数量和分布状况，合理确定施教区范围、招生规模。由于建邺区学校资源与人口分布不均衡，客观上施教区的划分不可能保证所有适龄儿童均入学至离家庭住址最近的学校，只能从总体上满足所划分的区域符合“就近入学”原则。本案中，原告顾某的户籍地到新城小学北校区的距离确实近于到南湖三小的距离，但实地勘验测得顾某户籍地吉庆家园的北门至南湖三小距离为 1.29 千米，该距离对于学生入学而言也并非过远。结合学校布局、适龄儿童分布和数量、施教区覆盖等因素整体考量，区教育局的被诉行为并不违反“就近入学”原则，也不存在明显不合理。

但需要指出的是，适龄儿童平等接受义务教育，既是权利也是义务。适龄儿童教育问题家长关心、舆论关注、社会关切，教育行政部门的行政决策应当在合法的基础上，努力追求能为社会公众普遍接受的最大合理性。虽然法院认为被诉行政行为没有明显不合理的情形，但教育行政部门在今后的工作中，应当进一步加强听取意见的广泛性、代表性和公开性，进一步合理配置辖区内的教育资源，进一步保障适龄儿童、少年的平等受教育权，从而使行政行为的合理性和可接受度得到进一步提升。

本案例讨论了城区中小学布局调整的法治规约议题，能够为我国的县域中小学布局调整提供诸多启示。村落、郊区的中小学布局调整都应当符合行政法治要求，保障学生的受教育权。教育行政部门应遵循基本权利原则、法治原则、正当程序原则和信息公开原则，将完善义务教育的布局调整作为实施行政行为的基本要求。

二、行政主导下的城镇化

（一）内涵

与自然状态下的城镇化相对，行政主导下的城镇化体现了建构理性主义的基本原则。目前，我国城镇化建设的推进主要依靠行政主导的城镇化动员机制。所谓行政主导的城镇化动员机制，是指我国政府在推进城镇化战略过程中，主要采取依靠自上而下的政府行政力量，而较少甚至没有市场私人部门与社会团体、公众参与动员的机制模式。与国外先发城镇化国家主要依靠自下而上的市场推进机制不同，行政力量在这种中国特色的动员机制中较为凸显：从中央到地方的各级党政机关的相应部门对城镇/城市的设置/规划、建设选址、土地使用的审批、土地功能的改变、规划许可证、工程许可证、基础设施的建设、改造拆迁等事务有着严格的审批和直接决定的权力。这种权力主要通过“建设开发区、建设新区新城、城市扩展、旧城改造、建设 CBD、乡镇产业化以及村庄产业化”等城镇化手段得以体现。[①]

行政主导型城镇化最直接的作用机制，在于政府的行政力量与城镇化发展的自然推动力量呈现并存的局面，在某些情况下政府行政行为能够顺应自然规律，有利于经济社会发展，但行政行为有时则逆城镇化规律，重新建构一种秩序，反而破坏了发展的有利动因。其中的关键判别在于政府是否采取了政绩取向，其行政行为是否仅基于提升本地的政绩而忽视了应当遵守的保障公民基本权利原则、正当程序原则和信息公开原则。这样的政府行政行为往往具备一些中国特有的机制和特征，如“议价的威权主义”“分割的威权主义”“运动型治理”“压力型体制”“目标责任制”，种种因素的综合构成了中国城镇化演进的表征与内在逻辑。

在具体问题的分析和解决上我们也应当注意，自然状态下的城镇化与行政主导下的城镇化之间并非绝对的二元对立，而是各有其存在的基础和前提，在实践

① 参见李强、陈宇琳、刘精明：《中国城镇化“推进模式”研究》，载《中国社会科学》，2012（7）。

中相互依存、互为补充和发展。本书中加以区分是为了厘清政府行政的原则，还原城镇化发展的原初特征。

（二）运行机制

政府行政往往具有一定的政绩导向性。中国的政治发展具有一种“发展主义”范式，在政绩压力之下，行政行为难以完全因循城镇化的自然规律，而是会与其他政治特色相捆绑，形成一种特殊的“行政主导下的城镇化”。发展主义范式与中国特有的“议价的威权主义”“分割的威权主义”“运动型治理”“压力型体制”“目标责任制”等治理机制充分结合，构成了中国城镇化演进的表征与内在逻辑。

1. 项目制

从一般意义上讲，项目制是政府运作的一种特定形式，即在财政体制的常规分配渠道和规模之外，按照中央政府意图，自上而下以专项化资金方式进行资源配置的制度安排。[①] 项目制作为一种特定的资源分配形式在各个领域早已存在，但近年来这一形式在国家资源配置中权重日渐，具有突出的地位和巨大的影响力。

自20世纪90年代中期以来，随着分税制带来的一系列集权效应，引起了地方政府行为的一系列变化。分税制带有向上聚集财政资源的趋势[②]，使得项目制形式脱颖而出，成为自上而下资金配置的一个重要渠道和机制，其规模与影响日渐凸显，正在重新塑造中央与地方的关系。随着其影响范围的扩大，项目制还溢出财政领域，成为其他许多领域中自上而下推动任务部署的一个重要形式。[③] 项目制作为一种新型的治理模式，一方面影响和塑造了稳定的制度安排，另一方面诱发了各层次上相应的政府行为，成为认识国家治理的运作过程和政府行为的一个新的维度。[④]

周飞舟（2012）对财政体制的项目制类别和演变趋势做了系统的梳理和呈

---

① 参见周雪光：《项目制：一个“控制权”理论视角》，载《开放时代》，2015（2）：82～102页、5页。

② 参见周飞舟：《分税制十年：制度及其影响》，载《中国社会科学》，2006（6）：100～115页、205页。

③ 参见折晓叶、陈婴婴：《项目制的分级运作机制和治理逻辑——对“项目进村”案例的社会学分析》，载《中国社会科学》，2011（4）：126～148页、223页。

④ 参见渠敬东：《项目制：一种新的国家治理体制》，载《中国社会科学》，2012（5）：113～130页、207页。

现。项目制形式下的资金分配主要体现在专项转移支付上，特别是其中的专项资金，包括财政专项拨款、中央各部门下拨的专项资金和其他有着预算分配权的部门（如发改委）的专项资金。所谓“专项化”，是指政府间的分配资金越来越依靠“专项”或“项目”的方式进行。政府间的转移支付资金中，有相当大的一部分被政府部门指定了专门用途、戴上了各种“项目”的“帽子”，以期严格体现资金拨付部门的意志。[①]

“项目治国”背景下，地方政府采取“捆绑式发展”模式，类似于教育、医疗保障的公益性建设往往能够从项目制中获得国家专项资金的支持，而土地开发、基础设施建设等经营性建设则可从四面八方吸引各种商业与金融资本。“借助‘项目平台’，通过行政审批权获得对土地等核心资源的垄断权力，通过政治动员发挥主导力量，通过公司制承担经济发展主体的角色，县域政府的权力、意志、绩效三者空前地互为推动，产生出新的活力。”[②]“行政—政治—公司”三位一体统合治理成为县域政府治理模式的新变化。地方政府逐渐形成了“项目”与“市场”合作共赢的地方治理模式。然而，许多学者也注意到，项目制导致富者更富、贫者愈贫的不平等倾向[③]和村庄间差异[④]，这促使我们对以“项目制”为代表的行政主导型城镇化加以反思。

2. 碎片化威权主义

“碎片化威权主义”[⑤] 是由李侃如（Kenneth Lieberthal）和奥克森伯格（Michel Oksenberg）于 1988 年提出的。他们认为早期的中国政策过程模型，比如说“理性模型”（Rational Model）和“权力模型”（Power Model）无法解释经验观察到的官僚决策行为[⑥]。因此，他们提出以官僚系统决策行为为主要考察对象的“碎片化威权主义”来更新对中国政策过程的分析。这个理论模型认为，改革开放后的中国政策过程具有三个基本特征：（1）碎片化的权力结构：任何一个官僚部门都缺乏能够独立提出和通过一项新政策的能力，因此新的政策必须在不同官

① 参见周飞舟：《财政资金的专项化及其问题　兼论“项目治国”》，载《社会》，2012（1）：1～37 页。

② 折晓叶：《县域政府治理模式的新变化》，载《中国社会科学》，2014（1）：121 页。

③ 参见叶敏、李宽：《资源下乡、项目制与村庄间分化》，载《甘肃行政学院学报》，2014（2）：14～21 页、125 页。

④ 参见折晓叶、陈婴婴：《项目制的分级运作机制和治理逻辑——对“项目进村”案例的社会学分析》，载《中国社会科学》，2011（4）：126～148 页、223 页。

⑤ 参见杨鸣宇：《超越“碎片化威权主义”？——评〈中国式共识型决策：“开门”与“磨合”〉》，载《山东行政学院学报》，2014（7）：1～4 页。

⑥ See Lieberthal K.，Oksenberg M.，*Policy Making in China：Leaders，Structures，and Processes*. Princeton，Prin-ceton University Press，1988，pp. 9 - 19.

僚部门的协商合作中产生；（2）共识的建立：协商过程是一个横向和纵向官僚部门之间不断讨价还价的过程，目的是建立对政策方案的基本共识；（3）离散的政策过程：由于共识的建立是依赖于讨价还价而不是权力或者法律制度的约束，政策的推动每一步都需要不断反复这个过程，所以即便政策方案在最高决策层面获得通过和确定，具体的政策执行仍然需要中央层面的不断协调和推动。

应该说，这个理论模型敏锐地观察到了市场化改革后中国政治系统内的一系列转变，包括决策方式的理性化及中央和地方关系的变化等。基于以上三个特征，“碎片化威权主义”可以引申出两个理论推论：第一，中国的政策过程将面临潜在的官僚部门之间的协调困难问题。因为权力的碎片化和下放会激励官僚部门更多地追求自身利益，而不是按照中央的既定方针来行动。第二，“碎片化威权主义”认为只有政治系统内部的行动者才拥有影响政策方案的能力。换言之，中国的政策过程是一个封闭的过程。政治系统外的数量庞大的潜在政策利益相关者被排除在分析之外。当然，由于“碎片化威权主义”是一个静态的模型，在中国经历了三十多年的经济快速增长后，其部分假定已经不适用于今天的中国社会经济状况。其中很重要的一点就是政策过程参与者的多元化，除了政治系统内的决策者外，系统外的利益相关者也可能通过各种渠道影响政策的制定。

举例来说，教育领域的任何一项改革，在方案的制定和执行过程中往往由发展与改革部门和财政部门加以推动，教育部门需要与其他部门协商合作，才能产生新的政策；在政策方案的推动过程中，部门之间需要不断地讨价还价来达成基本共识，在具体的执行过程中也需要中央层面的不断协调和推动。

从县域中小学布局调整的政策脉络出发加以分析，我们能够发现，在政策出台和实施的过程中，教育政策与财税、土地、公共服务等部门领域相协调，经过反复的沟通、协商和上级的推动，才能达成实际的效果。从政策背景来看，20世纪90年代中后期，我国开始进行农村税费改革，教育领域也逐步确立了“以县为主”的义务教育管理体制。县级政府教育经费压力逐渐增大，地方政府希望通过中小学布局调整，减轻财政压力，提高资源利用效率。于是，布局调整成为农村税费改革后政府的一种自然选择。由此可见，教育政策是为了适应和配合财税制度改革的需要而出台的。2000—2005年，中小学布局调整取得了一定的成绩，也出现了很多问题。我国城镇化水平日益提高，加上计划生育政策的落实，导致农村学龄人口不断减少。我国农村地区特别是中西部农村地区不少中小学校生源不足、学校布局分散、规模小、质量低的矛盾日益突出。此时布局调整政策的实施应当与国家的人口政策、区域均衡发展政策紧密结合。此外，教师资源的均衡配置是城乡教育均衡发展的核心内容之一，而在目前“以县为主”的教师工资管理体制下，因县域经济极不平衡导致的城乡师资配置失衡是问题的关键所在。缺少工资制度及相关的财政制度配合，县域中小学布局调整政策也难以有效运行。

3. 运动式治理

运动式治理是一种非常规的治理模式，与依赖于常规性的机构与制度的治理模式不同，运动式治理以政治与行政主体的自觉动员为特征，它既作为一种非常态的制度安排出现，也以运动式的制度安排为表征。①

在当代中国政治史上，各类政治运动此起彼伏、延绵不断，是一个十分突出的政治现象；而且，运动式治理时隐时现但明晰可辨地贯穿于中国大历史之中，是中国国家治理逻辑的重要组成部分。② 运动式治理的突出特点是（暂时）打断、叫停官僚体制中各就其位、按部就班的常规运作过程，意在替代、突破或整治原有的官僚体制及其常规机制，代以自上而下、政治动员的方式来调动资源、集中各方力量和注意力来完成某一特定任务。这些运动式治理的行为常常是自上而下的指令启动，甚至是上级领导的主观意志，但它们的出现不是任意的，而是建立在特有的、稳定的组织基础和象征性资源之上。

从过程来看，运动式治理的大体程序如下③：首先，有重大社会问题发生，引起有关部门和领导的高度重视，上级领导作出重要指示，下级主管部门召开紧急会议，出台“从重、从严、从快”处理特定事件的专门文件，部署专项整治行动；其次，政府相关职能部门联合在一起，在全行业、全系统、全地区范围内进行声势浩大的政治动员，掀起一场轰轰烈烈的行政检查和行政处罚行动，雷厉风行地对不法行为进行集中清剿；再次，为了确保治理的成效，上级领导以督导者、检查者或验收者的身份对下级主管部门的治理成果进行验收；最后，开会总结表彰，撰写成果报告，向全社会公布“专项治理”的一系列数字，宣布整治取得丰硕成果。

运动式治理逻辑的产生和延续反映了中国国家治理面临的深刻挑战和困难，反映了特定制度环境中国家治理的制度逻辑。面对国家的治理规模和多样性，官僚体制基础上的常规型治理机制难以胜任，时常力不从心，表现出组织失控和失败；而运动式治理机制正是针对常规型治理机制失败而产生的（暂时）替代机制或纠正机制。因此，我们需要从常规机制和动员机制的关系之中认识后者。在中

① 参见徐晓林、朱国伟：《解释与取向：运动式治理的制度主义视野——以“治庸问责”风暴为背景的分析》，载《学习与实践》，2011（8）：86～94页。

② 参见周雪光：《运动型治理机制：中国国家治理的制度逻辑再思考》，载《开放时代》，2012（9）：105～125页。

③ 参见童大焕：《“运动执法”何时了》，载《南风窗》，2001（4）：24页。

国历史上，这两种模式同时并存，但其主从次序分明：在大多情形和时段中，常规机制是常态，占主导地位；但在特定历史时期，动员机制成为主导动力，而常规机制被搁置不用，甚至成为运动的对象。本文的一个重要命题是，运动式治理机制不仅有着长久的历史渊源，而且其合法性基础在当代中国经历了卡理斯玛权威常规化这一重要过程，建立在稳定正式组织之上。因此，运动式治理机制在中国历史上反复出现，不是偶然的或个人意志所为，而是有着一整套制度设施和环境，是国家治理制度逻辑的重要组成部分。

我国的城镇化明显具有政绩导向的趋势。[①] 长期以来，在我国 GDP 导向的政绩考核体系下，城镇化被蒙上了“功利化”和“工具化”色彩。许多地方政府只追求城镇化速度而忽视质量，单纯追求城镇化率指标，不切实际地制定城镇化发展目标，盲目扩大城镇规模，进行大跃进式的“造城运动”，甚至打着城镇化的旗号大规模圈地，搞土地财政，农民“被城镇化”，最终把城镇化变成了劳民伤财的“形象工程”。正是在这种“饮鸩止渴”式的政绩观导向下，虽然城镇化率、城镇人口、城镇数量、城镇规模等反映城镇化速度的指标在迅速增加，但城镇化质量并不高，不仅存在着人口不完全城镇化、土地过度城镇化、房地产城镇化、城镇发展失序等问题，还带来了资源大量消耗、空间过度集中、经济结构失衡、环境污染严重、社会矛盾激化等系统性社会风险。

由于政绩冲动，地方政府往往在中央有关城镇化的各项宏观政策和制度调整的具体方案尚未明确、城镇化战略规划尚不完善、城镇化尚缺乏顶层设计和总体布局的情况下就一哄而上，开展城镇化竞赛，导致城镇化从一开始就缺乏战略性、整体性和长期性。这从党的十八大刚把新型城镇化作为国家发展的重要战略，一些地方政府在尚未做好城镇化规划的情况下就开始把城镇化的指标层层下达、层层加码，中央政府层面的《全国促进城镇化健康发展规划纲要(2011—2020 年)》尚未颁布，地方抢滩成为“试点”的争夺战就越发激烈中即可见一斑。

4. 目标管理责任制

目标管理是以目标为导向的管理，可以将其视作一种全面的管理系统，该系统将许多关键的活动连接在一起，使组织和个人目标得以高效完成。[②] 责任制度可以理解为问责的一种具体表现，它强调公共权力的代理者须向委托者解释责任

---

① 参见汪大海、张玉磊：《从运动式治理到制度化治理：新型城镇化的治理模式选择》，载《探索与争鸣》，2013 (11)：47～50 页。

② 参见［美］海因茨·韦里克、哈罗德·孔茨：《管理学——全球化视角》，北京，经济科学出版社，2004。

履行情况，并为其绩效承担责任，因而也称为绩效责任制度（Performance Accountability System）。① 目标管理责任制是目标管理与责任制度的结合体。

20世纪80年代中期以来，在中国地方的党政工作中逐渐建立起一种叫做"目标管理责任制"的制度形式②，它目前已经广泛应用于各地党政管理的实践之中。所谓"目标管理责任制"，就是将上级党政组织所确立的行政总目标逐次进行分解和细化，形成一套目标和指标体系，以此作为各级组织进行"管理"（如考评、奖惩等）的依据，并以书面形式的"责任状书"在上下级党政部门之间进行层层签订。概言之，目标管理责任制是以指标体系为核心，以责任体系为基础，以考核体系为动力，辐射形成目标管理网络，以期获得最佳行政效能的一套综合管理方法。

目标管理责任制本质上是一种管理关系，管理的计划、指挥、协调、组织和控制实质上构成了责任制的内容，因此它同管理在构成上是相同的。换言之，目标管理责任制是由多个不同行政等级的责任主体相互勾连而成的管理体系。作为管理体系，上下级之间的权威关系是它的基本骨架，但它又有别于一般的科层管理体制，它把责任（进而利益）连带关系纳入了进来。

目标管理责任制体系的主体是"政府责任制"。顾名思义，政府责任制是指在各级政府之间实施的、涉及地方政府各项工作的一种综合性目标管理责任制。与之配套，在上下级地方政府之间签订的相关责任书也是综合性的，其内容涵盖了地方的各项经济工作、党建综治工作以及各类社会事业的发展等。③

我国政府实施目标责任制考核的效果，国内理论界与实践界始终存在争议。有学者认为目标责任制促进了中国经济的增长④，也有学者认为目标责任制明确了责任⑤，在提高工作效率和转变机关作风方面发挥了一定的激励作用，极大地激发了干部的自主性和创造力⑥。但大多数学者认为目标责任考核制度在刺激经

① 参见刘佳、阎波、吴建南：《地方政府目标责任制创新：动因、过程与效果——基于西部某县的案例研究》，引自中国科学学与科技政策研究会：《第六届中国科技政策与管理学术年会论文集》，2010。

② 参见王汉生、王一鸽：《目标管理责任制：农村基层政权的实践逻辑》，载《社会学研究》，2009（2）：61～92页、244页。

③ 参见刘佳、阎波、吴建南：《地方政府目标责任制创新：动因、过程与效果——基于西部某县的案例研究》，引自中国科学学与科技政策研究会：《第六届中国科技政策与管理学术年会论文集》，2010。

④ 参见周黎安：《中国地方官员的晋升锦标赛模式研究》，载《经济研究》，2007（7）：36～50页。

⑤ 参见赵路、朱正威：《我国公共部门实行目标管理的问题及对策》，载《理论导刊》，2004（3）：16～18页。

⑥ 参见叶裕民：《论改进和完善地方政府目标管理责任制》，载《统计研究》，2000（6）：35～39页。

济社会系统产出的同时，导致了唯 GDP 论[①]、“诸侯经济”[②]、重复建设和“政绩工程”等问题[③]，更是造成基层政府制度性说谎、形象工程的主要原因[④]。

以县乡两级政府为例，目标管理责任制在这里大致经由四个层次完成：第一个层次是县委、县政府与上级党委和政府签订责任状。责任人是县委书记和县长。第二个层次是由县委、县政府与各乡镇党委、政府以及县各职能部门签订责任状。责任人是乡镇党委书记、乡（镇）长以及县各职能科局的负责人。第三个层次是各乡镇及乡镇各职能部门与村庄签订责任书，责任人是职能部门领导与村党支部书记及村委会主任。第四个层次是由各个分部门的负责人和具体工作人员签订岗位责任书。在第四个层次才实现行政任务真正“落实到人”。

在此需要指出的是，通常意义上的“目标管理责任制”只包括前三个层次，最后一个层次一般被称为“岗位目标责任制”。这两种制度运行的范围有所不同：前者主要是在各级政府、党政机关之间实施的，后者则是在政府机关职员的个人工作中实施的。本文讨论的主要是前一种，即目标管理责任制。虽然在制度安排上，目标责任体系中每一级责任主体均是党政“一把手”，而在实际运作中第一责任人通常是党的“一把手”，即党委（支部）书记。

5. 土地财政

城镇化可以从不同角度进行定义和解读。[⑤] 从经济学角度看，城镇化就是农村的生产要素、企业、非农产业和经济活动向城镇转移集中的过程。在城镇化进程中，土地无论是作为私人活动的住宅基地和社会活动的公共场所，还是作为生产要素、固定资本、企业厂房、机械设备的物质载体，必然发生土地城镇化，即从农村的工业、农业、住宅用途土地转变为城镇经济社会用途土地的过程。土地城镇化主要集中在城乡地理连接区域。在城镇化过程中，其他生产要素、企业、产业和经济活动是空间地理位置转移，而土地作为其他生产要素和企业不可缺少的空间载体，其地理位置不可移动，只能是土地用途、产权主体、产权性质与结构等的改变。

---

① 参见尚虎平：《“绩效”晋升下我国地方政府非绩效行为诱因——一个博弈论的解释》，载《财经研究》，2007（12）：128～139页。

② 参见何智美、王敬云：《地方保护主义探源——一个政治晋升博弈模型》，载《山西财经大学学报》，2007（5）：1～6页。

③ 参见周黎安：《晋升博弈中政府官员的激励与合作——兼论我国地方保护主义和重复建设问题长期存在的原因》，载《经济研究》，2004（6）：33～40页。

④ 参见张汝立：《目标责任制与手段选择的偏差——以农村基层政权组织的运行困境为例》，载《理论探讨》，2003（4）：17～18页。

⑤ 参见鲁德银：《土地城镇化的中国模式剖析》，载《商业时代》，2010（33）：7～9页、40页。

辨析土地城镇化的概念[①]，首先需要厘清中国人口城镇化的构成，不仅包括农村人口向城市集中的“迁移城镇化”，也包括在原居住地通过发展生产和基础设施等实现的“就地城镇化”。[②] 相应地，中国用地空间的城镇化，一方面是农用地转换用途成为城镇建设用地，另一方面是农村建设用地转变属性成为城镇建设用地。城镇用途的建设用地规模不断扩大，1996—2007 年，中国城乡建设用地共增长 353.96 万公顷，城镇工矿用地与农村居民点规模之比由 1∶3 上升到 1∶2。[③] 可见，建设用地的变化不仅仅体现在规模上，其内部城乡性质的转变也变得越来越重要和值得关注。但后者在城市扩张、土地非农化的研究中并没有被特别提出。

从宏观现象来看，我国经济的高增长，一是依靠高投资和高出口，二是依托政府主导下的地区竞争。第一个特征具有发展阶段的普遍性，而第二个特征则在东亚经济体尤其在我国表现得最为显著。在地方政府主导的地区之间的经济竞争中，由于土地是地方政府可以支配的最有价值的资源，以地招商引资便成为主要手段。[④]

“土地城镇化”包括三个重要过程。[⑤] 第一个过程是农业用地经过土地征用之后进入了城市建设，为地方政府创造了大量的土地收入。第二个过程是土地收入作为资本，通过地方政府的融资平台，撬动了规模巨大的金融资金进入土地开发和城市建设过程。第三个过程是大兴土木的城市建设对国有建设用地产生了大量的新需求，需要对城市内的未利用土地或“低效率”用地以及城市之外的农业用地进行开发和征用，从而启动新一轮的土地—财政—金融的循环过程。

“征地”是“行政主导城镇化”的一把利器[⑥]，土地财政是目前财政领域最令人诟病的问题。对于造成土地财政的原因主要有两种解释：多数人认为是 1994 年的分税制改革导致地方政府财权事权不匹配，从而造成地方政府依赖土地财政；少部分人认为，目前官员政绩考核下的官员晋升锦标赛，是造成地方政府依赖土地财政的重要原因。[⑦] 一些学者通过实证方式对土地财政的原因进行分析，分别论证了分税制、官员晋升激励和土地财政三者之间的相关性。

---

① 参见李昕、文婧、林坚：《土地城镇化及相关问题研究综述》，载《地理科学进展》，2012，31(8)：1042～1049 页。

② 参见杨世松：《农村就地城市化：中国特色城镇化道路的创新》，载《经济师》，2008（5）：17～19 页。

③ 参见国土资源部地籍管理司编：《全国土地利用变更调查报告》，北京，中国大地出版社，2008。

④ 参见刘守英、周飞舟、邵挺：《土地制度改革与转变发展方式》，北京，中国发展出版社，2012。

⑤ 参见周飞舟、谭明智：《当代中国的中央地方关系》，152 页，北京，中国社会科学出版社，2014。

⑥ 参见周其仁：《征地权是“行政主导城镇化”的一把利器》，载《经济观察报》，2012-11-26。

⑦ 参见张学博：《分税制、土地财政与官员晋升锦标赛》，载《科学社会主义》，2014（5）：135～139 页。

1950 年，政务院通过了《城市郊区土地改革条例》，规定“国家为了市政建设需要及其他需要征用私人所有的农业土地时，须给予适当代价，或以相等之国有土地调换之。对于耕作该项土地的农民亦应给予适当的安置，并对其在该项土地上的生产投资（如凿井、植树等）及其他损失，应给予公平合理的补偿”。这里的“征用”，带有国家强制的性质，将土地所有权从私有转向国有。随着经济建设大规模展开，涉及的土地不仅仅限于铁路和市政，于是 1953 年政务院通过了《关于国家建设征用土地办法》。这是第一个征地的专项行政法规，明确规定发生征地时，“应该尽量用国有、公有土地调剂”，实在无法调剂的，“应该发给补偿费或者补助费”，并规定了补偿或补助的标准。经过一定程度的修订后，这套办法一直用到 1982 年。1982 年 5 月，全国人大常委会原则通过了《国家建设征用土地条例》，由国务院颁布实施。该条例的总根据，是 1982 年《宪法》第 10 条的准则：“国家为了公共利益的需要，可以依照法律规定对土地实行征用。”据此，该条例规定了征地的适用范围，申报、审批与执行程序，补偿标准与安置办法等，为新时期的征地行为提供了一个法律框架。

1986 年通过的《中华人民共和国土地管理法》，把过去的行政法规升格为国家法律。不过从内容看，《土地管理法》几乎涵盖了以往征地法例的全部内容。换言之，土地利用方面的“城镇国有偏向”，包括“为了公共利益的需要”的虚置、征地通道的唯一合法性、禁绝土地的市场化利用、对征地补偿实施上限管制，以及把商业利益和机构引入征地执行程序等，差不多都法律化了。此时还可能构成约束力的，仅剩下经济实力。因为征地的主体是政府和国有机构，所以国家征用土地的数量，总受到补偿支付能力的硬制约。凡是付不出土地、青苗、附着物补偿费和人员安置补助费的，事实上就完不成征地。虽然也有霸王硬上弓的事，但行政的“霸力”讲到底也是经济实力，在总体上限制着土地国有化的进度。突破这重制约的，正是从 1987 年开始、1988 年合法的“国有土地市场化”。在经济上，“可预期的土地未来收益”支持了土地的资本化。在实务上，征地规模再也不受政府财力与用地机构预算的硬约束，市场里庞大的外资、内资，特别是充裕的银行资本，都可以为征地提供融资。中国城镇化从此有了完全不同于过去时代的经济基础。为什么说征地权是其中的一把利器？答案是，离开了征地权，所谓“行政主导城镇化”的三大支柱，包括城市土地属于国家、城市设立的行政化机制以及城市国有土地的市场化交易，都缺乏“强制推进”的动力。在隐秘的制度层面，商业利益、金融力量、土地资源与政府的合法强制力终于结合在一起，注定要开启城市化进程中的一个新模式。

根据统计年鉴，2004—2014 年，我国的城镇人口数从 2004 年的 54 283 万人增加至 2014 年的 74 916 万人，增加了 38.01%，城市建成区面积却从 2004 年的

3.04 万平方千米增长至 4.98 万平方千米，增加了 63.81%（见图 2—2）。[①] 低密度、分散化的发展现象较为严重，耕地资源浪费、高能源消耗等问题突出。

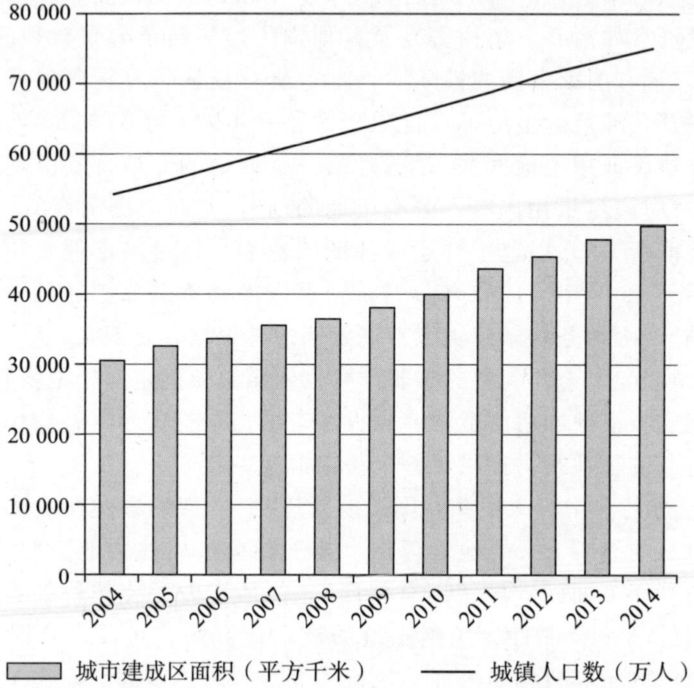

图 2—2　2000—2014 年全国城镇人口数与建成区面积变化图

中央在"十二五"规划纲要中提出要"合理确定城市发展边界"，提高土地利用效率，集约紧凑发展。李强等学者通过对中国城镇化推进模式的研究，发现不同于西方的工业化和市场机制推进，中国的城镇化是政府推进的过程，典型特征是政府主导、大范围规划、整体推动。这导致农业用地快速转化为非农用地，使得土地的城镇化快于人口的城镇化。[②] 城镇化包含两层含义，即人口集聚和产业集聚。[③] 如果城镇化是通过市场机制实现的，则相关配套设施的建设能够满足需要，不需要政府的过多投入；但在中国的特殊国情下，政府就需要提供相应的公共设施和服务，这种情况可以概括为政府用权力取代市场作用。另外，我国税收制度实行的是分税制。这是指在合理划分各级政府事权范围的基础上，主要按

① 数据来自各年《中国统计年鉴》和各年《中国城市建设统计年鉴》。

② 参见李强、陈宇琳、刘精明：《中国城镇化"推进模式"研究》，载《中国社会科学》，2012（7）：82～100 页、204～205 页。

③ 参见《国家新型城镇化规划（2014—2020 年）》，见新华网，2014－03－16。

税收来划分各级政府的预算收入，各级预算相对独立，负有明确的平衡责任，各级次间和地区间的差别通过转移支付制度进行调节。它是市场经济国家普遍推行的一种财政管理体制模式。然而在这种制度体系下，好的税种和大量的税款向中央集聚，而较为薄弱的税种和税款则分布到地方政府手中。①

在这一背景下，土地作为日益重要的生产要素，成为当今中国地方政府掌控下最为重要的资源、资本与资产。② 地方政府的相关土地收益从分税制改革之初不起眼的小角色发展成为专门的土地财政、“第二财政”。2004—2014 年，地方政府土地出让收入从 0.64 万亿元激增到 4.26 万亿元（见图 2—3），地方政府始终严重依赖土地财政。中国 1994 年分税制改革以后，地方政府可用财力中来自土地的相关收入与年俱增，仅国有土地出让收入一项，2014 年全国达到 56.13％的水平，如果再考虑土地相关税收收入，则远远高于全球的平均水平。③ 事实上，地方政府的财政收入很大程度上要依靠卖地运转，就需要大量占用农业用地，用卖地所获的收入来推进城镇化。

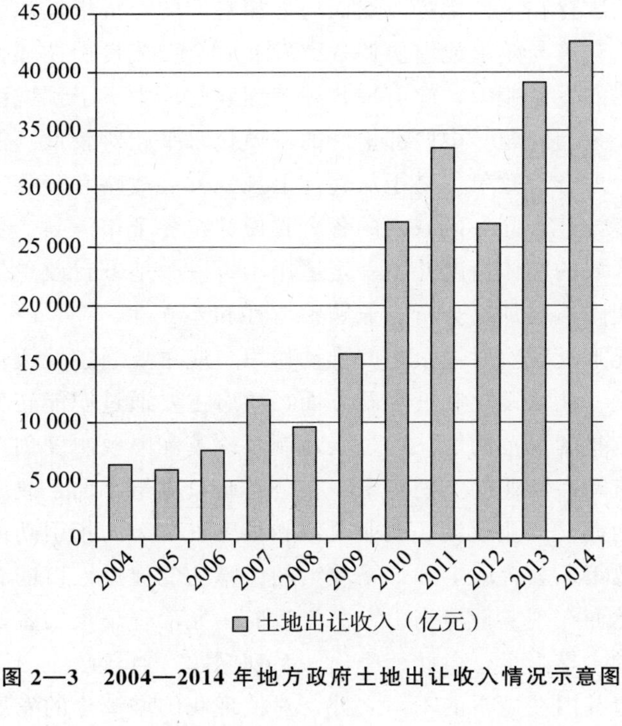

图 2—3　2004—2014 年地方政府土地出让收入情况示意图

① 参见许多奇：《我国分税制改革之宪政反思与前瞻》，载《法商研究》，2011（5）：74～82 页。

② 参见骆祖春：《中国土地财政问题研究》，南京大学学位论文，2012。

③ 各年度数据来自《中国国土资源统计年鉴》（2004—2014）、《中国统计年鉴》（2004—2014）。

(三) 行政主导型城镇化的局限

从行政主导型城镇化推进制度涵盖的共同特征中可以看出，行政主导下的城镇化模式往往伴随着压力型的行政管理体制，层级分明的目标和责任分担机制。究其根源，这与我国单一制的政权组织形式和权力授受关系相关。我国是典型的单一制国家管理体制，即地方的权力由中央赋予，这种管理体制使得中央与地方之间形成垂直的层级关系，权力上地方为从属，中央为支配。与此同时，责任上也形成了独特的委托—代理关系，中央为委托方，地方为代理方，代理者须向委托者解释责任履行情况，并为其政绩承担责任。从中央政府的角度考虑，推动城镇化进程是建设现代化国家的重要指标，且城镇化本身是人口聚集与经济聚集相互刺激的过程，城镇化的发展有利于国家经济社会的发展。此外，我国区域发展存在不均衡的现象，这就使得各地区的城镇化水平及相应目标的达成度存在较大的差异。东部地区存在区位优势，然而与之相对应的经济指标和政绩指标压力也较大，当城镇化政策与效果能够协调一致发展时会形成良性循环；当行政的压力超过城镇化自然的发展速率，政府在政绩等因素的压力下干预城镇化的发展状况时，也会带来一系列问题。中西部地区的城镇化水平相对较低，但发展的压力也相对较小，使得地方行政单位易于从整体上规划发展战略和步骤。此外，由于区域的辽阔性和多样性，同一区域内的各个省份甚至各个市、县、乡都可能存在一定的差异性，区域的整体情况并不一定适用于每一个地方行政单位，在研究时应当结合地方的实际情况加以分析，兼顾整体性和差异性。

在理想情况下，政府对城镇化的推动作用，应主要通过城镇化制度创新和公共政策供给实现：在城镇化制度创新方面，政府主要通过职能转变、公众参与机制和行政区划调整的规范功能，通过土地制度改革和财税制度创新的诱导功能促进人口的有序流动和产业的空间集聚；在公共政策供给方面，政府主要通过城镇化规划的设计功能，产业政策、就业政策和投融资政策的指引功能，以及社保政策、公共住房政策、教育政策和户籍政策的保障功能促进人口的有序流动和产业的空间聚集。然而在现实情境当中，由于政府一元治理现象的普遍存在，行政作用成为城镇化的主导力量，由此衍生出一系列问题。对行政主导下的城镇化模式进行反思，厘清其内在逻辑的不当之处，对梳理我国城镇化的发展路径具有重要意义。

1. 行政主导下的城镇化“重物理外观，轻权力安排”

从本质上讲，由于追求政绩的基本取向，行政主导下的城镇化普遍重视城镇化的物理外观，轻视权力的制度安排。物理外观固然是城镇化的重要维度，以城市基础设施、人口数量及产业的聚集程度等指标作为衡量标准；然而制度安排同样是城镇化的重要维度，涉及行为规则、经济和政治权力方面的制度安排。对于很多地区来说，很容易倒因为果，将城镇化的物理外观当做根本，权力制度的培育反而被搁置。[①] 事实上，城镇化问题涵盖诸多要素的供给，用行政命令协调各个要素之间复杂的关系结构，信息成本过高，微观激励严重不足。如果相关的制度设计没有跟进，仅仅依靠行政手段追求城镇化的物理外观，难以产生理想的结果。例如，在城镇化进程中由于各种利益矛盾的凸显，导致诸多群体性事件的发生。这是由于乡村的不断消灭和城镇的不断扩张，产业结构、人口结构和社会结构都在经历重新布局和重组的过程。[②] 城市不同于乡土性社会中稳定的常态，大量城市居民不再归属和依赖于固定的单位组织，而是按照市场运作机制，归属于不同性质的经济组织和社区，而且这种归属是非常松散和经常改变的。这种变化形成了大量的社会矛盾和诸多的不适应，同时也向原有的社会规范和社会控制机制提出了挑战。在社会转型时期，许多原有的制度和机制被淘汰，而新的体制尚未建立或者还不完善，这就使社会管理和社会控制方面出现了薄弱环节甚至真空地带，为群体性事件的发生奠定了基础。

由此可见，城镇化是一系列相关制度设计和安排综合协调的结果，其中复杂的制度逻辑和行为规则并非单一的行政主导所能覆盖的，需要市场及多元主体的共同治理才能实现，单一的行政主导型城镇化会导致路线的偏差。

2. 政府一元治理体制的弊端

在城镇化的治理体制上，行政主导下的城镇化实行政府一元治理。[③] 联合国在《建设“包容性城市”的宣言（草案）》中指出：“城市管理是个人和公私机构用以规划和管理城市公共事务的众多方法的总和。这是一个调和各种相互冲突或彼此不同的利益以及可以采取合作行动的持续过程。它包括正式的体制，也包括非正式的安排和市民的社会资本。”依据城镇化三元参与理论[④]（见表 2—1），城镇化不能局限于政府参与，它需要整合政府、市场、社会多元主体的力量。然而，在中国传统的政府主导型城镇化模式下，政府是城镇化的绝对主体，它排斥其他主体而对城镇化进行一元治理，政府通过计划引导、参数调节、政策控制、

① 参见周其仁：《城镇化要汲取国家工业化教训》，载《商界（评论）》，2013（4）：29 页。

② 参见朱渝：《城镇化进程中群体性事件行政法防治机制研究》，苏州大学学位论文，2014。

③ 参见张玉磊：《新型城镇化进程中市场与政府关系调适：一个新的分析框架》，载《理论导刊》，2014（9）：4～9 页。

④ 参见吴季松：《百国城镇化路径借鉴》，载《人民论坛》，2013（4）。

宏观资本配置等手段，扮演了城镇化战略的制定者、城镇化制度的供给者、城镇化进程的执行者和城镇化绩效的评定者等多种角色[①]，政府成为城镇化进程中最强大的、最主要的甚至可以说无处不在的参与主体。例如，在城市基础设施领域，政府几乎承担着为城市提供基础设施的所有任务：从城市基础设施的规划、设计、筹资到建设、运营和维护，政府几乎垄断了基础设施发展的整个过程，而且这种政府投资管理体制也使得城市基础设施的发展越来越受制于政府的有限财力。城镇化是一个公共领域不断扩张的过程，随着城镇化进程的推进，继续采取政府一元治理的方式显然无法满足城镇化进程中公共事务大量增加的需求。

表 2—1　　　　城镇化的三元参与理论

主体	角色	职能
政府	城镇化的主导	顶层设计、法规制定、总体规划、制定路线图、控制时间表、资金筹措、三方协调、高效与科学管理。
企业	城镇化的基础	渠道投资、参与总体规划的制定、评估资源与环境承载能力、利用公共设施、提高生产效率、获取利润、保证最低工资与福利、促进产业升级与技术创新。
公民	城镇化的主体	自由选择是否成为市民，不断提高自身素质；通过听证会等形式充分实现公众参与；以诚实劳动争取成为“纳税人”，为城市发展贡献实实在在的正能量；通过合法手段维护自己的各项权益。

3. 制度性政治激励模式的局限

干部考核指标体系是目前中央政府鼓励地方官员进行环境治理的一种制度性政治激励模式，带有明显的“压力型体制”的特征。因而一些与官员的仕途升迁没有实质性联系的领域便无法受到关注，未能起到有效的政治激励作用。这种以指标和考核为核心的“压力型”政治激励模式，在指标设置、测量、监督等方面存在着制度性缺陷，导致政府在一些关键领域公信力的流失，这也是地方治理失败的根源之一。

地方官员往往会把完成经济发展和维护社会稳定的指标放到最重要的位置上，然而城镇化发展领域具有复杂性、长期性、不确定性和科学技术的有限性。针对该领域的这个特点，其治理过程必须具备几个要素：开放、参与和合作的多元治理模式[②]。威权政府传统的规制模式（Control Command）难以胜任，原因

① 参见谷荣：《中国城市化的政府主导因素分析》，载《现代城市研究》，2006（3），51～55页。

② 参见俞可平：《经济全球化与治理的变迁》，载《哲学研究》，2000（10）：17～24页、79页。

在于城镇化主要体现着经济发展和人口迁移等市场经济特征，其中的复杂性和多元性并非政府的一元规制能够操纵，其政策、手段的灵活性和有效性也会受到很大的制约。市场参与主体和公民个人对城镇化的了解和需求最为直接和快速，因此不仅应当享有基本权利，更应争取在城镇化治理中的更大权利。综上所述，能否从传统威权国家的“压力型体制走向民主合作制”，是决定地方城镇化治理成败的一个重要制度性基础。

4. 泡沫形态的经济发展

在行政主导模式下发展出来的轰轰烈烈的城镇化实际上是以土地而非以产业和人口为中心的城镇化，是一种“土地城镇化”的形式，因为其基础并非人口和产业的自然迁移和升级，而是依靠政府的行政干预以及土地这一不可再生资源的投资、购买和转让，因而这种类型的城镇化难以具有可持续性，且在经济发展的各项指标上呈现一定程度的泡沫性，因为经济社会发展并不具备可持续的基础和前提。这种“土地城镇化”的发展模式具有这样的特点，即土地城镇化不以工业化为必然前提。当然，这并不意味着工业化过程不重要，而是说工业化并非城镇化的中心内容。从东部地区的城镇化进程来看，土地城镇化是与工业化紧密联系在一起的，没有大量的外向型工业企业的进入和繁荣，也不会产生这种三位一体的生财之道。但是各地发展的实践表明，城镇化的关键在于房地产业，只要有大量的财政和金融支持，房地产业可以不依托于工业化而独立发展。各种房地产泡沫的形成正是财政和金融推动的一个结果。

这个阶段的城市扩张，主要表现在城市建设用地（主要是商住、公益用地）的大量扩张而非工业用地的大量扩张上。支撑城市发展和扩张的基础正在由工业变为城市的房地产开发。只要城市的地价够高，银行就愿意出资贷款，地方政府就能够以财政和金融为主要手段全面推动城市经济的发展，这种经济发展模式主要靠政府对公共设施的投资为拉动力量，以土地征收、开发、出让为主要手段，以城市扩张为基本形态，以 GDP 和财政收入的增长为基本目标。在这个模式中，工业对于城镇化的基础地位已经逐渐被城市房地产业所替代。土地城镇化只需要三大要素的参与即可运转：土地与财政、金融的结合。土地城镇化的运转，会使得财政收入迅速增加、金融贷款运转活跃、城市建设日新月异，是相对于其他发展模式而言最易操作、成本最小、政绩最显著的发展模式。

与此同时，由于我国城镇化发展中依靠的劳动力资源大多为没有城市户籍和市民身份的“农民工”，这不仅形成了收入差别巨大、社会地位悬殊的城市中二元的社会群体（城市居民和“农民工”），制造了上亿的流动人口，也割裂了这些群体的家庭，农民工常年与其父母甚至子女分离，长此以往，会出现许多新的社会问题。

概括来讲，工业城镇化和人口城镇化的泡沫形态导致中国城镇化的动力缺乏可持续性，在很大程度上是以资源的消耗和耕地的占用为代价的。这种“粗放型”的发展方式从长远来看难以适应经济发展新常态的需要。

三、发展主义的反思与新型城镇化

（一）发展主义的政策范式：支配中国城镇化的主导逻辑

“二战以后，伴随着一大批亚非拉国家纷纷摆脱殖民统治、建立现代主权国家，‘发展’与‘现代化’成为世界的主题。在第三世界国家的发展与现代化进程中，无论是作为学术研究的理论范式，还是作为行动实践的政策范式，‘发展主义’成为一种主导性意识形态。”[①]“发展主义是一种意识形态，一种认为经济增长是社会进步的先决条件的信念。”[②] 与“发展主义”相对应的“发展型国家”表征着一种不同于西方经验的发展模式，“经济发展主义”“国家合作主义”“经济国家主义”“权威主义国家”等是其基本表征。发展主义的国家政策范式认为，“国家与社会是垂直统治的关系，但以正式与非正式组织的有机网络为中介，家庭和公民社会处于权威主义国家的严密控制之下。”发展型国家的重要弊端之一在于，它很大程度上阻碍了政治发展的进程，“国家主义与权威主义政体尽管有效地保障了经济的持续快速增长，也有效地动员起民族大众对国家发展战略的支持，但除个别国家（如日本）外，大部分国家的民主化进程却历尽坎坷”[③]。

“范式”的概念最初是由美国科技哲学家托马斯·库恩在其《科学革命的结构》一书中提出来的。库恩把科学发展的历程分为前范式阶段、范式阶段、革命阶段和新范式阶段，他充分论述了新范式取代旧范式的“范式革命”对科学发展的推动作用。库恩所论述的范式是由从事某种特定学科的科学家们所共有的世界观构成的，其本义是指科学理论研究的内在规律及其演进方式，正如他所言“是一个时代提供给社会参与的、在典型问题及解决方法方面被普遍认识的科学成

---

① 郁建兴：《发展主义意识形态的反思与批判》，载《马克思主义与现实》，2008（11）：61页。
② 许宝强、汪晖：《发展的幻象》，1页，北京，中央编译出版社，2001。
③ 郁建兴：《发展主义意识形态的反思与批判》，载《马克思主义与现实》，2008（11）：65页。

就”[①]。“政策范式通常指政策行动主体（最终由政策决策者代言）对政策制定与执行过程的分析、研究和思维框架，也进一步体现在对问题状态的价值判断、理解问题的方式方法及工具选择的原则偏好等方面。”彼得·霍尔（1993）认为：“一个政策范式是与政策活动者紧密相关的智识构造，其本质是相关政策活动者所持有的塑造政策制定者所追求的广泛目标的一系列观念、感知问题的方式以及解决办法的种类等。”[②] 发展主义作为一种政策范式，其确立也经历了与传统政策范式的对抗、博弈、论战及制度化的历程。“发展就是硬道理”的话语体系以及与此相应的激励约束机制的建立，使得“发展主义”的政策范式在改革开放之后迅速确立并深嵌于国家治理体系之中。与发展主义政策范式相应的是，市场经济发展背景下“工具理性”的张扬与蔓延，不同的社会行动者都将“利益最大化”作为其行动指南。乡土社会也正是在这种“工具理性”的驱动下，从“乡土中国”走向“离土中国”。乡村教育则在国家与社会的复杂互动中，逐渐走向“悬浮”。中国县域义务教育在发展主义范式的主导下，呈现出“城挤乡空”的结构性困局。

杨东平（2013）等将农村义务教育普及分为A、B两种模式，这两种模式典型地反映了我国农村义务教育政策范式的变迁。A模式倡导“公平优先，重视就近入学”，B模式则倡导“效率优先”，重视“提高办学效率”，两种模式的基本价值有着鲜明的区别。与注重公平优先的A模式不同，“效率优先”的B模式是在“世纪之交出现的一种整体性的价值变迁。在‘教育现代化’这一强大而正当的概念牵引下，农村教育在普及和发展的维度上是向城市化看齐，用正规化、标准化、高指标，逐渐放弃了因地制宜、因陋就简、多种形式的农村特点；在教育教学的维度上则是纳入城市化的升学教育、考试竞争的狭窄轨道。在资源配置上，强调集中办学、规模效益和建寄宿制学校。在收入分配改革中提出的‘效率优先、兼顾公平’的原则，渗透、覆盖至教育、医疗卫生等公共服务领域。教育的天平从保障农村儿童就近入学的公平权利，逐渐滑落到了‘效率优先’的一端”[③]。

地方政府作为理性的行动者，其行动受嵌于特定的激励约束结构之中，衍生出“发展主义”的行动逻辑。从深层次而言，中国城镇化的发展主义范式，与县域中小学布局调整政策的内在机制是类似乃至相同的。优化资源配置的强势经济话语，不仅支配着20世纪90年代以来中国快速城镇化的进程，也深刻影响着县

---

① ［美］托马斯·库恩：《科学革命的结构》，北京，北京大学出版社，2012。

② 转引自王程韡、曾国屏：《政策范式的社会形塑——以〈美国竞争法〉为例》，载《科学学研究》，2008（1）。

③ 杨东平、王帅：《从网点下伸、多种形式办学到撤点并校——徘徊于公平与效率之间的农村义务教育政策》，载《清华大学教育研究》，2013（5）。

域中小学的布局调整历程。在此过程中，中央政府与地方政府之间的互动关系以及政策表现形态与过程等都生动反映了发展主义范式的脉络。

1. 中央政府的视角：从“有学上”到“上好学”

发展主义作为一种政策范式，其确立也经历了与传统政策范式的对抗、博弈、论战以及制度化的历程。1978年十一届三中全会的召开，将党和国家的工作重心从“阶级斗争”转移到“以经济建设为中心”上来，显示出“发展主义”的端倪。此后，1992年邓小平南方谈话则旗帜鲜明地确立了“发展主义”的政策范式。正如渠敬东所言：“1992年南方谈话，基本确立了‘稳定’和‘发展’的意识形态，社会稳定被看做是经济发展的根本保障，而‘经济增长至上’则构成了社会稳定的必要前提。从政府到民间逐渐形成了这样的共识，即社会稳定不能通过政治和意识形态领域的变化来实现，而是要通过经济的快速增长和人民生活水平的提高来保障。”[①] 由此可见，追求效率至上的发展主义逻辑意味着一切社会问题都可以通过经济增长来解决，而社会问题的解决也需要彰显发展主义对“效率”的内在价值诉求。正是在这样的宏观经济社会发展背景下，“发展才是硬道理”成为从中央到地方的主流话语。

我国农村义务教育政策范式经历了从新中国成立初期直至改革开放前夕“政治主导”的国家主义政策范式向20世纪80年代尤其是21世纪以来“经济主导”“效率至上”的发展主义政策范式转变的历程，两种政策范式核心信仰的差异，直接影响了各层级政府的行动策略，也形塑了不同社会行动者的角色认知、期望与行动方式。随着农村义务教育“两基”与“普九”任务的完成，“有学上”的问题开始被“上好学”的问题所取代，促进城乡教育均衡发展，实现教育资源优化配置成为中央政府的工作重点。在此背景下，农村中小学布局调整政策作为城乡教育均衡发展的重要方式被提上议程。

从“文字下乡”到“文字上移”，作为两个迥异的乡村教育变迁过程与发展图景，在相反的表象背后却都潜藏着国家主义的逻辑。前者是“国家主义”导向下民族国家建构的重要内容，后者则是“发展主义”的意识形态在教育领域渗透与蔓延的产物。不同历史时期的国家治理政策范式，深刻地体现在农村教育政策之中。从20世纪80年代以来“网点下伸”“多种形式办学”等农村普及教育的政策实施所彰显的“公平导向”滑向以“效率至上”为旨归的“撤点并校”，农村义务教育政策的公平性备受质疑。作为世纪之交出现的一种整体性价值变迁，效率导向的农村义务教育政策通过“资源优化配置”等“市场话语”掩盖了儿童

① 渠敬东、周飞舟、应星：《从总体支配到技术治理——基于中国30年改革经验的社会学分析》，载《中国社会科学》，2009（6）：113页。

"就近入学"的受教育权。发展主义"嵌入"国家教育治理之中，致使教育改革凸显"政治—经济"关联逻辑而忽视"文化—社会"逻辑[①]。作为"政治—经济改革"的教育改革，遗忘了其社会保护功能，不可避免地滋生系统性风险以及一系列"意外后果"。中央政府的视角所演绎的"发展主义"制度逻辑忽视了"地方性知识"的复杂性与教育系统、乡土社会的内在运行规律，使得农村学校寄宿制管理、校车事故及辍学率回升等问题凸显，"上学远、上学难、上学贵"等社会呼声再次涌现。"国家的视角"试图通过强制性制度变迁影响乡村教育的全貌，实现"教育资源优化配置"的政策目标。然而，这种"致命的自负"也使其与其他那些旨在增进公共福祉的大型社会工程一样，将不可避免地潜藏着失败的风险与挑战。

2. 地方政府的视角：财政约束与晋升激励

"改革开放以后，伴随着市场经济的发育、成长，我国政治生活的约束机制也逐渐始由'道义政治'转向了'利益政治'，地方政府及其官员的工具理性和经济人的特征日趋增强。"[②] 从新中国成立初期至20世纪80年代，我国干部评价的机制从"政治忠诚"为主变为以地方政府的经济绩效为主。在这样的政绩考核机制下，地方政府具有寻求政治收益最大化与经济收益最大化相统一的行动趋向。

（1）财权上移与事权下移：财政约束下的地方政府。

新中国成立以来，我国中央政府与地方政府的财权与事权配置经过了多轮调整。从新中国成立初期的"统收统支"到20世纪80年代初期的"财政包干""分灶吃饭"再到1994年开始实施的"分税制"改革，最终打破了"分权的底线"，使得中央政府的财政收入不断增加，国家汲取能力持续增强。分税制改革使得财权不断上移，而事权下移，这种财权事权配置格局使得地方政府不断寻求"预算外收入"，一些地方政府的财政捉襟见肘，出现了"吃饭财政"甚至"讨饭财政"的状况。"Shih、Liu和Zhang（2005）认为，中国的财政体制在很大程度上可概括为'掠夺型的财政联邦主义'（Predatory Fiscal Federalism）。从中央开始，每一个上级政府总是尽可能地占有更大比重的财政收入，而将财政支出的责任推给下级政府。这一视角实际上和'掠夺之手'（施莱维和维什尼，2004）甚至'利维坦模型'（Brennan and Buchanan，1980）是一致的。"[③] 这些观点，在

① 参见程天君：《教育改革的转型与教育政策的调整——基于新中国教育60年来的基本经验》，载《北京大学教育评论》，2012（4）：33页。

② 赵全军：《压力型动员：改革后中国农村义务教育的供给之道》，载《云南社会科学》，2008（4）：73页。

③ 傅勇：《中国式分权与地方政府行为：探索转变发展模式的制度性框架》，上海，复旦大学出版社，2010。

某种程度上合理地解释了中国政府间财政关系的基本特征。

农村税费改革实施以来，“以县为主”的农村义务教育管理体制转移了以前乡镇政府的教育财政压力，但并没有扩大县级教育财政的总量，而农村税费改革又进一步减少了县乡政府的财政收入，以前用于补偿农村义务教育经费缺口的农村教育费附加和教育集资也被取消。张光（2012）等提出，在取消农业税和乡财县管的财税体制改革背景下，中国的地方政府特别是县级政府，至少在农村公共物品的提供上，没有很好地履行其管理农村事务的职责；对农民的利益而言，它们扮演了掠夺之手而非援助之手的角色。在分税制、农村税费改革以及财政转移支付不断增加的“项目制”背景下，公共教育服务供给产生了“挤出效应”，经济建设与教育等民生发展呈现出“鱼和熊掌不可兼得”的局面。财政约束下的地方政府在发展主义政策范式的引导下，逐渐成为独立的利益主体，“以经济建设为中心”的纲领深刻地影响着地方政府的行动策略。经济收益的最大化使得地方政府追逐资源配置最优而忽视公平，关注财政预算的最大化以及支出的最小化而忽视公共利益的保障。地方政府教育部门在农村中小学布局调整政策执行过程中，往往强调“撤点并校”的速度与效率，希望以较少的资源投入获得较大的工作成效。

与此同时，“经营”教育在近年来地方政府的发展规划中表现得尤为明显。在城市化进程日益加快的背景下，伴随着分税制改革以及后税费时代中央与地方财权与事权关系格局的变化，地方政府日益依赖“土地财政”，“大兴土木”成为地方经济发展的重要引擎。教育事业在这种情势下沦为地方房产开发的“工具”，各式各样的学区房以及农村中小学布局调整政策实施中所带来的房产销售、租赁、建筑乃至餐饮等行业的快速发展，都从经验上验证了地方政府在执行农村中小学布局调整政策过程中的经济利益诉求。甚至可以说，农村中小学布局调整政策作为一项国家政策很大程度上迎合了地方政府土地开发的需求。“学校向城镇集中，可以带动学龄人口及其陪读人员入住城镇进行直接消费，还可以带动与学校相关的商业、餐饮业、房地产业等行业投资，直接带动区域经济社会发展。当学校布局调整被‘城市化’绑架，学校向城镇集中的趋势则会加快，明显快于农村人口在城镇就业的劳动力转移速度。因为学校调整而带来的农村人口向城市的‘被转移’就会给本不具备向城市转移条件的农村人口带来压力、困顿和窘迫，影响农村社区发展。”①

教育行政机关的教育政策执行往往受制于地方党政机关首脑的政绩需求，国

① 饶静、孟祥丹：《“国家和社会”框架下的农村中小学布局调整》，载《中国农业大学学报（社会科学版）》，2012（4）：59页。

土资源部门、城市规划部门乃至行政执法部门在当地城市化发展的“指挥棒”的牵引下势必干预地方教育政策的执行，涉及土地资源变动的农村布局调整政策必然成为地方政府重点关注的对象。在笔者调查的江苏省泰州市姜堰区，区政府将城乡义务教育均衡发展纳入了城市发展规划体系。在《姜堰区“十二五”教育事业发展规划重点任务分解方案》中，要求区发改委、区规划局、区财政局、区人社局、区编办以及各镇、开发区、风景区共同统筹该项工作。农村义务教育学校布局调整政策无疑受到政府系统内部发改委、财政局、规划局等其他部门的利益与价值渗透。在统筹城乡教育发展的政策导向下，地方政府“希望通过教育移民来巩固和推进城市化建设的规模和进度、通过调整农村中小学布局结构来加快城市教育园区的建设并进一步推动房地产和服务业等相关配套产业经济链的开发、通过撤并各式农村学校以让学校原有土地复耕并进一步刺激附近农民进行土地流转的政策来圈占土地以使政府获得高额的土地出让金等，诸多此类因素共同致使地方政府推进农村中小学布局结构调整过热”[①]。

在“项目治国”背景下，“项目”与市场的联姻，使学校沦为项目开发的工具。与其他所有可以获得项目的资源一样，具有类似的价值。在大规模的城市化项目经营现象中，农村义务教育学校布局调整也成为地方政府“捆绑式发展”与“项目治理”的重要一环。

“在城市化过程中，地方政府往往将各类项目捆绑起来，通过城市综合规划提高土地开发的附加值，增加非预算性收入。因此，地方政府获取财政收入的新手段，使得项目规划、银行贷款、土地征收与经营之间发生了连带关系，‘项目经济’开始成为动员地方政府的激励机制。”[②] 地方政府开始充分利用国家的政策或项目，将其作为“土地财政”得以推进的“合法性工具”。在城市化发展较快的省份与地区，县域中小学布局调整政策的实施使得一些农村与“城中村”、城市郊区等“空间”的土地资源，从教育教学用地中“解放”出来，而给地方政府带来了较大的经济收益。

（2）政治锦标赛：晋升激励下的地方政府。

作为政治人的地方政府在当前“压力型体制”及“政治锦标赛”的“标尺竞争”模式下追逐“政治收益的最大化”，一些地方政府的官员甚至将任期内政绩的最大化作为其执政目标。从“普九”“两基”到“两基攻坚”再到新近的“义务教育均衡发展”，地方政府在“压力型体制”与“项目制”下采取“简约治理”

---

① 李涛：《中国城乡底层教育公正的政策研究：基于社会分层的视角》，载《中国行政管理》，2013（3）：33页。

② 翁乃群：《村落视野下的农村教育——以西南四村为例》，北京，社会科学文献出版社，2009。

的行动策略，申报各种项目以获得政绩效应。所谓“简约治理”，即运用简化的策略将较为复杂的教育问题进行“技术性操作”，以“数目字”代替教育事实与规律。

笔者调查了江苏省泰州市姜堰区的教育管理方式，发现在其教育行政机关的官方网站中，教育事业发展的不同内容均被设置为具体的指标，该区政府通过设置重点任务分解方案，将任务分解到具体的单位与个人。“压力型体制”与“数目字管理”成为地方政府“政治与技术联姻”的重要体现。正如姜堰区教育局一位副局长所言：“城乡义务教育均衡发展的完成需要通过具体目标和指标体系的设定，没有目标，就没有工作方向，也无法将责任落实下去。”然而，“数量指标……在相当程度上与受教育者及其亲属和社区百姓无人相干。因为它们既不能反映基础教育给受教育者及社区百姓带来哪些益处，更不能反映他们的感受”①。“在中国的行政体制下，对于多维度、难测度的政府公共服务（如社会救济、环境保护、社会治安等）也普遍采取‘数目字管理’的方式，而且层层分解，逐级下达落实，这在国际范围内是不容易看到的行政管理实践。”② 地方教育行政部门的“数目字管理”在不断增加国家治理负荷的同时，也在形成“技术治理”的利维坦并逐渐消解教育与社会治理应有的逻辑，产生治理失衡的负面效应。地方教育的“治理术”实际上反映了教育行政部门在“国家视角”的指引下，将生动、复杂的教育发展现状清晰化、简单化的倾向，这种所谓的“现代化”倾向无疑忽视了底层关怀的社会维度，隐蔽了大量富有价值的“地方性知识”。

在贯彻落实中央有关农村中小学布局调整政策的过程中，省级政府以及地方政府与农村中小学之间在一定程度上形成了“层层加码”的局面。上级政府为了追求任期内政绩最大化，不断提高政策目标，而各省之间的“标尺竞争”更起到了“推波助澜”的作用。从20世纪90年代至21世纪以来的十余年，农村中小学布局调整政策在地方政府作为“政治人”追求任期内政治收益最大化的背景下甚至沦为了各省、各市（县）之间围绕“撤点并校”速度而展开的一项比赛。各级政府甚至为此制定了目标责任书，围绕“撤点并校”层层分配任务，各级政府、各个学校在这个过程中都被动员起来。在农村中小学布局调整政策执行过程中，俨然呈现出“运动型治理”与“目标责任制”的行动逻辑。地方政府在国家财税制度、官员政绩考核机制、项目治理等制度安排的框架内寻求自身利益最大化的“策略空间”，对农村中小学布局调整政策进行重新“编码”，从而形成了现实情境中追求撤并速度、扩大学校规模的行动逻辑。除了财政约束与经济收益的

① 周黎安：《转型中的地方政府：官员激励与治理》，上海，上海人民出版社，2008。

② 渠敬东：《项目制：一种新的国家治理体制》，载《中国社会科学》，2012（5）：117页。

考量之外，农村义务教育学校的布局调整还受到地方教育行政部门促进城乡义务教育均衡发展与教育资源优化配置的“政绩驱动”。

从地方政府的视角而言，受财政约束与晋升激励双重制度安排的驱动，使得县域财政的“生产性支出”[①] 导向凸显，农村义务教育经费投入的“挤出效应”较大。从中央—省—市—县（区）的农村义务教育财政转移支付项目也往往由于“层级链条”过长而引发“雁过拔毛”[②] 的道德风险行为。中央与地方之间的多任务委托代理关系与教育测度的不确定性和模糊性使得地方政府对农村义务教育的投入努力程度较低，这使得农村教育最终走上了“复制”城市教育发展模式、注重“规模效益”而忽视教育质量与公平的道路。土地财政与捆绑式发展以及“行政—政治—公司”三位一体的县域统合治理模式使得县域中小学布局调整成为地方政府的“生财之道”。在一系列制度安排的支配下，地方政府推动教育离乡的步伐显得更加坚定。在农村乡镇中小学硬件设施不断完善的今天，寄宿制问题、校车问题、农村教师师资队伍建设以及农村儿童的“双重脱嵌”[③] 等现实问题却被隐匿和遮蔽了。传统的发展主义宰制下的行政主导的城镇化模式，成为我国许多地区县域中小学布局调整政策的脉络。发展主义范式与中国特有的“议价的威权主义”“分割的威权主义”“运动型治理”“压力型体制”“目标责任制”等治理机制充分结合，构成了中国城镇化演进的表征与内在逻辑。而在县域中小学布局调整政策实施过程中，这一系列与我国城镇化演进勾连的国家治理机制或特征都生动地展现出来。

（二）超越发展主义范式：新型城镇化时代的来临

国家治理范式的变迁直接影响着乡土社会的变革，进而促使乡村教育呈现出不同的形态。从全能主义到发展主义再到近年来日趋凸显的新发展主义，表明了多重制度逻辑中政府逻辑的主导作用及其广泛影响。从本质上而言，国家治理范式影响着国家与社会、中央与地方、城市与农村、精英与底层四重关系。近年来，随着国家治理范式的变迁以及乡村社会“逆城市化”、农民工“返乡潮”、乡村社会“在地城镇化”等新情势的出现，乡村教育的“基层创新”与“自主变革”也日益增多。这反映了新型城镇化时期，中国农村教育现代化的新型生态。

---

① 参见尹恒、朱虹：《县级财政生产性支出偏向研究》，载《中国社会科学》，2011（1）：88～101页。

② 参见周飞舟：《财政资金的专项化及其问题　兼论“项目治国”》，载《社会》，2012（1）：1～37页。

③ 参见黄斌欢：《双重脱嵌与新生代农民工的阶级形成》，载《社会学研究》，2014（2）：170～188页。

近年来学界关于乡村教育“悬浮”[①] 乃至“终结”的声音日益增多，有学者甚至提出“乡村教育现代化的过程就是让乡村学校全部进城、消灭农村教育的过程”的观点。这种观点不仅有失偏颇，因为它忽视了中国乡村社会与教育发展的复杂性和多样性，是一种“城本主义”的乡村教育发展观；更重要的是，它具有一定的危险性，因为它可能成为乡村教育城市化的理论支撑，从而促使乡村教育失去乡土本色，村民的多元化价值诉求无法实现。基于此，有学者认为需要“从逆城市化潮流、新型工业革命、中华文化复兴、维护粮食安全的高度提出实现乡村教育现代化的战略意义，反思乡村教育城化论观点，倡导‘积极过程主义的教育现代化’实践观，并进行乡村教育现代化试验”[②]。

城镇化是伴随工业化发展，非农产业在城镇集聚、农村人口向城镇集中的自然历史过程，是人类社会发展的客观趋势，是国家现代化的重要标志。中国经历了二十世纪八九十年代以来的快速城镇化历程，在取得较快经济发展成效的同时，也暴露出诸多弊病。具体表现为：“土地城镇化”快于人口城镇化，建设用地粗放低效；城镇空间分布和规模结构不合理，与资源环境承载能力不匹配；城市管理服务水平不高，“城市病”问题日益突出；体制机制不健全，阻碍了城镇化健康发展等。传统城镇化的路径受制于发展主义的范式，它使得县域中小学布局调整陷入“效率至上”的困局。城乡教育资源的优化配置，成为简单的“数目字管理”[③]，技术治理侵蚀了基本的教育理念与价值追求，儿童的受教育权无法得到充分有效的保障。简而言之，城乡社会的割裂状态不仅没有得到弥合，反而有恶化与扩张的趋势。我们需要充分认识到，“我国城镇化是在人口多、资源相对短缺、生态环境比较脆弱、城乡区域发展不平衡的背景下推进的，这决定了我国必须从社会主义初级阶段这个最大实际出发，遵循城镇化发展规律，走中国特色新型城镇化道路。”

新型城镇化时期，我国县域中小学布局调整应该超越简单线性的政策路径，真正让教育回归其公共性，凸显儿童受教育权利保障的价值取向，突出社会公平与正义。在新型城镇化的脉络下，县域城乡义务教育发展将摆脱“发展主义”导向下“教育离乡”的困局，呈现出开放多元的发展形态。近年来，四川蒲江县以“积极过程主义”教育现代化思想为指导，设立“农村基础教育改革试验区”，开

---

① 参见姚荣：《从“嵌入”到“悬浮”：国家与社会视角下我国乡村教育变迁研究》，载《清华大学教育研究》，2014 (4)：27～39 页。

② 邬志辉：《乡村教育现代化“三问”》，载《教育发展研究》，2015 (1)：53～56 页。

③ “数目字管理”的概念是黄仁宇在《万历十五年》一书中提出的，英文是 Mathematical Management。真正的含义是“精确化管理”，其首要条件是产权清晰（可靠的私有制），社会资源可以公平地加加减减。

展以“现代田园教育”为主题的“乡村教育现代化试验”，为我们提供了一个有益的县域义务教育改革蓝图。“现代田园教育是工业化、城镇化背景下中国现代农村教育的一种新型模式，是在传承中国古代书院优秀教育传统基础上，以现代教育思想为指导，以现代教育技术为支撑，服务于现代田园城市建设，服务于农村人口现代化、社会现代化和产业现代化，具有‘自然—绿色—开放—融合’特征的优质均衡的内生型现代化农村教育。蒲江教育有三个特质：回归自然、回归农村、回归书院，形成了‘绿色蒲江，书香田园’的教育文化特色。”[①]

从深层次而言，蒲江农村教育改革是在新型城镇化背景下，突破传统乡村教育终结论的一种“反向运动”。波兰尼期待的乡村社会与经济的相互嵌入，在蒲江生态农业与旅游业发展的背景下得以实现，而乡村教育“地方性知识”的获得以及“反向运动”的产生有赖于这种“同乡同业”[②] 的乡土社会结构与秩序。乡村教育的发展模式“内嵌”于特定的乡村经济社会结构，而新型城镇化背景下国家治理范式的变革将赋予其巨大的制度空间。自 2012 年国务院办公厅发布《关于规范农村义务教育学校布局调整的意见》（以下简称《意见》）以来，各地区开始科学制定农村教育发展规划，“文字留村”的时代逐渐拉开帷幕。有研究者通过对浙江省庆元县月山村的实地调查发现，“为了应对‘文字上移’给村落发展带来的负面影响，目前村民们正在逐步地‘文化自觉’，试图通过村落的集体动员，延续‘文字留村’，谋求村落重振”[③]。显然，在新型城镇化时期，乡村教育的发展充满了乡土社会“文化自觉”与“村落重振”的现实诉求，更体现了乡村社会自身对经济、教育乃至文化内在耦合关系的理性认知。更重要的是，在高等教育大众化背景下，打破“精英教育”身份暴力的追求，使得村民自主地参与乡村教育现代化的建构之中，力图实现“自我救赎”。蒲江农村教育对村民多元化需求的体认，使得乡土社会流行的“文凭主义”与“新读书无用论”逐渐瓦解。“知识改变命运”的幻象失去了生存之基，“文字”的意义在新型城镇化背景下被重新界定。它将有效避免更多农家子弟重走“教育失败者”的旧路[④]，促使教育回归“以学生为中心”的本真。

根据《国家新型城镇化规划（2014—2020 年）》的战略部署，要求“形成政

① 高书国：《城乡教育一体化背景下学校特色发展模式与方法——以全国农村教育改革实验区成都蒲江县为例》，载《教育与教学研究》，2014（4）：15～16 页。

② 参见吴重庆：《“界外”：中国乡村“空心化”的反向运动》，载《开放时代》，2014（1）：145～154 页。

③ 鲁可荣、曹施龙、金菁：《文字留村与村落重振：乡村学校嬗变与村落发展探析》，载《广西民族大学学报（哲学社会科学版）》，2014（5）：9～17 页。

④ 参见刘云杉：《教育失败者究竟遭遇了什么?》，载《清华大学教育研究》，2014（4）：7～15 页。

府主导、覆盖城乡、可持续的基本公共服务体系，推进城乡基本公共服务均等化”。“根据城镇常住人口增长趋势和空间分布，统筹布局建设学校、医疗卫生机构、文化设施、体育场所等公共服务设施。优化学校布局和建设规模，合理配置中小学和幼儿园资源。”据此，新型城镇化战略指导下的县域中小学布局调整，应该超越传统城镇化路径下城乡教育二元化的格局，重视县域基本公共教育服务的均等化，促进城乡教育一体化发展。从深层次而言，新型城镇化作为国家治理的重要战略，它是一种“空间治理”的战略。它赋予不同类型、规模的城市或城镇以价值，赋予乡土社会以特有的意义。这种差别化的赋值，基于不同空间的历史传统与积淀，重视不同空间的复杂性与特殊性，凸显不同空间各自所拥有的独特价值。更重要的是，新型城镇化重视中央与地方、城市与乡村、精英与底层、国家与社会等多重关系的平衡与协调。例如，2013 年由财政部发布的《调整和完善县级基本财力保障机制的意见》明确指出，“逐步提高县级基本财力保障水平，实现县级政府财力与保障责任相匹配；进一步改善县级财力均衡度，促进基本公共服务均等化”。这反映了中央政府已经意识到实施新型城镇化战略，亟待重构中央与地方的府际财政关系，形成新的财税治理体系。而与此同时，国务院及财政部关于专项转移支付制度等财税制度的改革，则凸显了中央对“项目制”作为一种国家治理体制已经开始进行理性反思。据此，从某种意义上而言，新型城镇化战略的实施代表了国家治理范式的重大调整与转型，从管理走向治理，促进国家治理体系与治理能力现代化成为必然趋势。

毋庸置疑，在新型城镇化战略的指导下，传统的追求城市规模、重视城镇化的快速扩张的时代已经远去，而优化城镇化的结构与质量将成为未来新型城镇化布局的重点。县域中小学布局调整作为县域基本公共教育服务均等化的重要内容，其本身应与新型城镇化战略相适应，体现“人的城镇化”这一核心价值。在此过程中，不同社会阶层、不同地域家庭的儿童的受教育权利的保障，无疑将成为新型城镇化战略实施中县域中小学布局调整的内在要求。从某种意义上来说，发展主义范式促使经济与社会的脱嵌，衍生了行政主导的城镇化模式，而对发展主义的理性反思，则催生了内嵌人的主体性的、重视经济与社会系统“互嵌”的新型城镇化模式。唯有在新型城镇化模式下，县域中小学布局调整才能真正实现对城乡不同社会阶层、不同空间位置家庭中儿童的充分赋权，为其未来成长、发展撑起同样的蓝天。

第三章
城镇化演进中的中小学布局调整

本章将我国县域中小学布局调整划分为“自然状态下的城镇化与内驱型布局调整”和“行政主导状态下的城镇化与外驱型布局调整”，其目的并非是精准呈现现实的状况，而是阐释县域中小学布局调整政策不同阶段的发展形态，以及不同地区的显著特征。在把握基本现象的基础上进行抽象与概括，提取出一个解释性框架，能够较好地把握县域中小学布局调整政策发展的历史脉络、变迁方向及其深层机理。同时，不同类型的划分对指导我国不同地区统筹城乡教育发展的政策设计以及县域中小学布局调整的标准制定具有重要意义。

从宏观上看，自然状态下的城镇化与内驱型布局调整是指受乡村经济社会结构变迁与学龄人口变化等社会因素影响，乡土社会“内在变迁”引发的乡村教育变革现象。在这种状况中，政府的政策意志与村民的利益诉求冲突往往较小，社会缺乏抵制学校布局调整的力量和意愿。行政主导下的城镇化与外驱型布局调整是指在村落依旧很大程度上保持传统乡土中国特色、村落共同体保留相对完整的状况下，由政府驱动造成的学校布局调整。在这些地区，乡村教育发展是充满矛盾与冲突的，农村中小学布局调整政策受到乡土社会的抵制。

已有研究从多重视角描述了全国不同区域中小学布局调整的实际状况以及运行机制，本章将从中选取几个典型案例，揭示两种类型的城镇化发展状态下中小学布局调整的形态和机制，并通过笔者的整理和概括以呈现不同城镇化类型下的基本特征。

一、自然状态下的城镇化与内驱型布局调整

在自然状态的城镇化推动下，农村中小学布局调整呈现出内发进行的过程，本部分选取安徽省阜阳市太和县、云南省普洱市镇沅县、湖北省咸宁市崇阳县、河北省张家口市、浙江省建德市为例，阐述内驱型布局调整的内涵与特点。

(一) 内驱型布局调整的内涵

在自然状态下，城镇化表现为人口向城镇集聚，社会结构发生变化。在“推—拉”理论的作用，农村人口向城镇聚拢，同时产业也向城镇中心集中。城镇化以人口的流动作为运行的主导诱因，在布局调整中坚持以自然状态为主导，不强调政府的行政干预，政府仅仅是引导和支持作用。在完全市场中，政府的合理引导恰恰可以促进社会经济的快速发展，同时也顺应了城镇化的发展潮流，更有利于自然状态下城镇化的进一步发展。

具体来说，内驱型布局调整的影响因素，其实是一种自然状态下的城镇化自身的发展动力。在发展城镇化的同时不能盲目、一味地为了政府的政绩和所谓的绩效，更应该关注真真切切的人民群众的根本利益。对于衡量内驱型布局调整的标准，其实就是看政府是否真正做到为老百姓谋福利，保障人民的基本权利；是否按照法律规定办事，严格履行正当程序；是否公开政府工作信息，促进民主、科学、合理决策，这些都是体现自然状态下的城镇化推动农村中小学布局调整的内在逻辑。

(二) 内驱型布局调整的主要特点

自然状态下的中小学布局调整，主要突出的是政府对其只是引导作用，并不是用政府的手段进行强制干预。在自然状态下，学校布局调整更加关注自然规律，故也可以称为内驱型布局调整。在自然状态下，学校布局调整主要按照人口的流动和学校的发展，科学合理地进行规划，凸显出其特点。

1. 以人为本，保障基本权利

公民的基本权利是宪法赋予的，是受法律保护的。基本权利的建构体现公民和国家间的平等关系，突出公民的自由意志个性，每个公民拥有独立的人格，都

应当受到国家和法律的保护。在政府行政过程中，政府作为行政主体自然比相对人拥有更优越的权利，而相对人所要负担的义务则较多。[①] 因而，在政府行政时，必须坚持保障公民的基本权利原则，真正做到“以人为本”。特以以下几个案例对保障学生人权方面进行分析。

安徽省阜阳市太和县的中小学布局调整过程受两个关键因素的影响：一是学生生源的不断减少。受计划生育政策的影响，20 世纪 80 年代以来，该县的人口出生率明显下降，适龄儿童的比重不断减少，导致中小学的适龄学生生源不断减少。二是相较于人口增长的放缓，农村义务教育的经费投入仍不能满足农村发展需要。在税费改革后的几年里，太和县农民负担减轻，但对于义务教育的经费体系却有极大的冲击，农村“三提五统”[②] 费用减少，乡镇的财政减少了近千万[③]，义务教育的财政投入与义务教育阶段的人数比例存在一定程度的失衡，义务教育经费投入存在较为严重的短缺。[④] 针对义务教育阶段经费投入短缺的问题，太和县的中小学布局调整优化了教育资源，切实保障学生基本权利。太和县在进行县域中小学布局调整的过程中，对于那些过于分散的学校进行一定的整合集中，撤并了那些在校学生少、资源利用率低的学校。自 2001—2007 年，太和县逐步撤并普通小学 132 所，普通中学 33 所，教学点撤并至 21 个。[⑤] 利用征地作为校舍基地，新建了硬件设施较为完善的小学 28 所，并对此前校舍条件较好的小学、中学进行了改扩建，[⑥] 增加了中小学校舍面积，丰富完善了教学资源，同时推进高质量教育活动的开展。为保障每个适龄儿童的基本受教育权利，太和县在中小学布局调整的过程中强调按照教育规律办事，全面保障学生的身心发展，明确界定中小学服务范围，规定小学的服务半径不能低于 1.5 千米，边远地区的小学教学点原则上不撤并，保障了边远地区适龄儿童受教育机会均等。在入学条件平等的前提下，太和县努力提高中小学教育教学质量，通过教育资源优化配置提高中小学生受教育过程平等和受教育结果平等。

新中国成立初期，云南省普洱市镇沅县仅有一所中学，学生的数量极少，适

① 参见胡建淼：《论公法原则》，杭州，浙江大学出版社，2005。

② 参见黄丽平：《农村中小学布局调整问题研究》，陕西师范大学学位论文，2008。三提五统是指村级三项提留和五项乡统筹。三提是指公积金、公益金和管理费。五统是指乡村两级办学（即农村教育事业费附加）、计划生育、优抚、民兵训练、修建乡村道路等民办公助事业的款项。

③ 参见朱小蔓、曾天山：《在税费改革中前行的农村教育——安徽省农村教育专题调研报告》，载《教育研究》，2005 (6)：42～47 页。

④ 参见王琼芝、田汉族：《义务教育财政转移支付理论与实证研究》，载《中国教育学刊》，2003 (7)：25 页。

⑤ 资料来源于太和县教育局审计科。

⑥ 资料来源于太和县召开学校布局调整工作现场会。

龄儿童入学率仅为5.9%，中小学生总和不足总人口的1%，将近九成的人口是文盲，甚至在少数民族地区都没有中小学。新中国成立以来，镇沅县的中小学数量逐渐增多，适龄儿童的入学率也不断攀升，截至1989年，该县有431所小学，其中有109所完小，这比新中国成立初期的小学增加了十几倍，在校生的数量是新中国成立初期的近40倍，学龄儿童入学率达98%。[①] 到21世纪初期，全县基本实现了九年义务教育。20世纪80年代计划生育政策的实施，使得镇沅县人口出生数逐年降低，到20世纪末期，全县年均人口出生数基本稳定在2 000人左右，人口出生率保持在10%的低位。在计划生育政策的影响下，镇沅县对中小学进行了布局调整，主要通过撤并生源少、办学质量差的教学点优化了教育资源，招聘新教师扩充教师队伍提高了教师队伍质量，最终保障了适龄儿童受教育的基本权利。在21世纪的前五年，镇沅县共撤并教学点57个，小学校额稳定在115所，教师数量同比增长300人，师生比从1∶21.3变为1∶10.3。[②] 师生比的提高使得教学点办学质量提升，年轻的师范毕业生、特岗教师进入民族地区、边远山区教学点，音乐、美术等美育科目得以在教学点开展，促使少数民族地区、边远山区适龄儿童全面发展，体现出镇沅县重视保障学生的基本受教育权。

2. 依法治教，履行政府职能

法治是现代国家的基本特征[③]，同时也是我国教育基层治理的基本出发点。依法治教在教育领域充分体现法治的精髓，在法治的基础上对教育层次进行决策。在中小学布局调整的过程中，要秉承依法治教的观点，强调依据国家规定的相关法律法规及相关的章程来办事，切实履行教育行政部门依法治教职能。以下案例阐释了中小学布局调整的法治原则。

安徽省阜阳市太和县的中小学主要以国家相关政策为引导，同时结合太和县本身的发展进行布局调整。2001年，教育部、财政部共同颁布了《关于制定中小学教职工编制标准的意见》。该《意见》明确规定了城乡中小学教职工的编制标准，以法律条文的形式强调应增加农村中小学教师的数量，对于农村中小学教师起到很重要的引导作用。太和县在《意见》的指导下，提出要增加农村教师师资比例。2007年，为了更好地贯彻落实《中华人民共和国义务教育法》《财政部、教育部关于调整完善农村义务教育经费保障机制改革有关政策的通知》，太和县明确提出对于农村地区政府应加大对其教育的经费投入，在义务教育阶段主张免除学杂费，无偿向学生提供教科书。

① 参见王林：《民族贫困地区农村中小学布局调整问题研究》，云南师范大学学位论文，2006。
② 参见《思茅市教育事业统计手册》，1998—2004年。
③ 参见叶中：《宪法至上：中国法治之路的灵魂》，载《法学评论》，1995（6）：1～12页。

云南省普洱市镇沅县的学校布局规划调整同样借助国家政策的东风快速推进。该县学校布局调整政策始于2001年发布的《国务院关于基础教育改革与发展的决定》。此《决定》明确提出坚持资源优化配置的原则，主张根据当地具体情况实施中小学布局调整、小学就近入学、中学集中办学。在农村城区中心建立中心校，在交通不便的地区保留原有的教学点。同时强调布局调整应该和城区危房改造相结合，促进城市规划，在条件允许的地区建立寄宿制学校。① 2006年，教育部发布《关于切实解决农村边远山区交通不便地区中小学上学远问题有关事项的通知》，认为在农村学校教育教学过程中，仍存在简单化、机械化的情况，教育质量和师生安全存在一定的风险，对于这些问题要坚持从学生的需要出发，以人为本，制定及时有效的政策引导学校的布局调整进程，做好政策的宣传工作，保障学生的受教育权和农村义务教育的健康稳定发展。同时期，教育部还颁布了《关于实事求是地做好农村中小学布局调整工作的通知》，强调在科学发展观的指引下，坚持从全局总揽布局调整进程，在充分考虑当地具体经济、人口、教育发展实际情况的前提下，把中小学布局调整上升到农村发展的新的战略地位，以此保障教育的有序推进，确保农村中小学布局调整各项政策下达可以落到实处。镇沅县依据国家制定的法律法规及条例规章，主张实事求是地调整农村中小学学校布局，在部分地区因地制宜地合并学校以实现一定规模效益，提高学校的教育办学质量和师资水平。同时，在偏远地区积极实施政府颁布的《关于切实解决农村边远山区交通不便地区中小学上学远问题有关事项的通知》，保证边远地区学生能够有学可上，降低失学率和辍学率。

3. 程序正当，科学合理决策

程序正当主要是强调在进行决策时，保证规制的科学性和合法合理性。决策的规制的科学性是指，对于行为主体不能带有偏见，应该一视同仁，要听取其他人的意见与建议，以此保证决策不带有个人感情色彩，使做出的决策具有科学性。决策的规制的合法合理性是指，按照相关的政策法规依法行使权力，坚持正当的法律程序；要求主体和相对人应该在实施行为过程中达成一定的共识，让双方都能了解行动的意图与效果。② 以下几个案例在布局调整过程中都坚持正当程序原则，进行科学决策。

安徽省阜阳市太和县在进行中小学布局调整时，布局调整领导班组深入农村开展布局调整调研，深入学校的周边环境，通过走访预撤并学校附近的农家对撤

① 参见《关于2005年中央和地方预算执行情况与2006年中央和地方预算草案的报告》，2006-03-17。

② 参见［德］尤尔根·哈贝马斯：《交往行为理论：行为合理性与社会合理化》，上海，上海人民出版社，2004。

并学校的各项指标进行鉴定考察，从而得到了第一手资料，保证行政主体没有偏见。在推行布局调整时，政府发布相关布局调整的条例，公开被撤并学校的各项指标，在信息公开的基础上广泛听取民意，坚持从实际情况出发制定符合地区特色的布局调整政策。

河北省张家口市在中小学布局调整进程中，为了更好地贯彻落实教育均衡发展目标，张家口市教育局组织相关工作者进行了一次大规模的乡镇中小学摸底。这次摸底工作历时半年多，期间深入农村基层，走遍了辖区内各个村落，对于涉及调整的中小学的教师、学生以及附近的村民、学生家长进行了访谈，保障了布局调整决策的科学性。①

湖北省咸宁市崇阳县在中小学布局调整过程中，听取乡镇人大代表意见，为了让每一个山区的孩子都能够进城接受优质教育，② 崇阳县教育部门多次深入偏远农村进行走访调研，了解山区中小学具体实情，向村民讲解学校布局调整的相关规划。③ 在经过多次走访后，崇阳县教育部门提出保留 7 所师资力量较强、教育质量较高的初级中学，将偏远地区的 9 所初级中学和县城关中学合并建立寄宿制学校，在城区外建设教育新城的中小学布局调整总规划。④ 这一规划不但整合了教育资源，还进一步优化了县域内中小学布局。

4. 信息透明，充分表达意图

政府工作的顺利开展要建立在群众支持的基础之上，群众的支持是建立在政府真正为群众办实事的基础上的，而信息公开就在很大程度上满足了这一要求，公开的信息使得人民群众更加了解政府的职责和办事效率。信息公开要通过法定的渠道和正规的程序来展开，以体现其法定性；同时，各种信息应该面向所有的社会成员公开，以体现其普遍性。信息公开也体现出社会成员具有自由的意志，能够表达自我意愿，更好地为政府工作出谋划策。以下案例诠释了政府在中小学学校布局调整工作上顺应民心、信息公开透明的工作过程。

浙江省建德市在进行学校布局调整时，深入基层学校进行调研，以此为基础来拟定中小学学校调整名单。建德市人民政府在收到上一级政府下发的关于农村中小学布局调整的文件后，先向乡镇一级政府传达相关文件，乡镇一级人民政府再深入农村地区进行相关的学校布局调整的调查。在下基层调查期间，当地政府人员广泛听取各界的意见与建议，与人民群众探讨学校布局建设与发展的真实情

---

① 参见赵国梁、马国庆：《张家口教育协调发展新格局正在形成》，载《河北日报》，2010-04-28。

② 参见刘堂利：《崇阳县义务教育学校布局调整调查研究》，华中师范大学学位论文，2012。

③ 参见《崇阳县教育局2011年工作要点》，2012 00 05。

④ 参见刘堂利：《崇阳县义务教育学校布局调整调查研究》，华中师范大学学位论文，2012。

形，并在此基础上初步拟定中小学学校调整名单。调整名单拟定后，还要将此名单重新上交上一级政府，并层层提交，经过一次又一次的审核与批准，再拟定出一份总的学校布局调整名单，并且将其结果附于本市的教育规划当中。①

（三）内驱型布局调整小结

总之，自然状态下的学校布局调整，强调不以政府行政手段干预布局调整进程，主张遵循学校教育发展的规律，坚持保障学生的基本权利，即保障学生受教育的权利；坚持从市场和自然的角度出发，提倡依从正当程序原则，保证依法行使权利，采取公开、公正、公平的布局调整方针，广泛听取民意，尊重公民的知情权，依法行使自己的政治权利。

在安徽省阜阳市太和县县域学校布局调整进程中，生源的减少、适龄儿童人数的降低都在一定程度上促进了学校规模的转变，小学在校生人数减少了近三成，中学在校生人数减少了四成，可以看出学校规模日益集中化；2007 年贯彻落实《中华人民共和国义务教育法》《财政部、教育部关于调整完善农村义务教育经费保障机制改革有关政策的通知》，加大对农村地区学生的经费投入，减免学杂费等，足以体现当地对学生学校教育的重视。同时，在布局调整中遵循公平与效率原则，普及学校义务教育，结合本地经济社会发展现状，合理进行学校布局调整。

在云南省普洱市镇沅县县域学校布局调整进程中，镇沅县作为少数民族居住区，强调保证每一个儿童都有接受义务教育的权利；对于学校的布局调整并不是撤并的学校、教学点越多越好，而要根据当地的具体实情；在进行学校布局调整时，坚持实事求是的工作作风，不凭主观臆断，科学进行布局规划。

在建德市、崇阳县和张家口市的布局调整过程中，都突出了顺应民心。评价一个决策的好坏，并不是看决策实施的速度和领导力，而是要关注其背后的支持力度和民心所向。如果民心支持这项政策，那该政策一定是利民政策，这项政策是可以推动社会发展的。正是由于民心所向，政策的实施阻力较小，才高效地推动中小学学校布局调整的进程，提高学校的教育质量。

综上所述，内驱型布局调整首先坚持以人为本，强调人的基本权利。上述几个案例都能根据《中华人民共和国义务教育法》的基本要求，保障学生基本受教育权，这体现了保护教育权是教育发展的根本。其次，各地政府都坚持政府法治

① 参见姜益锋：《浙江省建德市农村中小学布局调整问题与对策研究》，浙江师范大学学位论文，2012。

的基本原则，主张依法治教。太和县认真贯彻落实中央政府颁布的有关政策的通知，倡导人人教育机会均等，坚持贯彻落实九年义务教育，把教育落到实处；镇沅县采取逐步过渡的方式，以点带面推动教育布局，完善县域教育布局体系。再次，对于教育政策的颁布、执行过程，政府遵循正当程序原则。太和县完善《财政部、教育部关于调整完善农村义务教育经费保障机制改革有关政策的通知》，从根本上提高学生积极性；镇沅县切实履行《关于切实解决农村边远山区交通不便地区中小学上学远问题有关事项的通知》所规定的义务，实现教育公平。最后，都坚持信息公开透明，突出其主体的责任意识和政府的公平公正意识，充分反映广大人民的意见、建议，深化教育体制改革，高度重视农村地区教育布局问题。

二、行政主导下的城镇化与外驱型布局调整

在行政主导的城镇化推动下，农村中小学布局调整的政策制定与执行易受外部推力的影响。本部分以云南省勐海县和内蒙古自治区通辽市库伦旗为例，阐述外驱型布局调整的内涵与特点。

（一）外驱型布局调整的内涵

与自然状态下的城镇化对应的是行政主导下的城镇化，我国目前城镇化的推进主要依靠行政动员机制。所谓行政主导的城镇化动员机制，是指我国政府在推进城镇化战略过程中，主要采取依靠自上而下的政府行政力量，而较少甚至没有市场私人部门与社会团体、公众参与动员的机制模式。[①] 同时，“发展主义”的政策范式对政策的制定与执行过程的影响，直接作用于对我国县域农村中小学布局调整政策的制定中，其主要表现为：在“项目治国”的背景下，中央政府层面以“发展主义”政策范式为依据，直接影响地方政府对政策的制定与实施，包括财权上移与事权下移，这样就使得地方政府受到财政方面的约束，同时产生了在晋升激励机制下形成的“政治锦标赛”、政府盲目追求政绩、利益的最大化等现象。众因素共同影响着我国县域农村中小学布局调整的进程，使布局调整并非以工业化推动城镇化为脉络，自然形成中小学的布局调整，而是作为其相对应的方面，即外部行政力量推动下的外驱型布局调整。

① 参见李强、陈宇琳、刘精明：《中国城镇化“推进模式”研究》，载《中国社会科学》，2012（7）。

具体来说，影响外驱型布局调整的因素，其实是政府的行政力量与城镇化发展的自然推动力量共同作用的结果，在分析时不能将二者对立；而对于衡量外驱型布局调整的标准，应当是政府是否采用了所谓的政绩取向，在追求利益最大化的同时，是否忽视了公民的基本权利、程序是否正当以及信息是否公开。种种因素构成了行政主导下的城镇化推动农村中小学布局调整的表征与内在逻辑。

（二）外驱型布局调整的特点

在行政主导为主的城镇化趋势中，外驱型布局调整在压力型体制下，会在一定时间段内取得很大成效，但是也会出现很多的问题。本部分以云南省勐海县以及内蒙古自治区通辽市库伦旗为例，重点阐述外驱型布局调整的特点。

1. 运动式治理机制，造成教育资源二次浪费

运动式治理是一种非常规的治理模式，与依赖于常规性的机构与制度的治理模式不同，运动式治理以政治与行政主体的自觉动员为特征，它既作为一种非常态的制度安排出现，也以运动式的制度安排为表征。[①] 在运动式治理过程中，极易出现政府追求政绩最大化的心态，在撤并政策导向中，不断加大学校的撤并步伐，因而造成盲目撤并的行为方式，不能满足简约治理的原则与初衷。

云南省勐海县教育局在 1996 年制定的《勐海县教育发展规划及 2010 远景目标》中明确提出 2000 年实现“普六”目标，并遵循“从需求看调整，从投入看效益”的原则，按照“整体规划，宜并则并，先易后难，先坝区，后山区”分布推进集中办学。因此，截至 1999 年年底，全县小学和教学点由 1990 年 246 所和 176 个，调整为 1999 年的 247 所和 113 个。在这次学校调整中，小学增加 1 所，教学点减少 63 个。[②] 2012 年 9 月，《国务院办公厅关于规范农村义务教育学校布局调整的意见》提出，“坚决制止盲目撤并农村义务教育学校”，“在完成农村义务教育学校布局专项规划备案之前，暂停农村义务教育学校撤并”[③]。云南省勐海县开始暂停中小学布局调整。[④] 由于政府盲目撤并，面临着学生被并走的教学点的浪费。按照最初的集中办学的大步骤规划，在教学点投入了大量的资金，但是，由于政策的暂停，导致建成后的学校设施不能得到充分利用，并且，废弃的

---

① 参见徐晓林、朱国伟：《解释与取向：运动式治理的制度主义视野——以“治庸问责”风暴为背景的分析》，载《学习与实践》，2011（8）：86～94 页。

② 参见姚佳胜：《并校问题政策学反思》，西南大学学位论文，2014。

③ 参见《国务院办公厅关于规范农村义务教育学校布局调整的意见》，国办发〔2012〕48 号，2012-09-06。

④ 参见姚佳胜：《并校问题政策学反思》，西南大学学位论文，2014。

校园已然变成养猪、养鸡的养殖场，部分学校也面临整栋教学楼和学生住宿楼闲置。[①] 自2012年9月国家宣布中小学布局调整政策暂停，勐海县第三中学已经建成容纳2 400名学生规模的寄宿制学校，共有48间教室，而到2013年将原计划并入的三所学校并入后，学校规模才刚刚达到现在的1 759人，依然有641人的容纳空间，所以仍闲置着许多间教室和宿舍。

内蒙古自治区通辽市库伦旗于2000年开始对中小学进行布局调整。布局调整后，全旗的10个苏木乡中，中小学校数量由2000年的38所减少到2007年的28所，其中城镇级小学5所，初中2所，农村小学有12所，初中9所。[②] 库伦旗占地4 744平方千米，在4 000多平方千米的广袤土地上只有28所中小学，本身对于适龄儿童设置的学校数量就相对较少。在2000—2007年，又以每年一所学校的速度撤并中小学，这样大"幅度"的撤并必定会带来中小学在校人数骤增、公共设施无法配套、教师的教学管理压力过大、学校建设和教育质量难以提高等问题。截至2008年，库伦旗保留的中小学中，班额数为50～70人，教师工作量的骤增使得教育教学质量无法保障。[③]

2. 目标管理责任制，致使民族文化中断加剧

目标管理是以目标为导向的管理，可以将其视作一种全面的管理系统，该系统将许多关键的活动连接在一起，使组织和个人目标得以高效完成。[④] 概括来说，目标管理责任制是以指标体系为核心，以责任体系为基础，以考核体系为动力，辐射形成目标管理网络，以期获得最佳行政效能的一套综合管理方法。本部分所选取的两个个案，则体现了目标管理责任制机制下的布局调整问题。

云南省勐海县在布局调整的进程中，明确提出2000年实现"普六"目标。截至1999年年底，勐海县教学点减少63个。[⑤] 如此成效体现的是下级对上级责任主体所下达的目标的实施与履行，以及在履行的过程中追求目标实施经济效益最大化，而对于地方文化方面的考虑则相对欠缺。傣语作为东南亚许多国家的通用语言，与泰语、老挝语、缅甸语十分相似，也是勐海县当地少数民族语言。随着云南省勐海县集中办学力度的加强，为保证教育公平，在统一的普通话用语背景下，削弱了多民族学生民族语言的使用。可见，对经济效益最大化的追求，必然导致对文化社会的忽视，从而导致多元文化的割裂与中断。

---

① 参见姚佳胜：《并校问题政策学反思》，西南大学学位论文，2014。

②③ 参见桂荣：《农村牧区中小学布局调整的问题及其对策研究》，内蒙古师范大学学位论文，2008。

④ 参见［美］海因茨·韦里克、哈罗德·孔茨：《管理学——全球化视角》，北京，经济科学出版社，2004。

⑤ 参见姚佳胜：《并校问题政策学反思》，西南大学学位论文，2014。

内蒙古自治区通辽市库伦旗在布局调整过程中，同样存在目标管理责任制下的问题。库伦旗政府对全旗中小学进行布局调整后，在民族地区不单设蒙古族中小学，家校距离变远等原因使得蒙古族中小学学生生源明显减少。许多蒙古族家庭考虑路途安全以及额外交通费和住宿费用等问题，被迫选择较近的汉族学校，进而影响了民族教育的发展。我国是一个多民族国家，具有明显的多元民族特征，民族教学能够更深刻地体现民族多样性，而学校布局调整制约了多元文化教育的发展，使更多的蒙古族孩子从小逐渐远离本民族的语言、饮食习惯、民俗风情、歌曲舞蹈等。而蒙汉双语教学在库伦旗的部分地区还不能得到有效保障，不利于“新农村”精神文明建设。一方面，在接近汉族区域的少数民族地区，其本民族文化正在被“边缘化”；另一方面，即使在双语教育取得一定成绩的少数民族地区，由于母语教材主要是由汉语教材直接翻译过来的，接受的还是主流文化的教育模式。可以说，双语教学仅仅是语言的一种变化，缺乏本民族文化教育的内容。[①] 由此可以看出，责任主体为了履行所承担的责任，在目标管理责任考核机制的激励下，激发工作效率，少数民族学校被盲目撤并，在追求经济利益的体制机制中，多元文化逐渐被淡化与割裂。

3．政府政绩取向，导致家庭经济负担过重

在“项目治国”背景下，地方政府采取“捆绑式发展”模式，“借助‘项目平台’，通过行政审批权获得对土地等核心资源的垄断权力，通过政治动员发挥主导力量，通过公司制承担经济发展主体的角色，县域政府的权力、意志、绩效三者互为推动，产生出新的活力。”在特定的“项目治国”模式下，“撤点并校”运动更是开展得如火如荼。而与此相应的是，儿童法定的“就近入学”权利遭受侵犯，舍近求远的上学路使家庭的负担悄然增加。一些经济状况窘迫的家庭，甚至早早地放弃了孩子的求学路，走上了“子承父业”的打工路。从本部分所选取的两个个案中，同样能够看出政府在追求政绩最大化的同时，在布局调整中出现的部分成效与问题。

云南省勐海县在布局调整的过程中，由于集中办学，使得家校距离变远。云南省勐海县在布局调整的过程中，由于集中办学，使得家庭距离学校变远。在对云南省勐海县的小学生家长进行访谈时，有家长介绍说，在集中力量办学之前，孩子所在的曼拉小学离家近，寨子中的车也少，因此孩子自己走路上下学家长很放心，但是集中力量办学后，家校距离增加，使得家长不得不接送孩子上下学，加之这里多为山路，油费自然高很多。家长这样形容：“一般四五公里的路程，

① 参见桂荣：《农村牧区中小学布局调整的问题及其对策研究》，内蒙古师范大学学位论文，2008。

每天就要花掉五元左右的油钱。”总之，集中力量办学，对家庭而言，带来的是经济上的负担。

内蒙古自治区通辽市库伦旗的布局调整也使得家校距离变大，导致学生上学安全问题，增加了农牧民的家庭经济负担，进而导致辍学率增加，尤其是初中阶段现象比较严重。[①] 库伦旗从1999年至2002年累计初中生辍学1 772人，平均年辍学率为9.9%，高出国家规定的农村辍学率控制线标准6.4个百分点。对库伦旗农村地区辍学的152人的调查研究显示：认为教育费用太高而导致辍学的有11人，占总调查人数的7.2%；承担不了宿舍费导致辍学的有28人，占总调查人数的18.4%；认为上学对农牧民没有用的有9人，占总调查人数的5.9%；认为即使考上了也找不到工作的有68人，占总调查人数的44.7%；其他原因而导致辍学的有36人，占总调查人数的23.7%。[②] 从中可以看出，在布局调整后，由于家校距离变得更远了，再加上农牧民对于教育的意识明显不足，因而导致辍学率上升。

（三）外驱型布局调整小结

通过上述两个案例可以看出，由分税制带来的财政资源向上聚集的趋势，进而引发项目制的产生。在“项目治国”的背景下，政府的行政与现今出现的发展主义范式及运动型治理等治理机制相结合，从而导致其往往具有一定的政绩导向性。以云南省勐海县为例，从布局调整的政策历史演进来看，从2000年起，在我国碎片化权威主义的背景下，勐海县出现了以“政治收益最大化”为原则的运动式治理，盲目追求政治绩效，几乎每年都颁布布局调整政策文本，尤其以《云南省勐海县教育事业发展规划（2004—2010）》为典型，体现了布局调整的大力度，在取得显著成效的同时，也带来很多负面问题。在国家出台正式政策文件之前，勐海县已经自行根据实际情况进行了布局调整，而国家正式政策文件的出台推进了勐海县布局调整的速度，国家政策作为地方并校的一个外在推力，对勐海县布局调整的进程起着宏观的推动作用。

云南省全省自2001年起，10年间共撤并9 308个小学校点、112所中学，如此大幅度地撤并中小学校，必然导致在“运动式治理”为主要治理机制下，以追求政绩最大化为原则的政绩工程、形象工程等问题。在2012年9月，国务院办公厅在《关于规范农村义务教育学校布局调整的意见》中提出“坚决制止盲目撤并农村义务教育学校”，以避免盲目、无规划的撤并所带来的问题。

---

①② 参见桂荣：《农村牧区中小学布局调整的问题及其对策研究》，内蒙古师范大学学位论文，2008。

自2002年起，内蒙古作为农村税费改革试点进行改革。在农村税费改革的背景下，内蒙古库伦旗县级政府的财政压力不断增大，不得不借助布局调整对资源进行优化配置以缓解财政压力。随着城镇化的逐步推进，地方政府追求政绩最大化，导致压力型体制出现，中小学布局调整被迫加大步伐与力度。内蒙古库伦旗在中小学布局调整中，全旗中小学校数量由2000年的38所减少到2007年的28所，在地广人稀的内蒙古库伦旗，8年裁撤了26.4%的校额，体现了明显的政绩冲动性，整体布局一哄而上，开展城镇化竞赛，导致空留宏伟愿景而缺乏战略性和系统规划性。也就是说，在中小学布局调整的过程中，城镇化只是影响因素之一，而由城镇化带来的运动型治理机制更进一步影响着布局调整的整体进程与实施效果，由此带来的问题也更明显。

第四章
我国县域中小学布局调整的现实呈现

我国著名社会学家费孝通先生认为："实地调查、现场观察，用研究者本人的感受，去体会研究对象的行为和思想在其生活上的意义，则是和前一代依靠书本记载、别人的书信以及通过翻译间接取得的资料，来引用理论的研究方法在科学上是有质的差异的。"① 课题组成员按照课题设计，先后走访了北京市、云南省、山东省、浙江省、四川省、陕西省等省市，结合各省市抽样县城镇化推进阶段，在实证调查的基础上全面了解抽样县中小学布局调整的背景、过程和影响，从历史变迁的角度分析县域中小学布局调整的变迁过程。由于中小学布局调整的整体发展资料难以获取，本章只对资料较为完善的三个县的现实情况进行呈现。

一、程序正义、简约治理
——云南省红河州建水县中小学布局调整

建水县位于云南省南部、红河州中部、红河中游北岸，总面积约 3 789 平方千米，县城临安镇海拔 1 324 米，距省城昆明 220 千米，距红河州府蒙自 76 千米。建水县自然条件十分优越，属亚热带气候，夏无酷暑，冬无严寒，四季温和，有"天然温室"之称，是一个多元适宜种植区。建水县共设 8 镇

---

① 费孝通：《费孝通学术文集：学术自述与反思》，322 页，北京，三联书店，1996。

（临安镇、南庄镇、曲江镇、青龙镇、西庄镇、面甸镇、岔科镇、官厅镇），6乡（盘江乡、利民乡、普雄乡、甸尾乡、李浩寨乡、坡头乡）。全县共有141个村民委员会，1 068个自然村。全县总人口约53万人，世居少数民族有彝族、回族、哈尼族、傣族、苗族等，少数民族人口约18.71万人，占人口总数的35.3%。[①]

（一）建水县布局调整的历史进程与实施效果

从目前调研获得的资料来看，建水县的布局调整大致可以划分为两个时期：布局调整的自然发展时期（2003—2008年）和布局调整的政府引导时期（2009年至今）。

1. 布局调整的自然发展时期（2003—2008年）

2001年，《国务院关于基础教育改革与发展的决定》正式提出：要“因地制宜调整农村义务教育学校布局。按照小学就近入学、初中相对集中、优化教育资源配置的原则，合理规划和调整学校布局”[②]。云南省以该《决定》为指导性纲领，出台了《云南省人民政府贯彻实施〈国务院关于基础教育改革与发展的决定〉的意见》。该《意见》提出：云南省“调整优化中小学布局。按照‘小学就近入学、初中相对集中、优化教育资源配置’和‘以提高办学效益为目标，集中办学为方向，宜并则并，需增则增’的原则，由县统筹，继续调整中小学布局。调整工作要因地制宜、实事求是，重点是规模小、效益差的小学、教学点和初中。实现‘普九’后，初中办学规模每校应不少于9个班、450名学生”[③]。由于建水县地处云南省南部，又是少数民族聚居区，《意见》出台后，该县并没有对县域内的中小学进行大增大减，也未出台相应的布局调整政策对县域内中小学布局调整进行规划。因此，这一时期建水县的中小学布局调整处于平稳的自然发展阶段。据统计，2003年，建水县共有小学192所，教学点250个，在校生人数达到50 162人，全县共有初中22所，在校生25 762人。至2005年，建水县撤销小学2所、教学点1个，撤销后共有小学190所，教学点249个，初中22所，中小

① 参见《建水教育统计年鉴》。

② 《国务院关于基础教育改革与发展的决定》，国发〔2001〕21号，2001-05-29。

③ 《云南省人民政府贯彻实施〈国务院关于基础教育改革与发展的决定〉的意见》，云政发〔2001〕161号，2001-12-03。

学在校生共计 73 196 人。[①]

2006 年，建水县人民政府在分析了人口状况、地理位置等因素之后，编制完成了《建水县教育事业发展规划（2006—2010 年）》。该《规划》提出，到 2010 年，县城北部发展区新建 1 所完全小学，多方面提升小学教育质量，使适龄儿童入学率达到 99.9%。同时，缩减建水二中、建水三中初中招生规模，逐步实现初高中分离办学。至 2010 年，全县适龄少年入学率、巩固率达 98.5%，初中阶段毛入学率达 105%。据统计，2006 年建水县共投入资金 39 904 万元，新增或扩建教室面积 72 126 平方米、实验室 9 044 平方米、图书室 12 106 平方米、学生宿舍 49 972 平方米。2008 年年底，建水县将一部分规模较小、生源较少的小学降为教学点，与此同时，对一些学校进行撤并，共撤并小学 16 所。调整后的小学全部为完小，办学规模在 100 人以下的小学 265 所，办学规模在 100～200 人的小学 63 所，办学规模在 200～300 人的小学 34 所，办学规模在 300～500 人的小学 22 所，办学规模在 500～1 000 人的小学 15 所，办学规模在 1 000 人以上的小学 4 所。初中校额未做调整，办学规模达到 600 人的初级中学有 4 所，办学规模在 600～1 000 人的初级中学有 4 所，办学规模在 1 000 人以上的初级中学有 10 所，在校生人数与教职工人数随着学校规模的增大有所增加。具体情况见表 4—1。

① 参见《建水教育统计年鉴》。

表 4—1　　建水县 2006、2008 年中小学基本情况对比

2006 年建水县中小学基本概况									2008 年建水县中小学基本概况								
小学概况					初中概况				小学概况					初中概况			
学校名称	学校数	教学点	在校生人数	教职工人数	学校名称	学校数	在校生人数	教职工人数	学校名称	学校数	教学点	在校生人数	教职工人数	学校名称	学校数	在校生人数	教职工人数
临安镇中心学校	32	15	12 991	791	建民中学	1	2 634	195	临安镇中心学校	30	16	12 436	808	建民中学	1	2 907	214
官厅镇中心学校	11	40	3 535	209	建水五中	1	1 867	114	官厅镇中心学校	9	42	3 175	210	建水五中	1	2 159	116
西庄镇中心学校	14	8	3 172	227	青云中学	1	1 542	112	西庄镇中心学校	14	8	3 015	220	青云中学	1	1 475	111
青龙镇中心学校	8	19	1 506	118	建水九中	1	1 361	72	青龙镇中心学校	2	25	1 413	117	建水九中	1	1 232	71
南庄镇中心学校	21	0	4 826	303	西庄中学	1	1 006	76	南庄镇中心学校	22	0	4 585	301	西庄中学	1	1 257	80
李浩寨中心学校	7	12	1 754	107	青龙中学	1	634	50	李浩寨乡中心学校	7	12	1 699	107	青龙中学	1	623	50
岔科镇中心学校	9	30	2 317	135	建水四中	1	2 054	119	岔科镇中心学校	9	24	2 388	133	南庄镇第四中学	1	2 275	129
坡头乡中心学校	11	38	2 170	163	李浩寨中学	1	683	41	坡头乡中心学校	11	34	2 009	157	李浩寨中学	1	643	42
甸尾乡中心学校	7	5	1 319	113	岔科中学	1	1 006	61	甸尾乡中心学校	5	6	1 276	115	岔科中学	1	820	63

面甸镇中心学校	14	21	3 505	205	坡头民中	1	991	48	面甸镇中心学校	9	24	3 152	215	坡头民中	1	998	51
曲江镇中心学校	27	21	7 311	405	建水十中	1	525	39	曲江镇中心学校	27	21	7 136	388	建水十中	1	511	37
盘江乡中心学校	9	15	1 144	106	建水七中	1	2 203	111	盘江乡中心学校	9	15	1 090	112	建水七中	1	1 824	115
利民乡中心学校	11	3	1 459	148	曲江中学	1	1 711	113	利民乡中心学校	11	3	1 438	144	曲江中学	1	2 088	133
普雄乡中心学校	6	22	1 316	101	曲江东山中学	1	960	53	普雄乡中心学校	6	22	1 402	112	曲江东山中学	1	1 047	52
					建水十一中	1	565	42						建水十一中	1	506	43
					建水十二中	1	609	44						建水十二中	1	626	44
					建水八中	1	581	42						建水八中	1	546	42
					建水一中实验中学	1	850							建水一中实验学校	1	1 103	0
合计	187	249	48 325	3 131	合计	18	23 317	1 434	合计	171	252	46 214	3 139	合计	18	23 957	2 169

资料来源:《建水教育统计年鉴》。

2. 布局调整的政府引导时期（2009 年至今）

为适应新时期教育发展的需求，促进建水县教育事业均衡发展，2009 年，结合国家实施中长期教育改革和发展规划的有利时机，根据云南省教育厅、省发展和改革委员会、省财政厅《关于编制义务教育阶段学校建设总体规划方案的通知》（云教财〔2009〕45 号）精神，建水县对全县教育发展现状进行了全面深入的调查研究。经过长期的资料搜集和反复论证，编制完成了《建水县义务教育阶段学校建设总体规划方案（2009—2020 年）》。该《规划方案》指出，目前建水县教育教学基础设施薄弱。通过排查鉴定，建水县中小学校舍危房数量多、危房面积大、安全隐患重；大量设备、图书均集中在乡镇中心小学，大量村小仪器、图书设备严重匮乏；初级中学运动场地严重不足，大部分小学根本就没有运动场地，严重阻碍了学生的全面发展。教育发展不平衡，农村中小学布点多、容量小、条件差、效益低，质量难保障，山区人才资源匮乏，教师专业结构不合理，严重影响了农村义务教育的健康发展和教育教学质量的提高；城区小学布局不合理，学生上学难，教学班额大，教育需求与城镇发展的矛盾日益突出。因此，《规划方案》提出对县域内中小学进行布局调整。到 2020 年，建水县全县将在小学阶段长期保留 185 所学校，撤并 213 所学校（教学点）。其中，撤并全部“一师一校”办学点，合理收缩村小和教学点规模，山区保留小学在校生数原则上不低于 120 人；坝区保留小学在校生数原则上不低于 240 人；城区保留小学在校生数原则上不低于 500 人，城区新建 3 所小学，在校学生达 66 000 人，全县小学校均规模 357 人，适龄儿童入学率达到 99%以上。初中阶段长期保留 17 所学校，撤并 1 所初级中学（东山中学）。长期保留的初级中学，在校生数原则上不低于 1 000 人，生源较少的乡镇初级中学办成九年一贯制学校。全县初中在校学生 26 462 人，其中，寄宿生 23 679 人，适龄少年毛入学率达到 100%。具体情况见表 4—2、表 4—3。

表 4—2　　建水县小学布局调整情况表

乡镇	2008 年学校数（所）	2008 年在校生数（人）	校均规模（人）	目标年学校数（所）	目标年在校生数（人）	校均规模（人）
合计	423	46 214	109	185	66 122	357
临安镇	46	12 436	270	29	22 236	767
官厅镇	51	3 175	62	8	2 882	360
西庄镇	22	3 015	137	11	2 810	255
青龙镇	27	1 413	52	8	1 490	186

南庄镇	22	4 585	208	17	7 790	458
李浩寨	19	1 699	89	7	1 693	242
岔科镇	33	2 388	72	9	2 532	281
坡头乡	45	2 009	45	16	1 993	125
甸尾乡	11	1 276	116	8	1 150	144
面甸镇	33	3 152	96	13	3 560	274
曲江镇	48	7 136	149	27	8 346	309
盘江乡	24	1 090	45	13	3 300	254
利民乡	14	1 438	103	10	3 870	387
普雄乡	28	1 402	50	9	2 470	274

资料来源：《建水教育统计年鉴》。

表 4—3　　　　建水县初级中学布局调整情况表

<table>
<tr><th colspan="2">乡镇</th><th>调整前（2008 年）</th><th>在校生数</th><th>调整后（目标年）</th><th>在校生数</th></tr>
<tr><td colspan="2">合计</td><td>18</td><td>24 326</td><td>17</td><td>26 462</td></tr>
<tr><td rowspan="4">临安镇</td><td>东城区</td><td>青云中学</td><td>1 618</td><td>青云中学</td><td>2 400</td></tr>
<tr><td>南城区</td><td>建水五中</td><td>2 188</td><td>建水五中</td><td>2 400</td></tr>
<tr><td rowspan="2">西城区</td><td>建民中学</td><td>2 712</td><td>建民中学</td><td>2 400</td></tr>
<tr><td>三合中学（民办）</td><td>1 160</td><td>三合中学（民办）</td><td>1 500</td></tr>
<tr><td colspan="2">南庄镇</td><td>建水四中</td><td>2 413</td><td>建水四中</td><td>2 400</td></tr>
<tr><td colspan="2">面甸镇</td><td>建水七中</td><td>1 642</td><td>建水七中</td><td>1 800</td></tr>
<tr><td colspan="2">普雄乡</td><td>建水八中</td><td>496</td><td>建水八中</td><td>612</td></tr>
<tr><td colspan="2">官厅镇</td><td>建水九中</td><td>1 260</td><td>建水九中</td><td>1 650</td></tr>
<tr><td colspan="2">甸尾乡</td><td>建水十中</td><td>499</td><td>建水十中</td><td>600</td></tr>
<tr><td colspan="2">盘江乡</td><td>建水十一中</td><td>549</td><td>建水十一中</td><td>600</td></tr>
<tr><td colspan="2">利民乡</td><td>建水十二中</td><td>682</td><td>建水十二中</td><td>700</td></tr>
<tr><td colspan="2">李浩寨乡</td><td>李浩寨中学</td><td>598</td><td>李浩寨中学</td><td>790</td></tr>
<tr><td colspan="2" rowspan="2">曲江镇</td><td>曲江中学</td><td>2 288</td><td rowspan="2">曲江中学</td><td rowspan="2">3 200</td></tr>
<tr><td>东山中学</td><td>1 033</td></tr>
<tr><td colspan="2">青龙镇</td><td>青龙中学</td><td>659</td><td>青龙中学</td><td>1 000</td></tr>
<tr><td colspan="2">西庄镇</td><td>西庄中学</td><td>1 262</td><td>西庄中学</td><td>1 450</td></tr>
<tr><td colspan="2">岔科镇</td><td>岔科中学</td><td>944</td><td>岔科中学</td><td>1 500</td></tr>
<tr><td colspan="2">坡头乡</td><td>坡头中学</td><td>974</td><td>坡头中学</td><td>1 010</td></tr>
</table>

资料来源：《建水教育统计年鉴》。

在调整过程中，小学阶段按照“小学向村委会集中”的原则，合理收缩村小和教学点规模；初中阶段按照“初中向乡镇所在地集中”的原则，除撤并东山中学外，保留原有学校布局，同时完成建水二中、建水三中的初、高中剥离办学。到2020年，全县义务教育阶段学校建设规划建筑面积将达1 207 357平方米。其中，维修加固面积188 759平方米，新建面积801 300平方米，保留校舍217 298平方米，拆除危房262 162平方米。为保障建水县布局调整规划的实施，建水县人民政府成立领导小组负责做好制定相关政策、审批年度实施计划、落实建设资金等相关工作。强化项目管理措施，所有项目严格按照国家确定的农村中小学校舍建设标准进行设计和建设。新建校舍坚持“牢固、适用、够用、方便学生”的原则，按当地的抗震设防烈度进行设计，最低使用年限为50年。坚持“先勘察、后设计、再施工”的工作原则，按照国家有关法律法规，采取公开招标、邀请招标或公开议标等方式，确定具有国家认定的相应资质的勘察、设计、施工、监理单位，并对各乡镇人民政府乡镇长作为义务教育阶段学校建设工作的第一责任人建立了责任追究制。

到2015年，建水县共有小学222所，教学点67个，根初中19所，其中，普通初级中学15所，完全中学4所。中小学教职工4 205人，其中专任教师4 070人。中小学在校学生60 964人，其中，小学生40 798人，比上年增加423人；初中生20 166人，比上年增加211人。小学学龄儿童入学率为99.95％，辍学率为0.17％；初中毛入学率为103.35％，辍学率为0.67％。根据2015年云南省关于义务教育均衡发展指标，省定办学基本标准情况、小学初中综合均衡差异系数的评估，建水县小学综合差异系数为0.49，初中综合差异系数为0.33，均达到规定要求；公众满意度分值为86.47分。全县义务教育阶段学校达到省定义务教育阶段学校办学基本要求，综合达标率100％。[①]

（二）建水县布局调整特点总结

1. 深入调研，信息公开，实践程序正义

深入调研，科学布局，保障农村儿童就近入学的基本权利。自2008年年底建水县意图实施县域内中小学布局调整后，就开始深入各乡镇进行中小学布局调研。建水县针对县域内14个乡镇，从乡镇国土面积、所辖自然村个数、总体人口、中小学校额、在校生人数、校均规模、学校面积、校舍抗震程度等方面进行

① 根据《建水教育统计年鉴》相关数据整理得出。

了全面统计。在综合考虑各乡镇地理环境、人口变化、经济调整和教育基础等因素的基础上，结合社会主义新农村建设、城镇化建设、农村剩余劳动力转移和社会事业发展等要求，努力做到学校布局规划与中小学办学标准化建设、农村初中校舍改造工程、校舍维修改造工程、兴边富民工程、农村教师周转房建设、社会捐赠项目等的有机结合，对区域内中小学进行统筹规划，提高小学办学的集中度和教育资源的利用率，基本实现了基础教育资源的优化配置。2009 年至 2015 年各乡镇小学具体撤并情况见表 4—4。

表 4—4　　建水县各乡镇小学具体撤并情况

学校名称	2009 年			2010 年			2011 年			2012 年			2013 年			2014 年			2015 年		
	学校数	教学点	一师一校	学校数	教学点	一师一校	学校数	教学点	一师一校	学校数	教学点	一师一校	学校数	教学点	一师一校	学校数	教学点	一师一校	学校数	教学点	一师一校
合计	170	126	54	158	106	34	158	106	34	158	91	34	157	89	32	155	73	25	155	67	22
临安镇中心学校	31	14	6	31	13	4	31	13	4	31	13	4	31	13	1	31	4	0	30	4	0
官厅镇中心学校	10	21	12	9	16	7	9	16	7	9	13	7	9	10	5	8	10	5	10	8	4
西庄镇中心学校	14	8	1	14	2	1	14	2	1	14	2	1	14	2	2	14	2	1	14	2	1
青龙镇中心学校	2	12	5	2	6	0	2	6	0	2	6	0	2	6	0	2	6	0	2	6	0
南庄镇中心学校	19	0	0	19	0	0	19	0	0	19	0	0	19	2	1	19	2	2	19	2	1
李浩寨中心学校	7	4	1	4	5	0	4	5	0	4	5	0	4	5	1	4	5	1	4	5	1
岔科镇中心学校	9	3	3	9	3	3	9	3	3	9	3	3	9	3	3	9	3	2	9	3	2
坡头乡中心学校	11	4	0	10	5	2	10	5	2	10	5	2	10	6	0	10	6	2	10	6	1
甸尾乡中心学校	5	6	2	5	3	0	5	3	0	5	3	0	5	3	0	4	3	2	5	2	2
面甸镇中心学校	9	14	7	4	13	4	4	13	4	4	12	4	4	12	0	4	9	0	4	8	0
曲江镇中心学校	27	6	6	25	6	5	25	6	5	25	6	5	24	8	7	25	7	4	25	6	4
盘江乡中心学校	9	12	3	9	12	1	9	12	1	9	5	1	9	5	4	9	5	0	8	6	4
利民乡中心学校	11	0	0	11	0	0	11	0	0	11	0	0	11	0	0	10	1	1	10	1	1
普雄乡中心学校	6	22	8	6	22	7	6	22	7	6	18	7	6	14	8	6	10	5	5	8	1

资料来源：《建水教育统计年鉴》。

从表 4—4 中可以看出，自 2009 年建水县开始实施县域内中小学布局调整以来，共撤并小学 15 所，教学点 59 个，其中“一师一校”32 个。撤并力度最大的是临安镇和官厅镇。与县城部分交叉的临安镇共撤并小学 1 所，教学点 10 个，所在辖区内不再有“一师一校”。官厅镇位于红河北岸，与临安镇、青龙镇相邻，共撤并教学点 13 个，其中“一师一校”8 个。总体来看，2009—2015 年，建水县每年都对县域内各乡镇的小学数量进行统计，撤并的多为规模小、教学质量差、校舍安全不达标的教学点，尤其是其中的“一师一校”。这就保障了农村地区，尤其是偏远山区、坝区的学生平等接受优质教育的权利，提高了其受教育的质量。与此同时，《建水县义务教育阶段学校建设总体规划方案（2009—2020 年）》规定：打破行政区划界限，各完全小学可就近招收毗邻乡村的学龄儿童入学，凡保留的完小人口覆盖面应在 3 000 人左右，生源在 23 人以下的村原则上不设教学点，凡必须保留的教学点归属邻近完小管理。对规模大、覆盖地域广的农村完全小学积极筹划实施寄宿制。在深入调研的基础上进行教学点的撤并和保留，就近疏散学龄儿童，这一系列的措施，既提升了农村儿童受教育质量，又保证了农村儿童就近入学的基本权利。

自 2009 年建水县进行中小学布局调整以来，各乡镇及相关单位积极通过广播、电视、板报、标语、进村入户等形式宣传布局调整工作，真正让广大人民群众认识到布局调整、整合资源对于提高农村教育教学质量、培养全面发展的高素质人才的重要意义，为布局调整工作的顺利推进营造了良好的舆论氛围。与此同时，建水县在中小学布局调整工作中坚持分步实施原则。各乡镇紧密结合实际，根据教育发展要求、资金投入能力、广大教师和学生家长的接受程度，稳步实施中小学布局调整工作，成熟一批调整一批，优先安排有危房改造任务的学校及县城、乡镇所在地学校的布局调整。同时，处理好实现规模办学和方便群众、减轻农民负担的关系，采取临近乡村分流、寄宿制学校等措施，杜绝了适龄儿童辍学现象的发生。建水县的中小学布局调整是自下而上的，首先由各个乡镇在走访调研后提出布局调整实施方案，县教育局核查后进行批复，对于那些离中心校较远，村社比较集中、少数民族聚居地区的教学点进行撤并时，由村干部召开村委会进行全村民主投票，征得半数以上投票同意后，逐年级进行学生的分流、合并（见图 4—1、图 4—2）。经过 6 年的调整，人民群众对中小学布局调整工作的满意度超过 85 分，建水县实实在在地做到了办人民群众满意的教育。

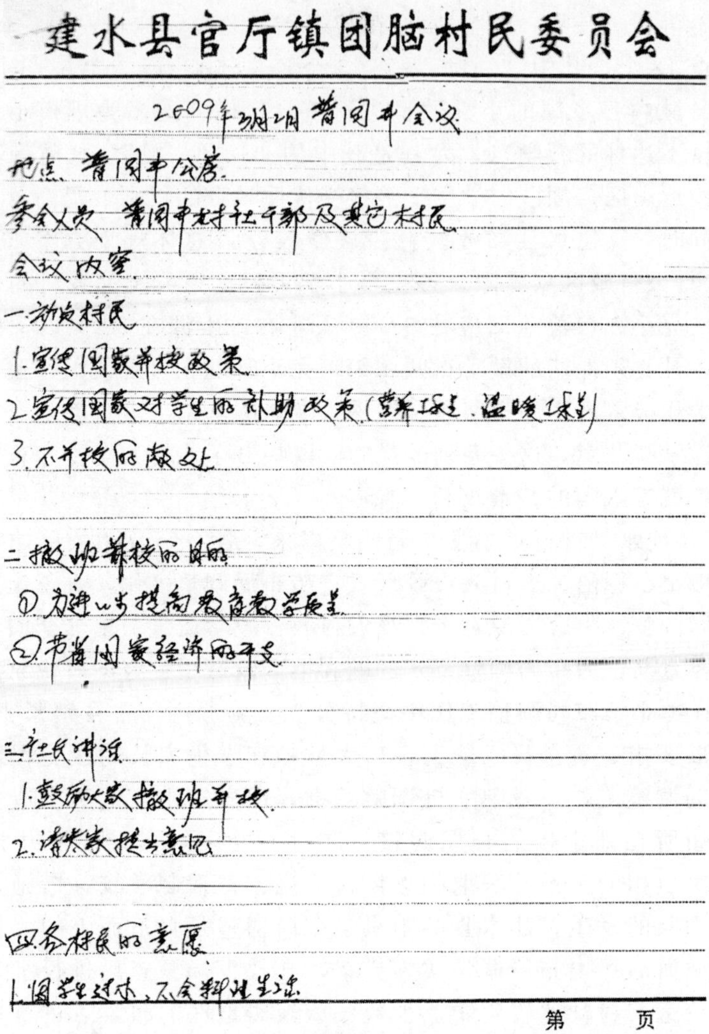

建水县官厅镇团脑村民委员会

2009年3月2日 普闰中会议

地点：普闰中公房

参会人员：普闰中村社干部及其它村民

会议内容

一、动员村民

1.宣传国家并校政策

2.宣传国家对学生的补助政策（营养工程、温暖工程）

3.不并校的坏处

二、撤班并校的目的

①为进一步提高教育教学质量

②节省国家经济的开支

三、社长讲话

1.鼓励大家撤班并校

2.请大家提出意见

四、各村民的意愿

1.因学生太小，不会料理生活

第 页

图4—1 建水县官厅镇中小学撤并会议记录1

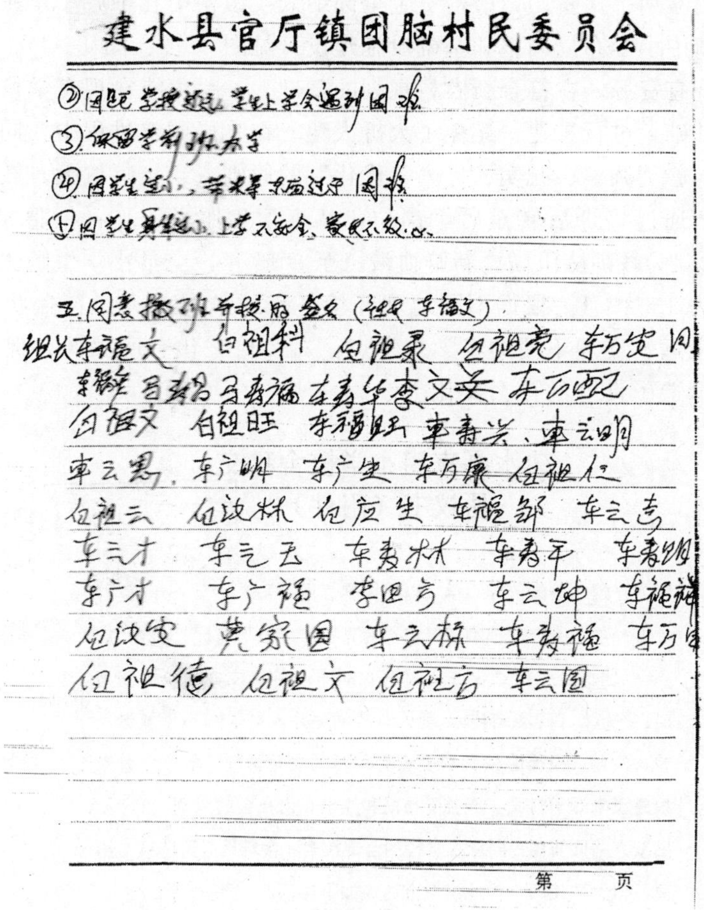
建水县官厅镇团脑村民委员会

②团脑 学校近，学生上学会遇到困难

③保留学前班办学

④因学生近，…… 困难

⑤因学生多，上学不安全，家长不放心

五 同意撤班并校后签名（组长 车福文）

组长车福文　白祖科　白祖录　白祖亮　车万发

白福文　白祖旺　车福旺　车寿兴、车云明

车云思　车广明　车广生　车万康　白祖仁

白祖云　白汝林　白应生　车福部　车云吉

车云才　车云玉　车寿林　车寿平　车寿明

车广才　车广福　李田方　车云坤　车福祥

白汝安　黄家国　车云标　车寿福　车万

白祖德　白祖文　白祖方　车云国

第　　页

图 4—2　建水县官厅镇中小学撤并会议记录 2

2. 以村民为主体，充分利用教育资源，通向简约治理

建水县的中小学布局调整，除了撤并一些规模过小的“一师一校”外，大多数是对保留的中小学和教学点进行扩建。在新建和扩建学校的过程，都按照标准化学校的建设标准，一次规划到位，分步建设。特别是撤点并校后建办的寄宿制学校，还要建设食堂、供水、厕所、澡堂等配套设施，切实解决学生的食宿、学习、安全、卫生、医疗、管理等实际问题。同时，加强被撤并学校的财产管护、校产清理和移交工作，通过资产互换、有偿转让、竞价拍卖等方式让其发挥应有的作用，并把所得收入用于并入学校改善办学条件，发展当地教育事业，防止校舍等国有资产闲置和流失。布局调整后被撤并的农村中小学校舍并没有闲置，由教育行政部门进行调剂处置，大部分和村委会签订了合同，由村委会代为管理，每年向

教育行政部门缴纳一定费用，所得资金全部纳入乡镇初中和中心小学账户核算，专项用于本乡镇中小学布局调整和基础设施建设（见图 4—3、图 4—4）。布局调整规划充分利用现有资源，在符合新农村规划的基础上，尽可能在现有学校特别是条件较好学校的基础上进行扩建，避免了大拆大建。在布局调整过程中，同步优化教师队伍建设，本着“调整、充实、提高、优化”的原则，让年龄偏大、教育教学能力偏低的教师，通过培训后转至后勤岗位，从事学生服务工作；招聘 323 名新教师（含特岗教师），为教师队伍增添新鲜血液。至 2015 年，全县小学生师比为 14.8∶1，初中生师比为 15.2∶1。根据不同地理环境、交通情况、人口覆盖状况，保留了极少数行程较远、交通不便的小学教学点，对乡村文化有所关照，促进了社会文明与进步，营造了良好的社会文化生态。

建水县克租小学校舍移交
协议书（附件）

甲方：建水县磨依蚌小学（以下简称“甲方”）

乙方：建水县官厅镇磨依蚌村委会克租村（以下简称“乙方”）

建水县克租小学占地面积 1484 平方米，校舍建筑面积为 611 平方米（砖混结构）。现因该校学生并入磨依蚌小学就读，校舍空闲，根据磨依蚌村委会克租村的实际情况，学校本着学校建设来源于村民、服务于村民和建设和谐社会的原则，经甲、乙双方共同协商，同意将学校的全部校舍（含场地）无偿移交给克租村管理使用，为此，双方达成如下协议：

一、 移交管理使用起止时间为：2010 年 9 月 1 日至学校需要为止。

二、 移交管理使用期间，乙方必须保护好校内外原有的一切设备、设施不受任何损坏，如有损坏，必须进行修复或赔偿，若需要进行改建或者增设其他设备设施，必须征得甲方同意。否则，造成的一切后果均由乙方承担。乙方若不需要时，必须完整无损地移交给甲方接收处理，不得转让给其他单位或个人管理使用。若甲方需要，应提前一个月告知乙方，乙方必须无条件地将其完整无损地移交给甲方管理使用，不得借口推迟移交期限。否则，甲方有权采取强制移交措施。

图 4—3 建水县撤并中小学闲置校舍移交协议书 1

三、 移交管理使用期间，学校范围内发生的水电费、维修改造费等一切费用均由乙方承担。

四、 本协议一式四份，由甲、乙双方（磨依蚌村委会及官厅镇中心学校）各持一份，协议自签字盖章之日起生效。

五、 本协议未尽事宜，由甲、乙双方共同协商解决。

订立协议单位：建水县磨依蚌小学（盖章）　法人代表（签字盖章）

建水县官厅镇磨依蚌村委会克租村（盖章）

法人代表（签字盖章）

协议监证单位：建水县官厅镇中心学校（盖章）

法人代表（签字盖章）

建水县官厅镇磨依蚌村委会（盖章）

法人代表（签字盖章）

订立协议日期：2010年9月1日

图4—4　建水县撤并中小学闲置校舍移交协议书2

二、政府统筹、财政保障
——浙江省绍兴市柯桥区中小学布局调整

柯桥区地处浙江省绍兴市北部富庶的宁绍平原，全区面积约1 066平方千米。柯桥气候温和湿润，山清水秀，是全国著名的水乡、桥乡、酒乡、书法之乡、戏曲之乡和名士之乡。柯桥区凭借天时、地利、人和等诸多有利条件，现已发展成为浙江省经济最发达的地区之一，拥有亚洲最大的布匹集散中心——中国轻纺城。全区下辖4个街道、12个镇。2013年户籍人口64.29万人，暂住人口65.29万人。[①]

（一）布局调整的历史进程与实施效果

绍兴市柯桥区在过去20年间大致经历了两次布局调整，第一次是从20世纪90年代开始，结合建设教育强县、实现教育现代化目标而提出的布局调整。第二次是21世纪以来，结合优质教育集团集团化办学而提出的布局调整。

第一次布局调整始于20世纪90年代初，在最初的几年并没有形成明确的政策和指导意见。直到1998年，由绍兴县政府（柯桥区前身）提出《建设教育强县、基本实现教育现代化的规划与实施意见》，此项措施才形成了明确的政策文本。《建设教育强县、基本实现教育现代化的规划与实施意见》提出："为贯彻中共'十五大'精神，落实县委、县政府提出在五年内建成教育强县、基本实现教育现代化目标，进一步推动我县教育事业发展，促进我县经济持续、快速、健康发展和社会全面进步，特制订《建设教育强县、基本实现教育现代化的规划与实施意见》。"该《实施意见》是在1995年提出教育强县目标后，经过两年实践，在总结经验、分析问题的基础上制定出的切实可行的目标、规划、步骤和措施。

《实施意见》实行"总体规划，分步实施，重点突破，示范引路，全面推进"的实施策略。"合理调整学校网点，落实校舍建设规划，提高办学效益。"在《实施意见》颁布的五年内"高中段不再增设网点，以扩大办学规模、调整职教专业结构为主；初中网点调整要积极稳妥，除个别大镇外，原则上实现一镇一所初中；小学3班以下学校原则上撤并，学校施教区半径不小于2.5千米，1998至2002年全县每年分别撤并27、38、25、23和25所中小学。今后五年全县每年应及时消除新增破旧校舍；同时新建校舍43万平方米，总投资45 000万元，增加教育设备5 000万元。"

从《实施意见》中可以看出，柯桥区中小学布局调整在20世纪90年代到21世纪初达到了高潮推进阶段。中小学布局调整的实施机制及步骤是在县委、县政府的统筹安排下，结合各乡镇自身情况逐步确定的。在此阶段，对符合撤并原则的中小学进行了大规模撤并，初步达到了撤并目标——达成规模效益。

第二次布局调整的时间是2002年之后的13年中，此次布局调整并未形成明确的政策文本，主要实施过程是结合名校集团化办学的过程逐步开展的。

---

① 参见 http://www.kq.gov.cn/sxxmhw/01/0101/010101/201209/t20120903_192758.shtml。

被访者指出，近几年撤并的完小大多作为中心小学的分校区继续办学。这些学校的撤并机制是由学校所在街道或所在镇按照发展需要向教育总支提出撤并申请和撤并方案，教育总支召开党工委会议对撤并方案进行决议。通过决议的撤并申请由学校所在镇按照撤并方案实施，其中，由教育总支负责具体实施的沟通工作，学校所在镇主管教育的副镇长进行撤并工作的安排与管理工作。近几年被撤学校都是规模不大（班级数小于3）、施教区半径与其他学校有所重叠的完小，被撤学校的闲置校舍多被设立为幼儿园，进一步解决了所在区幼儿入公立幼儿园的问题，因此得到了家长、社会的一致肯定。

同时，由于此次撤并是伴随着名校集团化办学过程逐步开展的，名校集团化办学明确提出优秀教师到新校任教的指导意见，促进了优秀教师的区域间流动，也使名校教师与被撤并学校教师间建立了新的"名师带徒"模式，促进了教师队伍建设和教育质量提升。在此阶段布局调整过程中，区政府虽未出台具体政策，但是提供了布局调整的配套专项。例如，每年1 000万元的公交接送专项，解决了中小学学生中心校上学的接送问题。提供乡镇教师专项补贴，以跑教的方式解决了边远山区小规模教学点低年级音体美等课程的实施问题。而这一阶段镇政府则发挥了主体作用，例如，撤并方案由镇政府决议、镇政府实施，新建校的基建由镇财政负担或由区财政与镇财政按1∶1比例共同负担。这种以区政府为主导、镇政府为主体的财政保障模式为集团化办学而实施的布局调整提供了良好的经费、人员、设施保障。

自1995年提出建设教育强县的目标开始，至2002年完成《建设教育强县、基本实现教育现代化的规划与实施意见》的总目标，柯桥区共撤并中学27所、小学240所，详见表4—5。

表4—5　　柯桥区1995年、1998年、2002年中小学校额情况

1995年		1998年		2002年	
中学校额	小学校额	中学校额	小学校额	中学校额	小学校额
62所	407所	56所	296所	35所	167所
撤并校额		6所	111所	21所	129所

资料来源：根据柯桥区历年《教育事业统计》整理得出。

自2002年至2014年，柯桥区在名校办分校的过程中，共撤并中学10所、小学101所，详见表4—6。截至2014年，柯桥区所辖区域共有普通中学25所、小学66所。

表 4—6 柯桥区 2002 年、2014 年中小学校额情况

2002 年		2014 年	
中学校额	小学校额	中学校额	小学校额
35 所	167 所	25 所	66 所
撤并校额		10 所	101 所

资料来源：根据柯桥区历年《教育事业统计》整理得出。

通过以上分析可知，1995—2002 年是柯桥区布局调整高潮推进时期，8 年间共撤并中小学 267 所。自 2002 年之后，柯桥区布局调整进入反思徘徊期，这时中学校额已基本达到城镇对应要求，13 年间只对 10 所学校进行了撤并；小学撤并的数量在这一阶段还比较多，是因为区政府出台了配套公交接送措施，解决了小学入学半径问题。同时，在撤并期间，中小学教职工总数并未有明显变化（见表 4—7），这说明区政府对撤并学校教师的分流及管理工作是十分到位的，并未因中小学校撤并而造成教师队伍混乱。

表 4—7 柯桥区 2002 年、2014 年中小学教师情况

2002 年		2014 年	
中学教职工数	小学教职工数	中学教职工数	小学教职工数
2 544 人	2 791 人	3 539 人	2 962 人

资料来源：根据柯桥区历年《教育事业统计》整理得出。

（二）布局调整的特点总结

1. 区政府统筹与财政保障相结合，配套措施完善

绍兴市柯桥区自 1995 年开始布局调整，区政府就一直作为布局调整整体工作的主要统筹、规划者。1998 年出台《建设教育强县、基本实现教育现代化的规划与实施意见》，设定了合理的布局调整目标、步骤和原则；2002 年之后虽未出台政策，但为布局调整配备基建经费专项、公交经费专项、人员经费专项等并设置合理的教师流动机制。这一系列的行动都突出了柯桥区政府在布局调整中的责任，明晰了政府在布局调整中的统筹规划作用。调研中被访人员还提出“教育强镇”的综合指标与当地公务员绩效考核挂钩，达标的乡镇年底还设有教育专项奖金，这些行政配套奖励、督导措施也促进了布局调整的进程。

2. 因地制宜，在政策实施过程中设立标准同时具备政策弹性

调研资料表明，柯桥区第一阶段布局调整设定了明确的撤并标准，即小学

3 个班级以下学校原则上撤并，学校施教区半径不小于 2.5 千米。在这一阶段，柯桥区撤并了 240 所符合基本原则的小学（教学点）；在第二阶段，区政府并未设定布局调整指导意见和硬性标准，而是由中小学所在乡镇、街道自行提出撤并申请方案，由区政府召开会议进行决议，由教育总支负责总体协调。这样的实施方案因地制宜，切合中小学所在乡镇的发展需要，切实考虑了当地适龄儿童、教学半径、村落分布等实际条件，撤并过程符合家长、社会两方面的需求，切实达到了"双赢"的总体目标。

3. 公交化接送、"跑教"等具体措施减少了布局调整的阻碍

布局调整容易带来三个问题：一是布局调整造成教学半径过大，使得学生上学远、上学难；二是布局调整造成乡村文化中心消失，使得农村逐渐形成"离农化"倾向；三是布局调整破坏了乡村学校教师队伍建设，造成教师队伍不稳定。绍兴市柯桥区公交化接送、"跑教"、教师流动机制等具体措施，有针对性地解决了布局调整带来的新问题，缓解了中小学布局调整带来的不适，使得布局调整顺利开展。

首先，柯桥区政府每年向公交公司拨付专项资金 1 000 万元，用于中小学学生上下学公交化接送。公交公司保证村村通公交，并在上下学时间开学生接送专列，学生家长不用担心学生上下学的交通及安全问题，整体教育质量也得到了保障。

其次，在山区教学点设置专门"跑教"教师。对于村民不愿撤并的山区教学点进行保留，由专门的音、体、美教师每月按教学大纲要求到教学点进行授课，"跑教"教师有专项经费补贴。这一措施使得山区小规模教学点不但能够正常授课，而且小规模教学点所在地乡村学校文化得以保留。

最后，设置了合理的教师流动机制。对于被撤并学校的教师，按照教师家庭所在地归入临近学校，并在集团化办学过程中安排优秀教师流入分校，形成"名师带徒"模式，在稳定教师队伍的同时提高了教师队伍质量。

三、行政推进、目标导向
——山东省德州市平原县中小学布局调整

德州市平原县历史悠久。抗日战争时期，在平原县铁路以东地区和禹城县北部地区合建平禹县抗日根据地，隶属冀鲁边区鲁北行政区。中华人民共和国成立后，经行政区划调整，平原县重新划归山东省，隶属于德州市。平原县总面积 1 047 平方千米，下辖 7 镇、3 乡、2 个街道办事处、1 个开发区。平原县地处黄河下游的鲁西北平原，是典型的平原地形，属暖温半湿润大陆性季风气候区，

具有显著的大陆气候特征，境内四季分明，干湿季明显。1986年以后，平原县行政区划进行了三次大的调整。1992年9月，全县行政村数由原来的904个减少到875个。2004年，伴随着县城建设需要，城内一些村庄陆续拆迁。目前，全县共有864个行政村。①

（一）平原县布局调整的历史进程与实施效果

在中国近代社会发生深刻变革的复杂社会背景中，平原县的教育发展也随之跌宕起伏。“文化大革命”后，伴随着基础教育的发展，平原县的布局调整大致可以划分为三个时期：布局调整的整顿与恢复时期（1976—1985年）；布局调整的改善与优化时期（1986—2000年）；布局调整的撤并与推进时期（2001年至今）。

1. 布局调整的整顿与恢复时期（1976—1985年）

1966年5月，毛主席发表“五七指示”，强调“学生以学为主，即不但要学文，也要学工、学农、学军”。当年6月，“文化大革命”开始，上级派工作组进驻学校。平原县学生开始给教师贴大字报、抓“走资派”，正常的教学秩序被打乱。教师被诬为“臭老九”、干部被诬为“走资派”，学生的毕业、升学和升级工作都无法进行。在“文化大革命”中，平原县的教育事业惨遭破坏，各级各类学校制度消失殆尽，学校校舍门窗破碎不全，教学设备丢失大半，桌椅板凳损坏的不计其数，文书档案被抢劫一空。虽然平原县的教育事业在“文化大革命”中遭受破坏，但是学校数量却在“文化大革命”后期激增，见表4—8。

表4—8　　“文化大革命”前后平原县教育统计数据

	小学校额	学生人数
“文化大革命”前	600余处	44 845人
“文化大革命”后	700余处	53 254人

资料来源：根据《平原县学校教育》相关数据整理得出。

1976年“文化大革命”结束后，平原县的教育开始逐步整顿、恢复。各级各类学校开始拨乱反正，把工作重点转移到教学上来。1977年春，平原县召开教育系统先进工作者和先进集体代表大会，以城关花园、恩城、张官店三处学校为重点小学，制定“培养典型，总结经验，以点带面”的恢复方针。除此之外，平原县教育局还对学龄儿童进行普查，落实县内适龄儿童的入学、复学问题。据

① 参见《平原县地方志》。

统计，1978年平原县7至11周岁儿童总数46 962人，已入学的有46 109人，入学率高达98.2%；1985年学龄儿童47 153人，入学儿童为46 287人，入学率达98.16%。①

从20世纪80年代开始，平原县为了整顿教育秩序、恢复教育事业发展，开始对县域内中小学进行布局调整。1982年，国家拨款45万元，全县自筹资金228万元，新建校舍571间，翻建翻修危房2 336间，改造“黑屋子”3 034间，新制课桌24 230张、课椅23 839条，有35处学校实现了校舍、桌凳、院墙、校门四配套。至1985年，平原县中小学中，教具已达到教育部一类配套标准的中、小学各1处；达到教育部二类配套标准的初中5处、小学4处；达到教育部三类配套标准的初中19处、小学15处，全县有初中班269个，在校学生13 454人。②

2. 布局调整的改善与优化时期（1986—2000年）

20世纪80年代中后期，随着我国计划生育政策的深入推行及人们生育观念的逐步改变，我国人口自然增长率逐年下降，学龄人口呈逐年下降的趋势。1986年4月12日，我国颁布了《中华人民共和国义务教育法》。同年，开始在全国范围内推行九年制义务教育。《义务教育法》颁布后，平原县政府为了全面提高该县基础教育的整体水平，把高水平、高质量普及九年义务教育作为该时期教育事业发展的目标。1989年，平原县被国家教委确定为“燎原计划暨农村教育综合改革”全国百个试点县之一，平原县的布局调整由此进入改善与优化阶段。

平原县教育局通过农村学校改校貌及城镇学校改课程两个项目，要求县域内小学达到教室、办公室、课桌椅、操场、仪器、厕所“六配套”。通过不断完善基础设施、改善教学环境，至1993年年底，小学校额与1986年相比减少了381处，在校学生45 777人，适龄儿童入学率为98.8%，经地区行政评估验收，达到“普六”标准，全县基础教育得到强化。1995年开始，全县实施九年义务教育规划。共投入“普九”专项资金6 971.5万元，新征地868亩，新建、扩建校舍总面积12.4万平方米，县乡修建教学楼10幢，建筑面积3.86万平方米。③至1996年年底，小学校额与1993年相比减少了43处，在校生增加了2 704人；共有初中22处，在校生18 858人，初中正常适龄人口入学率为96.6%，年巩固率为97.89%，毕业率为92.6%，17周岁人口初级中等教育完成率为98.%。1997年1月，经省政府评估验收达到普及九年义务教育合格标准。④

①② 参见平原县地方史志编纂委员会：《平原县志》，北京，方志出版社，2010。

③ 参见周洪新：《城镇化进程中农村中小学“撤点并校”的问题研究》，山东师范大学学位论文，2013。

④ 参见《平原县地方志》。

3. 布局调整的撤并与推进时期（2001 年至今）

20 世纪 90 年代末期，自 1974 年开始实施的计划生育政策开始显现效果，平原县出生人口呈明显下降趋势。据计生部门统计，1986—1990 年，全县共出生 48 363 人，自然增长 33 675 人，年均自然增长率为 15.25‰。1991—1995 年，共出生人口 18 826 人，自然增长 4 970 人，年均自然增长率为 2.15‰。1994 年是平原县唯一人口负增长的一年，人口自然增长率为－0.85％。1996—1999 年，共出生 18 547 人，自然增长 7 553 人，年均自然增长率为 4.32‰。2000—2005 年，共出生人口 30 732 人，自然增长 15 457 人，年均自然增长率为 6.87‰。至 2005 年，平原县人口自然增长率降至 4.4％[①]，直接影响到县域内农村中小学生源。另外，2000 年颁布的《中共中央、国务院关于进行农村税费改革试点工作的通知》，取消了农村的教育集资，除了国家一定数额的转移支付外，其余的债务缺口和农村基础教育经费便需要县乡自行解决。[②] 为了提高教育经费和教育资源的利用率，平原县发动了大规模的以“撤点并校”为主的布局调整，对办学条件差、教学质量低的农村薄弱学校进行撤并和改造。

2001 年 5 月，国务院颁布了《国务院关于基础教育改革与发展的决定》。该《决定》指出，应“因地制宜调整农村义务教育学校布局”，“按照小学就近入学、初中相对集中、优化教育资源配置的原则，在方便学生就近入学的前提下，对农村小学和教学点要适当合并”[③]。同年，财政部制定了《中小学布局调整专项资金及项目管理暂行办法》，重点支持农村中小学标准化，建设具有示范效应的中小学及购置教学实验设备。[④] 2001 年 8 月，山东省人民政府颁发了《山东省人民政府关于贯彻国发〔2001〕21 号文件精神推动基础教育改革与发展的意见》。该《意见》规定：“按照小学就近入学、初中相对集中的原则，优化教育资源配置，合理规划和调整学校布局，适当合并农村小学和教学点。学生走读半径一般不超过 2 000 米。在交通不便的地区保留必要的教学点，防止布局调整造成学生辍学。”[⑤] 在国家、省市出台布局调整意见后，平原县按照统筹城乡发展的总体要求，坚持从教育入手，整合教育资源、提高教育教学质量、促进教育公平，在全县启动了以初中进县城、小学进乡镇为主要内容的“初中进城”工

---

① 参见《平原县地方志第三编：居民》。

② 参见《中共中央、国务院关于进行农村税费改革试点工作的通知》，中发〔2000〕7 号，2000－03－02。

③ 参见《国务院关于基础教育改革与发展的决定》，国发〔2001〕21 号，2001－05－29。

④ 《中小学布局调整专项资金及项目管理暂行办法》，财教〔2001〕39 号，2001－06－19。

⑤ 《山东省人民政府关于贯彻国发〔2001〕21 号文件精神推动基础教育改革与发展的意见》，载《山东政报》，2001（18）：24～28 页。

程。同时，建立了县委统一领导，县政府具体实施，教育、人事等职能部门各司其职、密切配合的领导体系，出台了《关于加快基础教育改革与发展，促进小康建设的意见》《关于全县农村中小学人事制度改革的实施方案》等文件。[①] 平原县的布局调整进入撤并与推进时期。

2004年，平原县启动了“初中进城”工程，对农村生源不足、教学质量差的教学点进行大规模撤并，农村小学生集中到乡镇中心小学就读，农村初中生集中到城区学校就读。“初中进城”工程总投资2.3亿元，三年时间内改造了原有城区中学，按万人规模扩建平原县一中，新建平原县三中，改建平原县五中（原炉坊中学），将原平原县一中南校区改为平原县二中，完善平原县四中及平原师范初中部，将全县剩余18处乡镇初中全部撤销，2007年年底实现了100%的初中生进城读书。此外，在各乡镇原初中基础上规划建设一处高标准、规范化的小学，实现小学进乡镇和就近集中入学。至2014年，全县公办小学仅剩98处，其中县直小学4处，农村小学94处，在校生34 551人；初中5处，在校生15 331人。与2000年相比，小学校额减少了一半，初中校额仅为原有校额的五分之一。[②]

（二）平原县布局调整特点总结

平原县的中小学布局经过三个时期的调整后，改变了县域内的总体教育环境，初步实现了县域内教育资源的优化配置，提高了教育效益，缩小了城乡差距，促进了教育公平。但是，撤并与推进时期的“初中进城”项目过分强调效率，造成县域内初中班额大、教师压力增加、农民教育负担加重和闲置学校资源浪费等问题。

1. 改善教育质量，有效控制辍学率

自2007年年底平原县完成“初中进城”项目后，县城初中学校都配备了较完善的配套设施，教育现代化、信息化建设不断加强，学生学习、生活条件显著改善。新建校环境好、资源丰富、师资力量雄厚，对初中生全面施行寄宿制管理，学生素质、学习成绩都有所提高。同时，良好的办学条件、规范的管理水平、较高的教育质量在一定程度上也吸引了农村的家长和学生，让农村的家长和学生重燃了通过接受良好的教育改变自己境遇的期望，初中学生辍学率明显下降。至2012年，平原县初中辍学人数仅为60人，辍学率为0.65%。除此之外，随着全县初中校额的明显减少，城区学校规模不断加大，中学教师的研修、培训

---

① 参见周洪新：《城镇化进程中农村中小学“撤点并校”的问题研究》，山东师范大学学位论文，2013。

② 参见 http://www.zgpingyuan.gov.cn/n2430478/n4823350/n4823394/n6678951/c9349396/content.html。

机会也逐渐增多，教科研水平逐步提高，学校间形成良性竞争格局，大幅度提升了全县初中教育水平。据统计，在德州市 2011 年的中考中，平原县有 5 人进入全市前十名，27 人进入全市前百名，600 分以上考生达到 478 人，初中教学质量从 2004 年的全市第九名一跃成为全市第一名。

2. 适应县域城镇化发展步伐，教育资源走向均衡

根据 2003 年的统计，全县共有初中学校 22 所，其中县直中学 4 所，其余全部为乡镇初中。乡镇中学与县直中学相比，办学条件、教育资源、师资力量悬殊。可以说，4 所县直中学占有全县 80%的优质教育资源，平原县教育资源严重失衡。“初中进城”项目整合了全县教育资源，使有限的公共财力发挥了最大效益，新建、完善了县城 5 所初中，撤除了其余乡镇中学，实现了教育资源的集约化、优质化，使所有学生进城上学，一定程度上保障了弱势群体对公共教育资源的平等享有权。平原县开始实施“初中进城”项目后，18 000 多名农村学生进城读书，带动了农村富余劳动力向城镇转移，有效增加城市人口约 3 万余人，拉动城市消费 2 000 多万元，加快了平原县城镇化进程。据统计，2014 年平原县城镇化率达到 57.5%，比 2001 年增长 27 个百分点。

3. 教师工作碎片化

2007 年年底，“初中进城”项目基本完成，平原县所有初中生进入县城读书，使得教育空间突然吃紧，初中教育负荷加重，新建、扩建的 5 所初中不能完全满足全县初中生正常接受教育的需求，致使平原县 5 所初中均出现大班额现象，初中各年级班额为 60～70 人，严重超出了初中规定的班额数。随着班级规模的扩大，初中教师的生活、工作压力骤增。首先，初中学生进城后，班额数剧增，教师很难在课堂上照顾到每一个学生，班容量的复杂程度增加，课堂纪律及课堂教学质量都需要教师花费额外的时间、精力。其次，“初中进城”项目实施后，大量乡镇教师被调入县城初中任教，但是学校并没有足够的空间为调任的教师安排住宿，也没有资金安排校车对住在乡镇的教师进行接送。为了达到学校的考勤目标，很多家在乡村的教师不得不早出晚归，搭乘公交车或在学校附近租房，严重增加了教师的生活负担。此外，教师劳动报酬偏低，教师的付出和收入不成正比，挫伤了教师的工作积极性。由于班额大，教师的日常事务繁多，工作压力也随之增加，很多初中校两周才休息一次，而工作量的增加并没有体现到工资上，教师经济地位低，使之在提升教师专业素养和业务水平过程中失去了前进的动力，很多教师为了增加收入，在课堂上敷衍了事，把工作重心放在开办辅导班上，造成了不良的社会影响。

4. 不堪重负的乡村家庭

“初中进城”项目的实施，使得平原县 8 镇、2 乡的所有初中学生全部进入

县城读书，相应的，县城的 5 所初中对部分家远的学生实行寄宿制管理。寄宿在学校的学生，每月的餐费和来回的交通费用就成了农村家庭必不可少的一笔支出，这也加重了农村家庭的经济负担。除此之外，部分临近县城的农村学生还面临寄宿或走读的两难选择。如果选择走读，上学来回要走 20 千米，不仅路途遥远，上学途中也充满安全隐患。想要选择寄宿，学校却没有那么多的空间，需要把宿舍安排给家距学校更远的学生。因此，这些临近县城的农村学生不得不选择在校外租房，其平均食宿费用为 3 000～6 000 元/年。2008 年，平原县农民人均纯收入为 5 618 元/年，一个初中生的年消费就要占农村家庭收入的 26%～53%[①]，这对于本来就不富裕的农村家庭来说，无疑是雪上加霜。

5. 教育资源浪费严重

县域内进行中小学布局调整，本意是充分利用教育资源，提高其经济效益。平原县在 1995—1997 年，为完成“普九”目标，通过多种融资方式，新建、扩建、改建及翻修了多所乡镇中小学，投入了大量的人力、物力和财力，也曾在平原县教育史上留下了浓墨重彩的一笔。但是，仅仅 7 年后，平原县政府就开展了轰轰烈烈的“初中进城”项目，撤并了所有的乡镇初中。在“初中进城”项目的推进过程中，由于缺少统一的规划和安排，大部分撤并学校遗留的废置学校资产并没有得到及时、合理的处置，如校舍、房屋等固定资产被闲置，有的闲置校舍被附近居民当做临时储物场所，造成了教育资源的巨大浪费。

6. 加速乡村文化终结

乡村小学对于文化相对贫乏的乡村社会来说，不仅是物化的场所，也是寄托民间传统、族群认同、文化习俗等的精神符号。尤其是偏远山区的村落，乡村学校往往是村落中唯一带有文化韵味的标志性建筑，是现代文明在村落中的重要代表，也是村落文化的重要组成部分。农村中小学不仅承担着教书育人的责任，更潜移默化地影响着乡村百姓的思想与习惯。自 2001 年开始的中小学布局调整，将“学校规模”作为核心目标，在短时间内（2004—2007 年）将所有乡镇初中撤并，“项目制”“运动式”的布局调整使乡村文化失去了有效的载体，就连平时乡村固有的孩童的琅琅读书声也消失了，乡村的“离农化”倾向日益严重。在城镇化不断加速发展的背景下，农村家庭中越来越多的人随着学生走出农村、流向城市，加速了乡村文化的没落，导致乡村村落的瓦解，使得整个乡村文化退至社会的边缘，成为“项目制”“运动式”布局调整的牺牲品，逐步没落、崩溃、瓦解。

---

① 参见《平原县地方志第三编：居民》。

第五章
全球化时代“同形异质”的中小学布局调整

观察其他国家与地区中小学布局调整的内在机制，其意义远非“它山之石，可以攻玉”能够概括，更不是希冀通过“制度移植”影响未来中国县域中小学布局调整的进程。在此情境下，国际比较的意义在于发现全球化时代“地方性知识”的多样性与丰富性，厘清公共教育体制改革与外部经济社会互动的深刻意涵和生动形态，以反观中国县域中小学布局调整在全球化脉络中的特定位置、特殊价值及其内在限度。通过对日本、美国、英国及我国台湾地区中小学布局调整案例的透视，可以发现不同国家与地区的案例展现出“同形异质”的状况。简言之，世界各国与地区的中小学布局调整都展现出集聚与分散之间辩证统一的关系，其表象或“形”是相同的。然而，在“形”的背后，能够发现各国的经济社会发展水平、政治制度结构、法律传统乃至文化习惯作为“地方性知识”支配着中小学布局调整的轨迹，构成了多元化的驱动机制与内在动因。具体而言，经济沉浮、教育立法、人口结构变动、城镇化的阶段性演进，分别构成了美国、英国、日本与我国台湾地区中小学布局调整的重要诱因与实践逻辑。

一、美国经济沉浮中的中小学布局调整

总体来看，美国基础教育布局调整的发展进程大致可以划分为四个阶段：一是 1869 年至 1943 年，基础教育布局调整的兴起阶段；二是 1944 年至 1966 年，

基础教育布局调整的高潮阶段；三是1967年至1982年，基础教育布局调整的停滞阶段；四是从1983年至今，基础教育布局调整的多元发展阶段。[①]

(一) 布局调整的兴起阶段（1869—1943年）

1. 政策出台背景

在19世纪后期，城市的工业化促进了美国基础教育布局调整的产生与发展。在工业革命时期，人们寄希望于改革教育来建立理想的社会秩序。因此，当时的教育改革者和政策制定者都认为教育只有按照标准化、集中化、城市化模式才能满足工业社会的要求。在这种教育理念下，规模大的学校被视为是满足工业社会要求的最好的模板，而规模较小的学校被认为是低效率的，需要根据工业社会教育的发展模式进行重组。正如一些教育改革家和政策制定者所希望的"重构农村学校让其成为美国成熟的城市学校的复制品"[②]，而重构学校的基本途径就是对小规模学校进行合并，建立大规模学校为学生提供更为优质、全面的教育。另外，汽车的发明使用、不断进步的交通基础设施都为学生远距离上学提供了可能。工业的进步推动了19世纪美国基础教育的布局调整。

2. 政策的历史演进与实施效果

1869年，改革首先在马萨诸塞州展开。该州颁布《免费公共运输法》，为学生提供免费的公共交通。这一举措为随后取消小规模学校、建立中心学校奠定了基础，为后来全美基础教育布局调整铺平了道路。到1897年，全美教育协会（National Education Association）发表《农村学校12人委员会报告》（*Report of the Committee of Twelve on Rural Schools*）。[③]《报告》建议："合并学校，用校车接送学生；由县学监对学校进行专业化管理，推动学校标准化和专业化建设；开展教师专业培训计划；开设与社区日常生活密切相关的课程等。"[④] 该《报告》作为20世纪上半期美国基础教育发展的基本政策，积极地推动了全美基础教育学校系统集中化、标准化、专业化模式的形成及学生免费交通由公用经费

---

① 美国基础教育布局调整的发展进程借鉴了王娟涓博士论文《当代美国农村中小学合并研究》中对于各阶段的划分。

② Williamson B., *Education, Social Structure and Development: A Comparative Analysis*, London, The Macmillan Press Ltd., 1979, p. 11.

③ See National Education Association of the United States, *Report of the Committee of Twelve on Rural Schools*, US Government Printing Office, 1897.

④ Jolly D. V., Deloney P., *Alternative Organizational Plans: Options for Consideration*, Southwest Educational Development Laboratory, 1993.

支出政策的落实。

在此之后，美国各州相继采取措施推动小规模学校合并与学区重组。1905年，全美约有 20 个州实行学校合并，取得了良好的效果。各州县内以 4～5 所中心学校代替过去 100～120 所简陋小学，合并结束后，各州内中心校仅余 500 所左右。[①] 1911 年，俄克拉荷马州通过立法规定，为农村合并学校、联合学校及分年级学校的校舍建设提供 50%的经费资助。1913 年，艾奥瓦州也通过一项法案，向所有拥有两间教室以上的学校提供资助；到 1917 年，该州就成立了 226 所新合并的学校。同年，威斯康星州也颁布了《建筑援助法》（Building Aid Law），向农村规模较大的学校以及分年级学校提供更多的资金支持，帮助这些学校改善学校条件。1917 年，亚拉巴马州重新修订了《农村学校法》（Rural School Act），鼓励在农村社区建立大型校园和大规模学校。除此之外，还有一些州政府对不满 10 人的中学采取不承认、不资助的办法，提倡办学区联合中学。[②]

在《农村学校 12 人委员会报告》的影响下，罗斯福总统于 1908 年任命了国家乡村生活委员会（National Commission on Country Life）研究农村面临的形势，探讨解决农村问题的新途径。国家乡村生活委员会在 29 个州举行了 30 场听证会，回收了 100 000 多份调查问卷，明确了农村改革目标：对乡村学校进行合并，并对学校课程进行改革，加强课程与乡村生活的联系。自此，小规模学校合并成为 20 世纪美国农村教育改革的主导原则。[③]

自 1909 年起，全美范围内小规模学校开始着手进行合并。到 1929 年，美国南部的小规模学校大约减少了 37%，西部地区减少了约 32%，东部地区减少了约 23%。至 1938 年，美国中西部地区大约关闭了 19 000 所小规模学校。[④] 同一时期，合并学校和分年级学校也快速增长，吸引了越来越多的学生前来就读。1919 年，马萨诸塞州就有 96%的学生就读于合并学校。1934 年，加利福尼亚州全州大部分学生就读于合并学校。[⑤] 据统计，全美小规模中学在 1918 年有 7 042 所，1924 年减少为 5 110 所，到了 1930 年减少到仅占中学总数的 26.7%。[⑥]

---

① 参见滕大春：《美国教育史》，464～465 页，北京，人民教育出版社，1994。

② 参见杨孔炽、徐宜安：《美国公立中学发展研究》，135 页，武汉，湖北人民出版社，1996。

③ 参见王强：《美国农村教育发展史》，173 页，银川，宁夏人民出版社，2009。

④⑤ See Sher J.P., *Education in Rural America: A Reassessment of Conventional Wisdom*, Colorado, Westview Press Inc., 1977, p.35.

⑥ 参见杨孔炽、徐宜安：《美国公立中学发展研究》，135 页，武汉，湖北人民出版社，1996。

(二) 布局调整的高潮阶段 (1944—1966 年)

1. 政策出台背景

19 世纪 30 年代，由于受到经济大萧条和第二次世界大战的影响，美国教育发展缓慢。直至 1944 年，白宫召开全国农村教育会议，将发展农村教育作为主题，倡导追求效率、经济性和公平等价值，并提出“复兴农村教育”的口号。[①]

到了 20 世纪中期，苏联卫星上天震惊美国，人们开始质疑美国乡村教育质量能否为美国发展提供合格的人才，人们认为大规模学校的集中化管理是对全美儿童进行教育的最佳途径。随着这种学校“集中化”管理改革的推进和詹姆斯·布莱恩特·科南特 (James Bryant Conant) “规模效益”理论的影响，小规模学校合并迅猛发展、效益显著，呈现出一派欣欣向荣的景象。于是，美国基础教育布局调整掀起高潮，进入快速发展阶段。

2. 政策的历史演进与实施效果

在 1943—1944 学年度，全美仍有学区 111 273 个。正如美国教育学者赫尔·道格拉斯 (Hare Douglass) 和卡尔·葛立达 (Calvin Griader) 在合著的《美国公共教育》(*American Public Education*) 一书中所言：“如果如今不是 10 万个学区而是 5 000 到 1 万个学区，教育就好办得多。假如各州按面积大小而有 1 个到 40、50 个学区，那么在学校管理上就美好得多。”[②] 自 1944 年第一次全国农村教育会议后，美国学区开始大量合并。如 1945 年，伊利诺伊州通过了《伊利诺伊州学校调查法案》，1945—1955 年，学区数量由 11 000 个减少至不足 2 000 个，10 年间减少了 9 000 个。[③] 美国联邦政府在 1950 年发表了报告《一师学校：世纪中期的状况》(*The One-Teacher School: Its Mid-century Status*)，明确指出：随着农场规模的不断扩大，农业机械化程度的日益提高，人口开始从农村地区流向城市、从以农业为主的州流向工业化程度较高的州，一师学校的数量逐渐减少。1945—1956 年，小规模学校的数量从 86 562 所下降至 34 964 所，减幅近 60%。[④]

1959 年，哈佛大学校长詹姆斯·布莱恩特·科南特在《今日美国中学》

---

① See Sher J. P., *Education in Rural America: A Reassessment of Conventional Wisdom*, Colorado, Westview Press Inc., 1977, p. 38.

② 转引自滕大春：《美国教育史》，467 页，北京，人民教育出版社，1994。

③④ See Sher J. P., *Education in Rural America: A Reassessment of Conventional Wisdom*, Colorado, Westview Press Inc., 1977, p. 39.

(*The American High School Today*)一书中建议淘汰小规模中学，推广大规模的综合中学。[①] 在科南特看来，小规模中学存在固有的弊端：第一，由于毕业班学生人数太少，除非有大量的经费保证，否则很难开设多样化课程；第二，由于学校的教师人数较少，开设文理课程的范围受到较大限制。可以说，小规模学校已成为改进美国大多数州的中等教育的严重障碍之一。[②] 科南特从学校规模与学生成绩关系的角度提出“规模效益”理论，建议在全美范围内扩大中学规模，淘汰小规模中学，使中学毕业班人数至少保持在 100 名以上，这样不仅可以减少学校支出，提高学生入学率，有助于缓解重要学科领域的师资短缺问题，而且能够推动学校课程多样化。在全国范围内把中学学校数量从现有的 21 000 所减少到近 9 000 所，全国的中学教学就可能得到普遍改进。[③]

除此之外，在这一时期，弗雷德里克・W・泰勒（Frederick W. Taylor）的“科学管理模式”被美国社会各界接受并推崇，“效率”和“低成本”成为人们追求的目标。美国教育界和教育家们在这种“效率崇拜”的管理思想引导下，逐渐开始注重效率原则，尽力降低学校单位成本，大规模学校与集中化管理成为这一时期降低成本、提高效率的主要途径。[④]

据统计，1950—1970 年，美国学校、学区大量合并，数量持续下降。学区数量由 84 000 个下降到 18 000 个，初等学校数量从 128 000 所减少至 66 000 所，减幅近 52%。其中，小规模学校的数量从 60 000 所降至 2 000 所，数量仅占 1950 年的 3.33%。[⑤] 以伊利诺伊州为例，至 20 世纪 60 年代末期，该州学区数量由 2 500 个减少至 501 个，合并后的学区学生规模也相应扩大，升至每学区 1 000～1 500 人，[⑥] 大大提高了教育资源的使用效率。

（三）布局调整的停滞阶段（1967—1982 年）

1. 政策出台背景

从 20 世纪 60 年代后期开始，小规模学校合并的热潮开始逐渐衰退。一方

---

① 参见［美］詹姆斯・布莱恩特・科南特：《科南特教育论著选》，41 页，北京，人民教育出版社，1988。

② 同上书，93 页。

③ 同上书，96 页。

④ See Callahan R. E., *Education and the Culture of Efficiency*, University of Chicago Press, 1962.

⑤ See Sher J. P., Tompkins R. B., *Economy, Efficiency, and Equality: The Myths of Rural School and District Consolidaiton*, Washington D. C., the National Institute of Education, 1976, p. 1.

⑥ See Leight R. L., Rinehart A. D., *Country School Memories: an Oral History of One-Room Schooling*, Greenwood Press, 1999, p. 14.

面，由于大部分小规模学校已经完成合并，小型学区已被重组；另一方面，人们发现因为学校、学区的合并，规模过大的学校和学区在教育及管理方面也出现了一系列弊端和问题。如增加了学生上学时间及各州公用交通经费，对低年级学生的学习成绩产生了负面影响，等等。美国基础教育布局调整受到质疑，人们开始辩证、客观地看待小规模学校并挖掘其积极的因素，布局调整的力度与步伐开始放慢放缓，进入衰微阶段。

2. 政策的历史演进与实施效果

在这一时期，“教育机会均等”逐渐成为实现教育在城乡之间及种族之间平等的重要途径。在美国联邦教育部的授权下，约翰·霍普金斯大学的詹姆斯·S·科尔曼（James S. Coleman）教授依据1964年的《民权法案》（Civil Rights Act），带领研究小组收集了4 000所学校64万学生的数据，在1966年完成了著名的《教育机会均等》报告，又称为《科尔曼报告》（*Coleman Report*）。该报告基于对美国不同地区和不同种族学生所在学校的教学条件和学生的学习成绩进行的比较，得出结论：学生的学业成绩既要受到种族因素的影响，又要受到城乡差异的影响。科尔曼认为，教育的平等不仅仅局限于学校设施和教学条件的平等，而是教育结果的平等。“对平等的衡量，不是一个学校在一个儿童身上花了多少钱，而是学校教给了儿童多少东西。只有学校成功地把现代化社会生活和竞争所必需的技能教授给所有的公民时，才是为平等和民主利益服务。”[①] 在教育均等理论与思潮的推动下，美国一些地区的教育发展不再仅仅追求规模效益以及专业化或标准化水平，而是更加理性地认识到小规模学校和小型学区必须存在的事实，强调对弱势群体的关注及学生受教育权利的平等，采取相应的保护措施及补偿政策，保障每一个儿童平等的受教育权利。

到20世纪70年代，美国出现了“乡村复兴运动”，人口流动方向与历史逆反，即人口从大城市迁往非大都市地带，形成了郊区化浪潮。据统计，1970—1979年，全美从城市流入农村的人口总数达到1 292.6万，除去农村地区迁入城市地区的929.1万，农村人口还净增加了336.5万。[②] 受“乡村复兴运动”的影响，从整个20世纪70年代来看，基础教育布局调整实际上处于一种停滞状态，各州学校及学区的合并数量大幅度下降，各州平均每年只有1所学校合并。[③]

① 瞿葆奎、李涵生、马立平：《教育学文集》，北京，人民教育出版社，1991。

② 参见陈奕平：《人口变迁与当代美国社会》，北京，世界知识出版社，2006。

③ See Jolly D. V., Deloney P., *Alternative Organizational Plans: Options for Consideration*, Southwest Educational Development Laboratory, 1993.

(四) 布局调整的多元发展阶段 (1983 年至今)

1. 政策出台背景

继 20 世纪 70 年代全美“乡村复兴运动”之后，20 世纪 80 年代美国又遭遇了农业危机。受农业危机的影响，全美农业经济的衰退致使大量的农村人口流入城市去寻找更多的工作机会。这一系列的人口流动使教育领域产生了连锁反应。在基础教育领域，公立学校入学率下降，学生教育成本逐年增加，学校出现了财政危机。为了减少教师的工作岗位，保证优质课程的开设，摆脱财政困境，一些学校及州政府开始自发地进行合并或积极地推进学校合并及学区重组。在众多内、外因素的共同作用下，美国基础教育布局调整开始呈现出依据各地实际情况进行多样化改革的趋势。自此，美国基础教育布局调整进入多元化发展阶段。

2. 政策的历史演进与实施效果

在 1983 年，美国高质量教育委员会（National Commission on Excellence in Education）提交了调研报告《国家处在危机之中：教育改革势在必行》（*A National at Risk: The Imperative for Educational Reform*），指出美国的教育问题较多，质量每况愈下，出现了前所未有的糟糕局面，与日本、苏联在教育方面的差距日益拉大。为改变美国教育质量下降、学生犯罪率上升、文盲大量滋生、师资水平低、资金不足、管理不善等问题，报告提出要进行以提高教育质量为中心的教育改革运动。[①]

为了提高教育质量，达到联邦标准与绩效的要求，许多小规模学校和小规模学区的董事与管理者不得不将合并或重组作为最后的出路，因此在 20 世纪 80 年代又出现了小规模学校和学区的合并趋势。但是，由于美国不同地区存在经济基础、人口状况以及文化传统的差异，小规模学校和学区的合并主要是各县、各州的具体行为，呈现出多样化的趋势。一些地区仍保留了许多小规模学校，一方面是当地的社区强烈希望保留小规模学校，因为学校的存在证明了社区存在的意义与价值；另一方面是有一些地区因为地理位置较为偏远，不得不保留小规模学校，以便为当地学生提供基本的教育机会，使其享有平等的受教育权利。到了 20 世纪 90 年代后期，美国出现了“小规模学校运动”，已经合并的大规模学校

---

① See Gardner D. P., Larsen Y. W., Baker W., et al., *A Nation at Risk: The Imperative for Educational Reform*, United States Department of Education, 1983.

出现了拆分和分解的现象。但是随着入学率的下降和财政预算的紧缩，在这一时期，小规模学校和学区的合并仍大于拆分的趋势。如怀俄明州将48个学区减少至10个学区；爱荷华州的学区数量从438个减少至377个；西弗吉尼亚州在20世纪90年代关闭了300所学校。① 据统计，1986—1994年，全美共减少了700个公立学区，其中415个小型学区被撤并，415所小规模学校被关闭，315所小规模学校被并入邻近学区，在所剩的小型学区中也有92所学校被关闭。② 进入了21世纪后，美国基础教育布局调整的步伐并没有终止，而是沿着“多元均等”的路径发展，不再一味追求农村学校与学区的规模。2000年12月，克林顿总统签署通过了“农村教育成就项目”（Rural Education Achievement Program）。2002年，布什总统又对“农村教育成就项目”进行重新授权，并将其纳入《不让一个小孩掉队》（*No Child Left Behind*）法案之中，给予拨款支持。“农村教育成就项目”是美国历史上第一个专门针对农村教育实施的拨款法案，是联邦政府为解决农村小规模学校问题的有力举措。许多学区获得经费资助后，将大部分经费用于建立新的大规模学校，或者保留、翻新和建设学校设施来促进小规模学校合并。尽管《不让一个小孩掉队》法案针对小规模学校进行政策扶持，但是这些发展相对滞后的小规模学校仍然被认为是效率低下的，成为各州不断进行合并的对象，小规模学校的数量仍在不断减少。2002年，北达科他州对该州大多数学区进行整合，学区数量从222个缩减至62个。2004年，阿肯色州对学生人数不足350人的学校实施强制合并。③

二、英国教育立法驱动下的中小学布局调整

从总体来看，英国基础教育布局调整的发展进程主要是由政府颁布法案推动的，其大致可以划分为两个阶段：一是1931年至1988年，基础教育布局调整的基础发展阶段；二是1989年至今，基础教育布局调整的高涨阶段。

---

① See Eyre E., Finn S., *Closing Costs: School Consolidation in West Virginia*, Charleston Gazette, 2002.

② See Mc Laughlin D. H., *Characteristics of Small and Rural School Districts Statistical Analysis Report*, Washington D. C., US Government Printing Office, 1997.

③ See Johnson J. D., Howley C. B., Howley A. A., *Size, Excellence, and Equity: A Report on Arkansas Schools and Districts*, 2002.

（一）基础发展阶段（1931—1988年）

英国既是世界上第一个实现工业化的国家，也是第一个实现城市化的国家。在产业革命的大背景下，加上人口向城市转移的热潮越演越烈，导致英国中小学的教学质量被社会所诟病，因而引发了英国中小学的布局调整。

1. 政策出台背景

英国大规模的城市化始于18世纪中叶的产业革命。从1760年产业革命开始到1851年，英国花了90余年的时间成为世界上第一个城市人口超过总人口50%的国家，基本实现了城市化。而当时世界城市人口占总人口的比例，即世界城市化率仅为6.5%。1921年，英国城市化水平已达到77.2%。[①] 在英国城市化的进程中，大量的农村人口向城市转移，使得农村学生数量不断下降，农村学校和班级规模日益萎缩。20世纪20年代初期，英国农村三分之一或以上的初等学校（5～11岁）都是小规模学校。这种小规模学校往往存在办学成本高、教学质量差、学校办学条件差、师资匮乏、复式班级教学难以满足学生学习和发展等诸多缺陷，从而为社会所诟病。

2. 政策的历史演进与实施效果

在漫长的布局调整过程中，英国分别颁布了《哈多第二份报告》《普鲁顿报告》《把学校办得更好》白皮书，以及《教育改革法案》（1988年），在布局调整的基础阶段发挥了指引作用，进一步促成了布局调整的合理化。

由于英国传统上以发展都市教育体制为主，因而，英国政府惯常从实用主义的角度出发思考问题，将英国农村初等小学视为“疑难问题”，这在教育报告中也有所体现。比如1931年，英国政府颁布的《哈多第二份报告》指出，教学应以心理学理论为依据，把学生按智力和能力分组，使“分流教学”成为最有效的满足学生不同需要的教学方法。农村小学校由于太小而不能有效地进行分流教学。[②] 由此可见，在中央层面，对于农村中小学的“忽视”已然萌发。

1967年，英国政府颁布的《普鲁顿报告》建议采用儿童中心的混合能力编组和准专业性教学以及教学设备的现代化。[③] 该报告中还指出：“只有一个或两

---

① 参见马先标：《英国城市化发展的特征与启示》，见中国社会科学网，2012-07-16。

②③ 参见董秀华、赵中建：《前途未卜的英国农村初等小学校》，载《外国中小学教育》，1995（2）：11～14页。

个教师的学校过小，每个学校至少要有 3 名教师和 60 名学生。”[①] 1985 年，教育与科学部、威尔士事务部向议会提交了《把学校办得更好》白皮书。政府的目标是：提高各级学校教育的能力标准；保证教育投资取得尽可能好的效益。白皮书中对于“学校最小规模”的解释为：“学生数一般不应低于能够留住三个教师的数目。在边远地区，无疑应保留少于三个全日制工作的教师的乡村小学，并应增加经费，使学生受到良好的教育。”[②] 可以看出，《哈多第二份报告》中所体现的政府对中小学的不支持，以及《普鲁顿报告》中的规定，使小规模学校运营成本增加，使英国农村中小学办学难度增加。

1988 年，英国政府颁布了《教育改革法案》，规定了与国家评估相伴随的国家统一课程，更是加剧了英国农村中小学的办学困境。国家统一课程以统一的标准控制中小学课程，以确保提高全国所有学校的质量，如扩展了课程设置的核心科目（数学、英语、科学）和基础学科（地理、历史、工艺、音乐、艺术、体育），并且规定了在核心科目和基础科目上花费的时间。[③] 同时，《教育改革法案》还规定了国家资助的基础条件，即要求地方政府给学校的拨款应该以学生注册人数为基准。[④]《教育改革法案》等一系列政策和法案的制定，虽然对农村小规模学校的存在和发展有一定的限制作用，但也以其他方式获得了政府的资助和支持。20 世纪 80 年代，国家政府及其教育补助金（ESG）启动了旨在提高农村地区初等学校质量和扩大课程设置范围的项目，即试点学校如果达到项目要求，地方教育局（LEA）就学校的课程缺陷给予资助和补偿。该项目促使农村小规模学校之间通过团体和集群的方式合作，以达到项目要求，从而进一步促进了布局调整。[⑤]

（二）高涨阶段（1989 年至今）

20 世纪 80 年代，英国的小规模学校出现“合作”的形式。在“教育优先发展”的政府教育理念的影响下，以及“教育行动区”计划出台的背景下，布局调

① 转引自吴丽萍、陈时见：《英国农村小规模学校合作发展的有益经验》，载《外国中小学教育》，2012（10）：53 页。

② 转引自吕达、周满生：《当代外国教育改革著名文献：英国卷（第一册）》，北京，人民教育出版社，2014。

③ See Galton M.，Hargreaves L.，“Clustering：A Survival Mechanism for Rural School in the United Kingdom，” *Journal of Research in Rural Education*，Winter，1995，11，(3)：p. 174，pp. 177－178.

④⑤ 参见吴丽萍、陈时见：《英国农村小规模学校合作发展的有益经验》，载《外国中小学教育》，2012（10）：5～9 页。

整轰轰烈烈地进入高涨阶段。

1. 政策出台背景

在20世纪80年代，英国就有小规模学校进行“合作”，合作方式分为正式合作与非正式合作。正式合作与非正式合作是英国农村小规模学校合并的两种主要形式。2000年，国家政策也开始鼓励小规模学校通过共用财务主管进行合作。

20世纪80年代后期，《1980年教育法》赋予了家长在公立学校系统内进行选择的权利，“家长择校”成为英国政府在基础教育领域的一项政策，该政策实施后20年间一直受到保守党政府的支持。因此，根据市场驱动力，不太受欢迎的学校将要被关闭，其教育资源将用于受欢迎学校的扩大再发展，进而影响英国在农村中小学中的布局调整。①

1997年，英国工党执政之后，政府将“教育优先发展”作为国家发展改革的重要理念。为促进教育的均衡发展，英国政府出台了“教育行动区”计划，虽然取得了一定成效，但是农村小型学校的质量状况仍然严峻，因而，英国政府推出创建“联合学校”的新举措，进一步推动农村中小学布局调整。②

2. 政策的历史演进与实施效果

英国进入布局调整的高涨阶段，政府就已经出现的中小学正式合作与非正式合作提出了“教育行动区”计划及“联合学校”的概念，有效地促进了英国中小学布局调整的进一步发展。

(1) 正式合作与非正式合作。

正式合作主要指以正式的文本协议或法律为基础而开展的合作方式，主要形式有：教职员工流动与共享；领导共享（两个或两个以上的学校由一个校长领导）；共同管理（学校之间形成联盟并设立管理委员会，由管理委员会对学校联盟进行管理）。非正式合作主要通过“集群”（Cluster）的方式开展，指相距3～10英里的3～8所学校的校长和教师自愿或受地方教育行政部门指令而形成的，在教学实施、课程开发或资源共享方面的合作。这种“集群式”合作允许学校保留各自原有的校长和管理机构，学校间不签订具备法律约束力的协议。③

(2) 1998年“教育行动区”计划。

“教育行动区”计划是英国政府为提高基础教育质量所采取的一项新举措。1997年，布莱尔领导的工党执政，提出教育目标应注重教育机会均等。同年，

---

①② 参见王晓辉：《比较教育政策》，南京，江苏教育出版社，2000。

③ 参见吴丽萍、陈时见：《英国农村小规模学校合作发展的有益经验》，载《外国中小学教育》，2012 (10)：5～9页、53页。

《学校中的卓越》教育白皮书发布，强调 2002 年实现教育机会均等。在这种情况下，1998 年，“教育行动区”计划正式出台。[①]

“教育行动区”多数位于英格兰最贫困的乡村地区。该计划规定：每个教育行动区所属学校总数不超过 20 个，通常包括 2～3 所中学以及为其输送生源的小学。在人事方面，教育行动区可不受现行全国性教师聘用条例的约束，可适当提高待遇；在教育资源方面，政府鼓励结盟学校资源共享；在经费方面，政府在日常预算之外，向每个教育行动区提供一定数额的追加拨款，同时规定每个教育行动区每年至少要向工商界筹集相同数目的配套资金。[②] 1998—2001 年，英国共有大的教育行动区 70 个，小的教育行动区 40 个。同时，教育行动区内第一关键阶段的孩子在阅读、书写、数学方面达到第三级别的人数，分别比建区前提高了 7、6、8 个百分点；第二关键阶段的孩子在英语、数学、科学方面达到第四级别的人数分别上升了 12、16、20 个百分点。[③]

（3）“联合学校”。

“联合学校”的政策构想最早见于 2001 年 9 月英国教育与技能部颁发的白皮书《学校迈向成功》。白皮书明确指出，鼓励学校与其他成功的学校、自愿团体、私人部门等建立新的伙伴关系，希望伙伴学校在设备共享、学生交流、教师专业发展等方面展开合作。2002 年颁布的《2002 年教育法案》对“联合学校”的概念做了明确的表述，并就如何管理两所及以上的学校成立“联合学校”做了相关的法律规定。2004 年 7 月，教育与技能部在《儿童与学习者 5 年战略规划》中再次强调，要发挥高水平学校在新“基础伙伴关系”中的主导性作用。[④] 就其成效而言，改善了学校管理、加强了资源共享、提升了学业成就。据 2009 年对 122 所“联合学校”的调查显示，“联合学校”学生在“普通中等教育证书考试”（GCSE）中获得 5 科及格（即 G 等）以上的比例达 93.6%，比非“联合学校”高出 2.3 %。[⑤]

威尔士政府在农村小规模学校面临一系列发展困境的现实下，遵循科学民主的原则，积极进行学校布局调整规划，提出了创新性的学校布局调整方式：联盟学校和区域学校。根据《为了所有孩子的教育利益：重组圭内斯初等小学》，圭内斯郡对初等小学重组规划提出了四种方式，分别是关闭学校、发展联盟学校、建立区域学校、维持原有学校。其中，联盟学校和区域学校与学校集群的区别在

①② 参见王晓辉：《比较教育政策》，南京，江苏教育出版社，2009。

③ 参见王凯：《教育行动区：英国提高教育质量的新动向》，载《比较教育研究》，2003（11）：74～78 页。

④ 参见孙宏愿：《英国中小学“联合学校”政策研究》，西南大学学位论文，2012。

⑤ 参见阚阅：《推进基础教育均衡发展的新尝试：英国“连锁学校”的政策与实践》，载《比较教育研究》，2010（5）：28～32 页。

于：集群是学校间进行的一种松散的联合，联盟是学校间正式的合作，有着定期、经常的合作活动，区域学校是合作不断深入的结果。三种方式之间是一个渐进的过程。各学校根据具体情况选择最适宜的方式进行调整重组。经实证考察，这些学校组织方式确实促进了社区发展，学生在学业成绩、行为动机上表现良好，也带动了其他公共设施的建设发展。然而，中小学的布局调整也带来了一些问题。对这些问题的研究主要体现在两个方面：一方面主要倾向于对关闭学校带来的负面影响的研究。有研究显示，入学率与上学距离成反比。在英国，一些规模太小的乡村小学合并后，越来越多的家长由于不愿意让他们的孩子每天早晨到数英里以外的学校就读，而选择了正规教育制度之外的家庭教育。另一方面主要倾向于对居民的心理及社会地位带来的负面影响的研究。关闭学校使当地难以整合成为社会单位，并会使当地居民产生强烈的心理感受：认为这象征着该地区生命周期的一个阶段或一段时期的结束。关闭学校的地方往往是一些不同种族临近居住和地位较低人群集中的地方，因此，关闭学校对社会地位低的人影响更大。①

三、日本人口结构变化下的中小学布局调整

从总体来看，日本基础教育布局调整的发展进程大致可以划分为四个阶段：一是 1950 年至 1970 年，基础教育布局调整的基础发展阶段；二是 1971 年至 1989 年，基础教育布局调整的快速发展阶段；三是 1990 年至 1999 年，基础教育布局调整的萧条阶段；四是从 2000 年至今，基础教育布局调整的合理发展阶段。②

（一）基础发展阶段（1950—1970 年）

日本于 1950—1970 年经历了布局调整的基础发展阶段。市町村合并的背景引发了日本中小学第一次布局调整。1956 年 11 月，日本在中央教育审议会中制定了《关于公立中小学统和措施》，为后来日本的布局调整提供了经验并打下了基础。

---

① 参见王建梁、帅晓静：《威尔士农村小规模学校布局调整的创新及启示》，载《外国中小学教育》，2012 (3)：37～42 页。

② 参见杨赫岩，张艳，孙科等，《城镇化进程中基础教育学校布局调整的国际比较》，载《高等农业教育》，2015 (1)：124～127 页。

1. 政策出台背景

近代以来，日本地方管理体制以地方自治为基本特色，实行地方自治制度，其地方自治体制分为普通地方公共团体和特别地方公共团体。[①] 普通地方公共团体是指都道府县及市町村，都道府是包含市町村在内，对市町村起补充、支援及发挥跨市町村界限的广域功能的广域自治体。值得注意的是，市町村与都道府县并非上下关系，它们属于对等的权利主体。特别地方公共团体是指特别区、地方公共团体的组合、财产区和地方开发事业团。[②]

日本于1941年发布的《国民学校令》第148号文规定：“市町村对学校的设立负主要责任。”1945年日本在《学校教育法》中也规定：“中小学校的设立与就学相关事宜由各所属市町村具体负责，国家与都道府县等省级政府无权干预。”[③] 在此基础上，日本进行了昭和大合并。为了使中学的设立及管理更有效率而对市町村进行合并。昭和大合并是在制定特别法之后进行的，并于1953年制定了《町村合并促进法》。此后三年间，各地集中进行了大规模的合并。而这三年间未能进行的合并则在1956年制定的《新市町村建设促进法》的指导下，于1956—1961年引发了第一次农村公立中小学校合并和布局调整。[④]

2. 政策的实施及效果

《町村合并促进法》《新市町村建设促进法》等法案的颁布与实施，进一步促进了市町村的合并。日本于1956—1961年进行了第一次布局调整，在政策的发布与实施过程中，有明显的效果，但也带来了一些问题。

1956年11月，日本在中央教育审议会中制定了“关于公立中小学统和措施”的学校合并的方针政策，此政策旨在提高日本教育经费的使用效率。日本文部省在公布此项政策的同时，也提出了撤并校的基本原则：其一，不应以保证学校教育规模为理由一味进行学校撤并，避免因撤并校与当地居民产生纠纷，给学生上学带来明显不便。同时要充分考虑小规模学校具有便于师生互动的有利因素，适当保留和扩充小规模学校。其二，要充分考虑到撤并校后上学距离与上学时间给学生的身心健康以及人身安全可能带来的影响，不要勉强并校。同时，在制定撤并校规划时，要充分考虑到学校与周边区域的关系，努力取得当地居民的

① 各类普通地方公共团体是指1都1道2府43县、695市1 872町533村。1都是指东京都，1道是指北海道，2府是指京都府和大阪府，其他的都为同级别的自治体。特别地方公共团体有23个特别区、2 623个地方公共团体组合、4个财产区、5个地方开发事业团。

② 参见龙志平：《日本地方自治与广域行政》，华中师范大学学位论文，2007。

③ 转引自熊淳、魏体丽：《日本义务教育学校布局调整的背景、特点及其启示》，载《教育与经济》，2012（2）：66～68页。

④ 参见江芯：《论日本的市町村合并》，湖南师范大学学位论文，2012。

理解和支持。对于合并后新学校规模太大的问题，要慎重考虑合并后学校运营管理方面的问题，以及对学生教育成果的影响。[①]

此外，1958 年颁布的《义务教育学校设施费国库负担法》规定，根据小学、初中设置基准，公立小学校舍、体育馆等新建、增建费用（包括收买、建筑等）的三分之一，公立中学校舍、体育馆等新建、增建费用的二分之一由国库负担。若义务教育学校遇到自然灾害，按《公立学校设置灾害重建费国库负担法》的规定：公立学校灾害重建费用的三分之二由国库负担。[②] 日本通过这些法规来均衡各地义务教育经费。

（二）快速发展阶段（1971—1989 年）

日本经过 1950—1970 年的布局调整，初步形成了中小学的布局结构，促进了教育质量的提高。到 20 世纪 70 年代，随着日本经济的高速发展，人口也不断涌入城市，进而引发了新一轮的布局调整。

1. 政策出台背景

20 世纪 70 年代为日本经济发展的高速时期。这一时期，社会经济高速发展，日本农村人口尤其是青壮年劳动力不断向城市迁移和集中，从而导致农村地区人口数量不断下降以及适龄儿童数量锐减。因此，在农村公立中小学中出现了大量的“过小规模”学校[③]，这些“过小规模”学校中普遍存在着复式班级[④]。由于“过小规模”学校和复式班级的出现，在师资、教学条件、学生学习空间及环境等方面，影响了学校教育水平的发展以及教学质量的提高，制约了日本农村地区义务教育的发展。[⑤] 再加上日本战后教育经费的增长，从 1970—1982 年，公共教育费年平均增长 15.8%，公共教育费在国民收入中所占的比率从 1970 年的 4.7%上升到 1982 年的 7.2%。[⑥] 在这样的背景下，引发了日本新一轮的撤并运动。

---

① 参见田辉：《日本调整中小学布局的政策措施》，载《中国民族教育》，2014（6）：62～64 页。

② 参见胡国勇：《日本义务教育均衡发展的法制保障——以东京都为例》，载《外国中小学教育》，2015（10）：5～12 页。

③ “过小规模”学校是指全校班级总数少于 6 个；有 7～11 个班级的学校视为“小规模”学校；有 12～18 个班级的（进行学校撤并后，最多至 24 个班级）学校视为“标准规模”学校；有 25～30 个班级的学校视为“大规模”学校；有 31 个班级以上的学校视为“过大规模”学校。

④ 复式班级是指一个班级里教师同时教授多个年级的学生。

⑤ 参见李文英、刘云：《日本农村中小学“撤点并校”及其启示》，载《外国中小学教育》，2013（11）：34～38 页。

⑥ 参见隋明刚，《中日义务教育比较研究》，延边人学学位论文，2010。

2. 政策的实施及效果

在日本高速经济发展的推动下，中小学布局调整也开展得轰轰烈烈。中小学的教学质量、师资水平有了进一步的提高，但也出现了新的问题。为应对新问题，日本采取相应的措施，努力提高中小学的教育水平。

1973 年 9 月，日本文部省下发《关于公立中小学撤并》的通知。在此通知中，首先，文部省要求各地方教育委员会在制订学校撤并计划时要着重考虑学校在社区的存在意义，充分取得当地居民的理解和配合；其次，要求各地方教育委员会重点考虑研究“就学距离及就学时间的增加对中小学生身心健康的影响、就学安全问题、学校教育活动问题”等因素，避免强制推行撤点并校[①]；最后，要求在对待小规模学校方面采取弹性化方针，在实施撤点并校计划时可保留必要的小规模学校，但要努力提高小规模学校的教育水平。

(三) 萧条阶段（1990—1999 年）

1990 年之后，日本开始进入高龄化少子社会。据统计，日本的人口由 1990 年的 937 万人减少到 2008 年的 713 万人。少子化社会导致日本农村地区适龄就学儿童人数大幅降低。日本的小学在学学生数量 1981 年为 1 192 万人，到 2012 年减少为 676 万人；中学在学学生数量 1986 年为 610 万人，到 2012 年减少为 355 万人。[②] 小学生数量减少了 24%，小学学校数量减少了近 9%，教育资源浪费严重。[③] 此外，20 世纪 90 年代的日本在泡沫经济崩溃后，经济经历了几次危机后陷入长期停滞，撤点并校运动也受到了影响。在这样的背景下，日本于 20 世纪 90 年代开始实施第三次大规模的农村地区中小学撤点并校。

(四) 合理期阶段（2000 年至今）

日本经过基础发展期、快速发展期及萧条期的发展，逐渐步入布局调整的合理期阶段。在人口减少的背景下，日本进行了第四次基础教育学校的布局调整。

---

①② 参见李文英、刘云：《日本农村中小学“撤点并校”及其启示》，载《外国中小学教育》，2013 (11)：34～38 页。

③ 参见杨赫岩、张艳、孙科等：《城镇化进程中基础教育学校布局调整的国际比较》，载《高等农业教育》，2015 (1)：124～127 页。

1. 政策出台背景

首先，进入21世纪后，日本基础教育的学龄人口数量与20世纪70年代的第二次生育高峰相比减少了近40%，但是学校的数量依然保持在原有基础近90%的水平，从而造成学生数量与学校数量不平衡的问题。其次，20世纪70年代日本颁布了一系列促进人口增长的政策和措施，学校也招聘了大量教师，但这些教师将在未来的10～15年内退休。再次，目前日本61.6%的公立中小学设施的建筑标准采用的是1981年之前的旧标准，抗震能力较弱，因此有对这些学校进行更新与改造的要求。① 最后，在经费方面，《义务教育费国库负担法》规定中央政府对义务教育经费的补助为二分之一，到2006年，中央政府对义务教育经费的负担比例已经降低到了三分之一。② 在这样的背景下，日本进行了第四次基础教育学校的布局调整。

2. 政策的实施及效果

2000年，日本政府成立"教育改革国民会议"之后，先后出台了《国立大学法人法》，修改了《义务教育国库负担法》《教育基本法》以及"教育三法"③等重要法规。④ 同时，在人口、经济的影响下，日本制定了《中小学布局调整与运营基本方针》，使布局调整不断走向合理化。

2008年，中央教育审议会初中等教育分科会议就公立中小学的合理布局调整进行了研讨，并出台了新的《中小学布局调整与运营基本方针》。在该《方针》中，国家将学校布局调整权限下放给地方省级政府，中央教育局制定了合理的方针政策，并就以往不合理的方面进行了修改与校正。《方针》对省级政府和都道府县在布局调整中的职责做了明确规定，"各地方省级政府因地制宜，合理调控学校规模和制定合理的就学距离标准"，"都道府县必须制定相应的学校合理布局基本方针，为市町村出台具体方针提供依据，从而促进市町村进行地方学校合理布局规划"。除此之外，《方针》还针对中小学布局调整中信息交流问题做了表述，"都道府县有责任和义务为市町村提供信息交流平台，以此来推动地区间的信息交流和相关案例探讨"。《方针》还明确规定了取消复式班级政策，"国家有改善小规模学校教学条

① 参见熊淳、魏体丽：《日本义务教育学校布局调整的背景、特点及其启示》，载《教育与经济》，2012（2）：66～68页。

② 参见王玉珊：《日本教育及其在经济发展中的作用研究》，东北财经大学学位论文，2012。

③ 教育三法即《学校教育法》《教员资格法》《地方教育行政法》。

④ 参见王玉珊：《日本教育及其在经济发展中的作用研究》，东北财经大学学位论文，2012。

件的责任，同时必须取消复式班级”。政策出台后，为解决取消复式班级而引起的师资短缺问题，国家采取改变以往义务教育学校教师编制标准统一由都道府县教育委员会制定的状况，实行弹性编制，并把权力下放。同时，对于在偏远地区任教的教师，国家不仅给予特殊津贴，而且负担一半以上的住房费用。[①]

在此阶段，日本制定了《中小学布局调整与运营基本方针》，通过中央层面的政策制定与实施，使布局调整过程不断走向合理化。

四、我国台湾地区城镇化的阶段性演进与中小学布局调整

台湾是“亚洲四小龙”之一。作为亚洲地区经济发展速度最快的经济体之一，台湾当局高度重视人力资本投资对于经济发展的推动作用。台湾的基础教育起步较早。1968年，台湾就开始实施9年制基础教育，到20世纪末基本完成。根据台湾当局有关教育的相关规定，基础教育阶段的中小学由各县、市主管教育行政机关依据人口、交通、行政区域及学校分布情况划分学区，实行分区设置，原则上每一乡镇设置一个中学学区。然而，进入21世纪以来，受到社会政治、经济以及人口政策的影响，台湾地区的人口出生率持续降低，中小学学龄人口不断减少。[②] 受生源减少的影响，台湾中小学的规模日益萎缩，“小型学校”（即在校学生数100人以下或班级数6个班以下）数量日益增加。2010—2011学年度，台湾地区共有706所小学学生数少于100人，占小学校数的26.53%，其中有196所小学少于50人，占7.44%；有908所小学班级数在6个班及以下，占34.12%。为了应对生源压力，改变“小型学校”在管理和教育发展方面的落后局面，“小型学校”转型、改制或者整并成为台湾当局提高教育效益的重要议题。台湾教育主管部门于2005年4月对学生数低于100人或班级数少于6个班的学校实施转型或整并。

① 参见熊淳、魏体丽：《日本义务教育学校布局调整的背景、特点及其启示》，载《教育与经济》，2012（2）：66～68页。

② 参见肖龙井：《台湾人口少子化背景下小型学校整并策略及启示》，载《宁波大学学报（教育科学版）》，2011（3）：78～82页。

(一) 基础发展阶段（1995—2004 年）

1. 政策出台背景

为了使偏远地区的学生能接受优质教育，台湾教育主管部门于 1995 年开始实行“教育优先区计划”，对于少数民族及山地、偏远地区的学校给予特殊补助或扶持。“教育优先区计划”本着实现教育机会均等与社会正义的理念，对一些地处偏远、环境特殊、交通不便、人口流失、班级数较少、教师流动率过高等文化不利地区的学校，采取积极性差别待遇的方式，制定补助指标及补助项目，使其获得解决特殊问题所需的资源，同时让不同层次、不同出身、不同背景的学生都拥有同等享用教育资源的机会，以维持教育生态系统的平衡。

2. 政策的历史演进与实施效果

台湾教育主管部门每年都会根据具体情况对补助指标进行适当调整，凡是被认定为教育优先的地区或学校，都给予适当的经费补助。这些学校类型通常包括：少数民族学生比例偏高的学校，低收入户、隔代教养、单（寄）亲家庭、亲子年龄差距过大、新移民子女的学生比例偏高的学校，中学学习弱势学生比例偏高的学校，中途辍学率偏高的学校，离岛或偏远交通不便的学校，教师流动率及代课教师比例偏高的学校。可见，少数民族及山地、偏远地区的学校是“教育优先区计划”补助的重点对象之一，其所获得的经费补助额度也往往比较大。“教育优先区计划”对于这些地区小型学校应对少子化及人口外流挑战、维持学校可持续发展起到了重要作用。

关注弱势地区学生的受教育权利，维持学校可持续发展成为台湾地区进行学校整并始终贯彻的原则。台湾教育主管部门出台的《中小学整并处理之原则》也提出，基于确保少数民族及山地、偏远地区学生就学权益，除考量地理交通运输条件、部落社区文化传承及经济发展等因素外，对于学校整并更应审慎研议，不宜轻言废并校。台湾有关部门研拟的“偏远地区学校振兴条例”，进一步明确了偏远地区学校的设置、变更及裁并标准，以保障学童受教育的机会与权利，同时采取特别措施及提供必要资源，使偏远地区学校的功能得以振兴，进而统合当地社会、文化及行政功能，使之成为社区居民生活中心。可见，这一时期的政策逻辑为之后的政策沿革奠定了基础。

（二）快速发展阶段（2005—2007 年）

1. 政策出台背景

从学校资源运用的整体性与不可分割性、学校人力的分工与专业化、学校课程的多样性、学校师生及其他成员间交互影响等方面看，“小型学校”有其特殊的优势，但也有其无法克服的劣势。如“小型学校”经费、编制不足，无法提供完善的软硬件教学设施，也较难提供多样的课程及教学活动资源，学生间缺乏有效的同伴刺激和互动学习机会等，影响了学校的教育教学成效。在少子化背景下，“小型学校”的生源压力越来越大，虽然各学校强化危机意识，采取多种措施以吸引学生，但在少子化的大环境下仍未能有效提高学生入学人数。面对教育优质化发展需求，“小型学校”经营与整体教育发展形成了落差，同时造成教育资源的浪费，“小型学校”转型、改制或者整并成为台湾当局提高教育效益的重要议题。

2. 政策的历史演进与实施效果

台湾教育主管部门于 2005 年 4 月召开“中小学校最适规模与转型策略——小型学校整并之可能性政策”研商会决议，学生数低于 100 人或班级数少于 6 个班的学校为规模不经济的学校，对此类学校应考虑转型或整并。地方政府基于财政压力以及学校最适规模效益，纷纷推动“小型学校”裁校、并校、废校工作。

在少子化背景下，学生数的多寡影响着一个学校的经营与存续。小型学校整并后如何有效提升教育质量，以吸引学生回流，避免被再度整并，成为学校发展的重要课题。台湾教育主管部门为应对少子化的冲击以及社会各界对教育优质发展的更高期许，于 2007 年推动“精致基础教育发展方案”，提出“提升教学品质、促进学生有效学习，活化教育人力、激励教师教育热忱，善用教育资源、营造优质学习环境，保障学生受教权益、扶助弱势弭平落差”等四大政策主轴，实施调降中小学班生数、增加教师员额编制、精进课堂教学能力、构建教学辅导网络、试办教师教学专业发展评鉴、扶助学习弱势学生补救教学等 21 项行动计划，对小型学校整并后的教育教学构建有力的支持体系。为延展学校的教育功能，为小型学校创造教育附加值并赋予其新的生命力，“精致基础教育发展方案”特别提出小型学校特色发展和永续校园计划，鼓励地方政府依据各校特殊条件，运用学校专业人员，结合当地社区特色、自然资源与人文环境规划系列具有当地特色的课程与教材，并鼓励城乡交流，以不同的课程与教学形态，提高本土游学的机会，同时结合校园地域、文化、历史与生态特色，配合课程规划，进行校园环境改造，营造符合永续发展的绿色、生态、环保、健康、节能的校园环境。

(三) 合理期阶段 (2008 年至今)

1. 政策出台背景

近年来，随着经济社会的发展和社会价值观念的改变，育龄妇女有偶率降低、未婚及晚婚日趋普遍，加上育儿资源与支持性环境不足、养育子女成本太高等原因，导致台湾人口生育率急剧下降。在少子化趋势下，台湾中小学校生源不断减少，学校规模日益缩小。

根据世界卫生组织的定义，少子化即总生育率（一个妇女一生中生育孩子人数）低于 2.08 人这一人口替代水准的社会现象。台湾地区从 20 世纪 60 年代初开始施行家庭计划以来，生育率大幅下滑，育龄妇女总生育率从 20 世纪 60 年代初的 6 下降到 2007 年的 1.115，台湾地区已跟随日本、韩国成为“超低生育率”的地区之一，进入少子化社会。

随着出生率持续降低，台湾中小学学龄人口数不断减少。根据 2010 年台湾教育主管部门发布的“中小学历年暨 2011—2026 学年度学生数推估”，到 2026 年台湾地区中小学生数将比 1996 年减少二分之一以上。随着生源不断减少，台湾中小学校规模日益缩小。按照台湾教育主管部门的统计口径，在校学生数 100 人以下或班级数 6 个班及以下规模的学校为“小型学校”。“小型学校”主要分布在台湾中南部山区、东部及离岛地区，如台东县中小学和“小型学校”比例分别为 18.18％和 58.7％，花莲县为 21.74％和 57.94％，澎湖县高达 57.14％和 63.41％，金门和马祖地区则更高。

2. 政策的历史演进与实施效果

台湾教育主管部门要求，小型中小学的整并必须以学生需求为主，在尊重地方相关利益方意见的基础上，通过建立科学、严谨的学校发展评估指标体系，有步骤、有计划地推行，原则上不轻易整并或关闭学校。2008 年 11 月，台湾教育主管部门颁布《中小学整并处理之原则》，提出小型学校整并必须评估学校资源、就学方便性及班级人数，兼顾学生团体学习文化生活、社区发展及经费效益等因素，同时出台“小型学校发展评估指标”体系供各县市在处理学校整并时参考。

小型学校发展评估指标分为一般性指标和特殊性指标，见表 5—1。

表 5—1　　我国台湾地区小型学校发展评估指标

<table>
<tr><th colspan="2" rowspan="2">区分</th><th colspan="5">分数</th></tr>
<tr><th>5</th><th>4</th><th>3</th><th>2</th><th>1</th></tr>
<tr><td rowspan="11">一般性指标（权重得另作调整）</td><td>1. 学生数</td><td>81 人以上</td><td>61～80 人</td><td>41～60 人</td><td>21～40 人</td><td>20 人以下</td></tr>
<tr><td>2. 学生数趋势</td><td>递增</td><td>缓增中</td><td>稳定</td><td>递减中</td><td>递减</td></tr>
<tr><td>3. 社区结构</td><td>社区人口成长中</td><td></td><td>社区人口稳定</td><td></td><td>社区人口外移</td></tr>
<tr><td>4. 距公立学校距离</td><td>3 千米以上</td><td>2.1～3 千米</td><td>1.6～2 千米</td><td>1～1.5 千米</td><td>1 千米以内</td></tr>
<tr><td>5. 与邻近学校间有无公共交通工具</td><td>无</td><td></td><td></td><td></td><td>有</td></tr>
<tr><td>6. 校龄</td><td>81 年以上</td><td>61～80 年</td><td>41～60 年</td><td>21～40 年</td><td>20 年以下</td></tr>
<tr><td>7. 整合后的学校是否需再增建教室及充实设备</td><td>需大量增建教室及充实设备</td><td>需增建少数教室</td><td></td><td>仅需充实部分教学设备</td><td>完全不需增建教室或充实设备</td></tr>
<tr><td>8. 小型学校大部分教室屋龄</td><td>5 年以内</td><td>6～10 年</td><td>11～15 年</td><td>16～20 年</td><td>20 年以上</td></tr>
<tr><td>9. 原校区用途</td><td>十分不明确</td><td>不明确</td><td></td><td>明确</td><td>十分明确</td></tr>
<tr><td>10. 社区对学校的依赖度</td><td>高</td><td></td><td>中</td><td></td><td>低</td></tr>
<tr><td>11. 其他</td><td></td><td></td><td></td><td></td><td></td></tr>
<tr><td rowspan="4">特殊性指标</td><td colspan="6">1. 该乡镇只有一所小学（100%）</td></tr>
<tr><td colspan="6">2. 原住民地区学校（100%）</td></tr>
<tr><td colspan="6">3. 到邻近学校交通有重大安全顾虑（如经过土石流危险区域）（100%）</td></tr>
<tr><td colspan="6">4. 其他</td></tr>
</table>

资料来源：http：//www.edu.tw。

一般性指标是指学校的一般性条件，评分越低，表示学校越应考虑进行整合；特殊性指标是指不宜整并的因素，包括该乡镇只有一所学校、少数民族地区学校、到邻近学校交通有重大安全隐患及其他。只要学校符合其中任何一项指标，即表示该学校不宜进行整合。在实际操作中，各县市可依据当地特性及需求对一般性指标的权重进行调整，力求避免整并过程的随意性和“一刀切”。台湾教育当局一方面通过“小型学校发展评估指标”体系为小型学校整并作业提供基本依据，另一方面将整并的决策权交给县市政府来裁量，要求县市政府负起责任，积极应对和化解整并压力，避免整并过程的随意性和“一刀切”。

台湾地区各县市坚持因地制宜，采取“逐渐并校”策略，不以激烈手段一次性整并所有小型学校，避免在新学校设备、资源不足的状态下导致学生就学环境恶化。主要采取六种整并方式：一是本校改为分校，将原来的小型学校并入邻近学区的学校，改为邻近学校的分校；二是由本校改为分班，将原来的小型学校并入邻近学区的学校，改为邻近学校的分班；三是由分校改为分班，将原来的分校改为邻近学校的分班；四是由本校裁并，将原来的小型学校并入邻近学区的学校，裁撤原有的小型学校；五是由分校裁并，将原来的分校并入邻近学区的学校，裁撤原有的分校；六是由分班裁并，将原来的分班并入邻近学区的学校，裁撤原有的分班。在具体做法上，分三个阶段以渐进方式进行处理：第一阶段先由本校改为分校区，也就是将原来的小型学校并入邻近学区的学校，改为邻近学校的分校区，但本校教师与分校区教师可相互支持，部分课程以校车接送方式让分校区学生到本校上课；第二阶段由分校区改为分班，也就是将原来的分校区改为本校的分班，教师统一调配，部分课程以校车接送方式让分班学生到本校上课；第三阶段分班裁并，将原来的分班并入本校，实现小型学校整并的目标。通过这种渐进式的路径，一方面可以让教师、学生、家长和社区在实践中增进理解与达成共识，减少合并阻力；另一方面增强了政策的回旋余地，有效因应当地人口变动给学校发展带来的新变数。

在学校整并前，县市政府首先要成立由相关局处代表、专家学者、教师代表、家长代表、校长代表等组成的“整并作业评估小组”，参考“小型学校发展评估指标”，制订本县域内小型学校整并发展计划或要点；其次，要拟定小型学校整并的具体流程，针对个案进行利弊分析，与学校、教师及家长进行沟通，与相关师生、家长和社区达成共识；最后，公立中小学的整并还应经各县市政府教育审议委员会审议通过后方能办理。小型学校整并以后，县市政府要采取相应的配套措施，解决整并后衍生的问题：一是做好教职员工安置，确保其工作权益；二是提供便捷运输措施，安排好学生交通接送或住宿等相关事宜；三是拟定所空出校园及校舍再利用计划，以活化其功能，如继续保留文化价值传承功能，或转型发展为非文教机构，或交由乡镇公所维护管理，或与民间旅游业者合作，规划百年校园怀旧之旅行程景点等；四是充实整并后隶属学校软硬件设施，提高整并后学校的教育效能；五是做好整并学校课程与教材衔接，拟定受并学生生活及课业辅导与适应计划，促进学生适应新的环境；六是做好被整并学校的文化传承，建立学校整并后社区文化失落的补偿措施，维系社区的精神象征；七是定期检视闲置校园设施再利用情况，并检讨整并成效，作为将来改进的依据。

第六章
从权力本位走向权利本位：国家治理范式、城镇化与县域中小学布局调整

县域中小学布局调整作为中国城乡义务教育治理的重要内容与政策工具，承载着教育资源优化配置、促进教育公平的功能。然而，大量研究表明，一些地区的县域中小学布局调整并没有产生预期的政策效果，反而衍生出家庭负担增加、辍学率回升、校车事故、寄宿制儿童心理障碍等一系列的"意外后果"。考察县域中小学布局调整政策的演进轨迹，探究政策实施"意外后果"产生的机制，成为学界关注的重要议题。例如，熊春文指出，"如果从中国社会经济发展的整体格局上看，离土中国与土地财政是我们这个时代的一体两面：因为正是农村、农民以及包括农村教育在内的所有农村事业的离土趋向，为城市化及其圈地提供了前提条件；反过来，城市化与土地财政的强劲动力又进一步加快了农民、农业和农村的离土趋向"。"农民的离土趋向与国家和地方政府的土地财政均为'文字上移'的趋势提供了强劲的动力支持。"他进而提出，乡村教育变迁的实践逻辑是"土地财政的经济诱惑与老百姓对优质教育需求的民意幻象"驱赶着"文字上移"这台高速列车继续前行。[①] 饶静与孟祥丹从国家与社会互动的视角考察了农村中小学布局调整出现偏差的原因，提出县级政府行为偏差的原因在于"被城市化绑架"和缺乏自上而下的参与。显然，该结论的提出对县域内部的教育离乡现象具

---

① 参见熊春文：《再论"文字上移"：对农村学校布局调整的近期观察》，载《中国农业大学学报（社会科学版）》，2012（4）：35～36页。

有深刻的解释力。[①] 叶敬忠教授指出，农村中小学布局调整的加速推进，是“发展主义”模式的必然结果。[②] 这些研究都深刻地认识到“发展主义”的国家治理范式对县域中小学布局调整的影响，关注到“文字上移”背后潜藏的支配之手。然而，这些研究并没有对县域中小学布局调整与国家治理范式、城镇化之间的关系进行深度分析，更没有对此过程中儿童受教育权的法律保护给予关注。

基于此，本研究提出：县域中小学布局调整政策是国家治理范式演进与中国城镇化阶段性变革的反映。新中国成立以来，国家治理范式的价值内核所经历的从意识形态到经济理性再到公共精神的历史嬗变，使得中国城镇化总体上呈现出城乡二元分割的“未发轫”状态、“行政主导”的快速城镇化与“权利本位”的新型城镇化三个阶段。从深层次而言，县域中小学布局调整政策的制定、实施过程及运行机制，是国家治理范式与城镇化演进在县域义务教育治理中的表现乃至“映射”。当然，我们需要认识到这三个阶段的划分仅仅具有“理想类型”的意义，三个阶段交织存在于中国现代化的“多重时空”之中。由于中国幅员辽阔，各地区县域经济社会的城镇化水平差异较大，使得同一时间节点、不同地区县域中小学布局调整可能存在不同的“类型”对应。此外，“行政主导”的城镇化并非始终保持同样的“速度”，受国家宏观政策环境及作为行动者的地方政府的双重影响，“速度”处于“缓慢”与“急促”的不断变化之中。与此相应，县域中小学布局调整也呈现出类似的“节奏”。值得注意的是，在我国“行政主导”城镇化推进较快的阶段（2000—2010年），县域中小学布局调整也正处在“高潮推进期”，这在一定程度上验证了本研究对县域中小学布局调整与中国城镇化内在关联的假设。

一、未“发轫”的城镇化与简约治理：全能主义时代县域中小学布局调整的政治意图与宏大叙事

新中国成立以来，中国城乡社会之间处于长期“隔离”的状态。计划主导的国家工业化，使得乡村社会服务于城市的发展而丧失了主体性，城镇化也处于城乡二元分割的“未发轫”状态。

---

① 参见饶静、孟祥丹：《“国家和社会”框架下的农村中小学布局调整——以江苏省A县L镇为例》，载《中国农业大学学报（社会科学版）》，2012（4）：53～60页。

② 参见叶敬忠，《农村中小学布局调整的社会宏观背景分析》，载《中国农业大学学报（社会科学版）》，2012（4）：5～20页。

在国家主义的导向下，农村教育发展成为国家政治意志贯彻落实的战略内容。新中国成立初期，我国学习苏联模式，实行高度集中的计划经济体制，推行全能主义的一元化的政治努力。在一元化的政治空间下，“政治”淹没了一切，包括乡村学校在内的乡村组织基本是国家“嵌入”的，农民直接处于国家政权的严密控制之中。与全能主义的政治管控格局相应的是“总体性社会”的确立。1949年至改革开放，国家通过一系列制度安排，获得了对社会中绝大部分资源的控制与配置权，构筑了“总体性社会”。这种社会格局直接影响了农村经济社会的发展，乡村社会在很长一个时期内被“锁入”一种“低效率”“封闭”的状态之中，城乡之间各类资源要素的流动在很长一个时期被一系列制度安排所屏蔽。具体而言，自1953年至20世纪80年代中期，户籍制度成为阻碍城乡之间人口流动的重要壁垒。1953年，为减少城市的人口压力和就业压力，保障城市经济发展，国家开始制止农民盲目流入城市。从农村中盲目流入城市的人被简称为“盲流”。1958年，全国人大常委会通了《中华人民共和国户口登记条例》，包括常住、暂住、迁出、迁入等7项人口登记，以法律形式严格限制农民进入城市，并限制城市间人口流动。受户籍制度的严格限制，城乡分割的二元经济模式得以确立。总体而言，“改革开放以前，我们一直采取严格控制城镇化发展的政策，甚至一度采取‘反城镇化’措施（即疏散城市人口）。”

“穷国办大教育”“人民教育人民办”构成了全能主义时代中国县域中小学布局调整的宏大叙事。乡村教育在“全能主义”政治格局与“总体性社会”的历史阶段成为“理想主义”意识形态的逻辑后果。“村村办小学”作为国家领袖人物的“理想”被“变通”执行，“集权的简约治理”与“正式制度的非正式运作”就是这一时期乡村教育发展得以实现“覆盖”的重要策略选择。在这一时期，国家全能主义的权力渗透彻底改变了国家与乡村之间的关系，“覆盖”“重构”成为这一时期国家与乡村关系的主题。新中国成立初期，“土地改革、合作化运动基本上彻底转换了农村的社会结构，传统的中间阶层消失，村干部（生产队干部）则基本代表了国家和政府的意志。原来三层的社会结构被简单的两层结构所替代，共产主义的‘总体性’体制笼罩了整个中国农村”①。“从解放战争以来逐渐磅礴于全中国的土地改革运动，彻底地将中国农村社会翻了过来，不仅颠覆了传统的农村权力结构，而且颠覆了农村的传统，古老的乡土文化从形式到内容都发生了根本的变化，不仅意识形态观念被颠覆，乡村礼仪被唾弃，连处世规则也发

① 周飞舟：《从汲取型政权到“悬浮型”政权——税费改革对国家与农民关系之影响》，载《社会学研究》，2006（3）：4页。

生了空前性的更替。"① 在这种历史背景下，农村社会的自主性丧失殆尽，宗族、士绅等传统社会的各种势力在新中国成立后"打碎阶级结构"的革命运动中受到了严重冲击，乡土社会的"共同体"土崩瓦解。农村社会成为国家的附庸，中国农村从此进入了权力无限扩张的时代。

在城市中心主义的国家意志下，城乡二元分割与从中央—省府—中心城市—县城—乡镇—村的教育资源非均匀流动，使得乡村教育始终处于体制的末梢。乡村教育受"双轨政治"的冲击，无法获得体制内的资源补充。新中国成立后直至改革开放之初，政治主导的国家主义逻辑宰制着乡村教育的发展。"国家所拟定的教育方针是面向全体工农大众、为工农大众服务的。这种思想主要体现在共同纲领所表述的新中国成立后的教育方针中。"② 在政治主导的国家主义逻辑驱动下，以毛泽东为代表的发挥人的主观能动性的教育发展思路和农村教育要与国家综合实力相协调的办学思路交叉占主导地位，这使得新中国成立后前三十年的三次教育发展高潮③的前后都伴有农村教育的收缩状况。"新生的人民政权确立的一元化行政管理体制、面向大众的教育情结、由国家经济发展落后造成的发展中小学教育能力的不足，以及国家重工业为主的发展思路，形成了国家对发展基础教育'强大的供给决心与事实上的力不从心'的基本冲突。用'革命的办法发动群众办教育'，就成为了化解这一矛盾的合理的政策选择。"④ 因此，这一时期的农村教育发展主要通过行政强制与隐性分摊成本的筹资方式，农村义务教育的供给主要由人民公社及其下属的生产大队和生产小队负责。从经费来源看，在城乡分治和统收统支的财政体制背景下，位于乡镇街道的中心学校的经费由基层乡镇政府负担，而以生产大队为空间范围的"民办学校"的经费则由社队集体负责提供，农民及农村社区是农村义务教育成本的实际承担者。

正如黄宗智（2008）所言："1949 年以后，尽管国家控制程度提高，许多 1949 年以前的传统还是保存了下来。特别是在"文化大革命"时期（1966—1976 年），'民办公助'办学模式——'民办'指由大队（村）和公社（乡）办理，'公助'

---

① 张鸣：《乡村社会权力和文化结构的变迁（1903—1953）》，234 页，西安，陕西人民出版社，2013。

② 刘惠林：《中国农村教育财政体制》，130 页，北京，社会科学文献出版社，2012。

③ 三次教育发展高潮包括新中国成立初期的"扫盲运动"、1958 年至 1966 年的兴办中小学甚至建立农民大学的"壮观场景"与 1966 年至 1976 年的"大队办小学、公社办戴帽初中"的办学格局。"戴帽初中"是指在初中附设高中班。在相当一部分地区，甚至形成了"生产队办小学、生产大队办初中、公社办高中"的办学模式。

④ 邵泽斌，张乐天：《从意识形态到公共精神——对新中国 60 年义务教育治理方式的政策考察》，载《社会科学》，2008（12）：67 页。

指由政府在资金、师资等方面提供不同程度的帮助——成为典型，推动了农村义务教育空前程度上的普及。在国家制定的指导方针下，乡村大多管理和维护着自己的学校。很多学校雇用自己的教师，其工资起码一部分由集体工分来支付。农村的民办学校和城市的精英学校在质量上虽然有明显的差距，但是这个民办体系成功地为绝大多数农村人口提供了免费的小学教育。”[①] 教育部领导也对群众办学以及“用革命办法办教育”的合理性进行了论证。时任教育部部长的张奚若认为，“如果再增加教育经费，那就势必要削减工业建设的投资，……有些人口头上拥护国家社会主义工业化，但一到自己的孩子不能升学，却埋怨政府不多办学校，这显然是不对的。”[②] “用革命办法办教育”的意识形态，使得“两条腿走路”的乡村教育发展模式获得了合法性，“两种教育制度”得以贯彻实施。

显然，从新中国成立至20世纪80年代，县域中小学布局调整的目的，是通过“文字下乡”实现国家政权的“下沉”。县域义务教育治理因受国家意识形态的宰制而充满了“政治意涵”与革命气息。中国乡村教育作为“治理术”，建构起“国家在场”的象征符号体系。治理术（Governmentality）是福柯治理研究的重要概念，它特指治理过程中运用的“一系列多种形式的手法（Tactics）”。福柯尤其重视知识的治理功能，他认为“知识不同于制度，它作为治理术，不仅为治理一方提供了更具合法性意涵的意识形态工具，也为被治理一方赋予了具有主体性色彩的话语空间与表述空间，从而在治理体制内部形成微妙的权力控制与反抗关系”[③]。伴随着行政嵌入式的“文字下乡”运动，“村落中的国家”成为20世纪中国乡村学校的代名词。乡村教育作为文化观念传播的前哨，在此时期更是扮演着特殊的角色。“村村办小学”也似乎具有了特定的政治意涵与革命气息，彰显了特殊历史时期国家“革命合法性”资源充沛状况下，社会动员的广泛性与有效性。中国县域城镇化的“未发轫”状态和以“意识形态”为价值内核的国家治理范式，在特定的资源约束背景下，通过简约治理的“治理术”实现了“村村办小学”的宏大叙事与政治理想。

① 黄宗智：《集权的简约治理——中国以准官员和纠纷解决为主的半正式基层行政》，载《开放时代》，2008（2）：23页。

② 《在第一届全国人民代表大会第二次会议上教育部长张奚若的发言》，载《人民教育》，1955（9）：13页。

③ 转引自渠敬东：《占有、经营与治理：乡镇企业的三重分析概念（下）重返经典社会科学研究的一项尝试》，载《社会》，2013（2）：7页。

二、行政主导的“城镇化”与技术治理：发展主义时代“撤点并校”运动的经济理性与权利缺位

“理论家和政治家充分利用了发展问题化和技术化的策略，任何发展计划与发展项目都是建立在对问题的科学论证的基础上的，而且经济学家主导了这一游戏过程。支配这一游戏的是 GDP 增长和快速的经济逻辑以及‘数字出政绩，政绩出干部’的政治逻辑。”① “发展主义是一种现代性话语和意识形态，在其支配下，发展的实现途径是工业化、城市化和现代化，发展的衡量指标是经济增长。”② 改革开放 30 余年来，中国通过发展主义的国家治理范式取得了举世瞩目的“发展成就”。发展主义导向不仅深刻地支配着地方政府的行动逻辑，建构了以经营土地乃至经营项目为表征的县域政府治理机制，更形塑了公众的经济理性与货币伦理。与此同时，中国社会也经历了从“总体性社会”“市场社会”到“行政社会”的转变。“与市场社会过于倚重市场逻辑一样，行政社会过于倚重行政逻辑，特别是在一些本应由市场逻辑或社会逻辑主导的领域恰恰由行政逻辑来左右，造成了行政过度干预社会。”③

发展主义支配下的行政逻辑，促使农村教育治理呈现出一系列治理悖论。一方面，农村教育的资源投入不断增加，农村学校的建设标准不断提高；另一方面，辍学率回升、农民教育负担增加以及校车事故频发等现实问题又折射出农村教育的治理性危机。简言之，发展主义重构了中央与地方、国家与农民、城市与乡村乃至乡村社会中不同社会阶层之间的关系格局。发展主义的国家治理范式，使得中国城镇化呈现出典型的“行政主导”特征，表现为政府主导下的“推进模式”。所谓政府主导，就是从中央到地方的各级党政机关的相应部门对于城镇/城市的设置/规划、建设选址、土地使用的审批、土地功能的改变、规划许可证、工程许可证、基础设施的建设、改造拆迁等事务有着严格的审批和直接决定的权力。20 世纪 90 年代以来的中国城镇化高速发展期突出体现了这一特征：开发区的大规模建设、新城的设置、大规模城市改造等都由政府直接运作，包括投资和资金的运作。中国城镇化的“推进模式充分体现了中国的制度创新和制度灵活

---

① 叶敬忠：《发展的西方话语说》，载《中国农业大学学报（社会科学版）》，2011（2）：13 页。

② 叶敬忠：《农村中小学布局调整的社会宏观背景分析》，载《中国农业大学学报（社会科学版）》，2012（4）：18 页。

③ 王春光：《城市化中的“撤并村庄”与行政社会的实践逻辑》，载《社会学研究》，2013（3）：15～28 页。

性，但同时也应该看到，城镇化发展应当尊重基本经济规律、因地制宜，必须更加有效地发挥市场的作用，在更大程度上让多种社会力量参与其中，在土地利用方面应科学规划合理布局、提高土地利用效率，在推进方式上应创新社会力量参与机制，促进政府与民众良性互动”①。

嵌入中国城镇化脉络的县域中小学布局调整，在政府主导的“推进模式”下展示出“撤点并校”的运动型治理表征。“制度”与“生活”的疏离式互动，使得权利一直处于“缺位”状态。据此，考察改革开放尤其是20世纪90年代以来县域中小学布局调整中国家与社会、制度与生活之间复杂的互动过程及其内在机制具有重要价值。

(一) 被绑架的“撤点并校”：发展主义主导下县域政府统合治理模式的代价

县域政府作为理性的行动者，在政治晋升与财税激励的双重约束下，产生了代理型地方发展主义②抑或发展型地方政府③的模式。研究者从土地财政、谋地型地方政府、项目治国等方面，考察城市化背景下地方政府的行动逻辑与运行模式。近年来，伴随着项目制作为一种新的国家治理方式嵌入地方治理情境，县域政府逐渐形成了“政治—行政—公司”三位一体的统合治理模式。“借助‘项目平台’，通过行政审批权获得对土地等核心资源的垄断权力，通过政治动员发挥主导力量，通过公司制承担经济发展主体的角色，县域政府的权力、意志、绩效三者空前地互为推动，产生出新的活力。”④

发展主义主导下的县域政府统合治理模式，重视经济建设等“硬指标”，而忽视教育等软指标的建设。在多重任务委托代理的府际关系下，地方政府往往采取“硬指标驱逐软指标”的行动策略。“遭遇发展”的文字，成为地方政府统合治理模式下项目运作的重要工具。“中国的经济社会发展进入了一个越来越依赖土地的阶段。事实上，学校布局调整可能带来的土地收益（包括直接收益与间接收益）无疑是地方政府热衷于这项工程的重要原因之一。因为每一次教育资源的向上集中往往都打包在土地开发的总体项目中，成为带动城市土地市场活跃的重

① 李强、陈宇琳、刘精明：《中国城镇化“推进模式”研究》，载《中国社会科学》，2012 (7)：82～100页。

② 参见彭勃：《社会冲突困局与地方发展主义》，载《经济社会体制比较》，2009 (2)：132～138页。

③ 参见郁建兴、高翔：《地方发展型政府的行为逻辑及制度基础》，载《中国社会科学》，2012 (5)：95～112页。

④ 折晓叶：《县域政府治理模式的新变化》，载《中国社会科学》，2014 (1)：121页。

要引子，其实施同样包含着土地征用、转让以及建筑业、房地产业甚至金融业的介入，其中蕴含着巨大的利益诱惑。这就是我们无论在经济欠发达的华北地区还是在经济发达的东部地区的地方当局那里得到相同答案的原因，即土地成为地方教育事业进一步发展的关键所在。"[①] 进而言之，"县级政府希望通过教育移民来巩固和推进城市化建设的规模和进度、通过调整农村中小学布局结构来加快城市教育园区的建设并进一步推动房地产和服务业等相关配套产业经济链的开发、通过撤并各式农村学校以让学校原有土地复耕并进一步刺激附近农民进行土地流转的政策来圈占土地以使政府获得高额的土地出让金等，诸多此类因素共同致使地方政府推进农村中小学布局结构调整过热。"[②]

在"政治—行政—公司"三位一体的统合治理模式下，"地方政府通过发展型公共政策取得可观经济增长成绩，同时发展型公共政策又脱嵌于地方治理体系和过程。这种正负效应叠加的现状深刻影响地方治理体系变迁过程。"[③] 在地方教育治理的语境中，发展型公共政策的脱嵌状况及其引发的负面效应显得尤为明显。农村教育在通过"教育资源优化配置"的科学论证后，作为"问题"被发现，地方政府开始"以发展的名义"改造农村教育，农村教育被快速卷入市场化、产业化的进程中。毋庸置疑，这种农村教育"问题化"的过程，反映了发展主义的典型运作机制，"文字"开始"遭遇发展"。20世纪"文字下乡"造就的"村村办小学"景象，在短暂的十年内被"村不办小学，乡不办初中"的农村学校布局调整原则打破，村落自此开始失去教育。

与20世纪初"文字下乡"中乡民的"毁学"运动遥相辉映，"文字上移"运动也遭到了村民的抵制。中国农业大学人文与发展学院对苏北A县农村中小学布局调整的调查，反映了县政府、乡镇政府、教育行政机关、村干部、乡村学校以及村民的复杂互动关系。在苏北A县L镇的"撤点并校"政策执行过程中，村民围绕"砍学校"的政府行为表现出生动复杂的抵制策略。"2002年学校调整之初，村民们的反抗表现最激烈，利益表达形式为'闹事'：部分学生家长、村民会联合起来'围攻学校'、阻挠撤并，甚至开着手扶拖拉机到乡政府、中心小学、教育局'上访'。2004年，在与上级互动无法达成目的、无法扭转形势的情况下，村民们已经初步接受'调整'，其利益表达为：'只能给县政府联名写信'。

① 熊春文：《再论"文字上移"：对农村学校布局调整的近期观察》，载《中国农业大学学报（社会科学版）》，2012（4）：35页。

② 李涛：《中国城乡底层教育公正的政策研究：基于社会分层的视角》，载《中国行政管理》，2013（3）：33页。

③ 彭勃、杨志军、冯执一：《发展型公共政策与地方治理：制度—机制—行动的三维视角》，载《上海交通大学学报（社会科学版）》，2014（6）：35页。

2007年的调整则没有遇到任何阻力，村民们只能选择默默忍受，某些老百姓就会采用谩骂、抱怨、说闲话等‘武器’疏散心中的愤懑，但已经微弱不堪。‘闹事—写信—忍受’的渐弱型反抗路线展现了农民面对国家权威的弱势地位。”① 村民反抗路线的渐弱，实际上反映了乡土社会的生活世界正在从“乡土中国”格局下的“充沛”走向“离土中国”背景下的“凋敝”态势。从苏北A县“撤点并校”的案例中，也可以发现体制与民情之间的微妙周旋。“民情中的许多习俗、文化或制度，可拿来作为对抗体制入侵的‘弱者的武器’。”② 面对农民的抵抗，基层政府往往会采取许多“变通”策略，以完成既定的“撤点并校”任务。

（二）离土中国的大潮：城乡关系巨变格局下的县域中小学布局调整

改革开放以来，户籍制度的改革使得城乡关系开始发生巨变，农民不再被束缚在土地上。“随着城乡分割制度的松动，农村最年轻、最有活力的劳动力被允许流入城市，这种城乡流动从20世纪90年代进入高峰并持续至今。中国农民工就业规模持续扩大，农民工总量达2.63亿人，其中外出农民工1.63亿人。”农民工在城市的边缘地位，衍生了“拆分型的劳动力再生产模式”，形成了当前我国农村典型的留守儿童、留守妇女、留守老人现象。“打工经济”催生了离土中国，村庄的生活世界不可避免地走向凋敝。伴随着“离土中国”的大潮，城乡关系巨变格局下的“文字”也在日益衰败并显现出鲜明的城市化取向。复制城市模式，成为乡村教育发展的重要目标。农村教育日益悬浮于乡土社会之上，成为与村落空间疏离的“文化孤岛”和“村落中的城市”。“对于农村学生和农村家庭而言，教育城镇化都是一个双重剥夺的过程：它使农民要么被迫为子女求学而付出巨大的财力、人力，要么在竞争优质教育资源的过程中被边缘化；它使农村学生被迫过早地离开熟悉的村庄生活世界，而留守儿童更是在父母外出、亲子分离的境地下面临与家庭的再次割裂。”③

农村教育的城市化取向，使得“农村学校寄宿制工程”以及“升学主义”文化备受推崇。在四川省青神县，“面对不断激化的城乡间教育均衡矛盾，大浪淘

① 饶静、孟祥丹：《“国家和社会”框架下的农村中小学布局调整——以江苏省A县L镇为例》，载《中国农业大学学报（社会科学版）》，2012（4）：57页。

② 渠敬东：《占有、经营与治理：乡镇企业的三重分析概念（下）重返经典社会科学研究的一项尝试》，载《社会》，2013（2）：9页。

③ 潘璐、叶敬忠：《“大发展的孩子们”：农村留守儿童的教育与成长困境》，载《北京大学教育评论》，2014（3）：8页。

沙中仅存的农村中学不得不以更加严苛的校园规训、极化的学生分层甚至是鼓励差生向职业学校提前分流、将分流任务指标化等方式来强化学生管理、确保自身的存续。”正如熊春文所言：“寄宿制学校与其说是一种提高有效学习时间的制度设计，毋宁说是一种保证学生安全的全景敞视主义规训场所。它通过时间、空间、动作、语言等方面细致入微的安排，把学生置于一个‘与众不同的、自我封闭的场所’‘贯彻纪律的保护区’，正在试图成为‘即使不是最普遍的也是最完美的教育制度’。”[①] 面对寄宿制学校建构的“权力规训机制”，学生与学校之间展开了一场触及身体与灵魂的拉锯战。“安全第一”与追逐“升学率”构成了城市化背景下乡村学校的两种价值取向，它也暗示了在“离土中国”的大潮中，“文字”的意义正在发生分化。城乡之间、阶层之间对知识功用的理解与判断的逐渐分化，一方面是社会结构剧烈变革和日益固化的产物与呈现，另一方面又通过特定的“教育筛选”机制，悄悄地完成了“阶层的再生产”。

村落空间经济理性的兴起，产生了“新读书无用论”与“文凭主义”这两种截然不同的社会思潮。不同经济发展水平与文教传统的农村地区以及不同社会阶层，对教育的理解、诉求正在发生分化。单位制的解体、流动人口政策的变迁以及就业方式的多元化，正在促使村落空间“新读书无用论”日益盛行，“知识改变命运”的想象在“大学生就业难”的现实面前遭受冲击。国家宏观经济社会体制结构的变迁，正在改变村民的生活际遇，也影响着其对“文字”效用的判断。同样的，“新读书无用论”的兴起也暗合了乡村社会日益理性化乃至货币化的变迁态势，流动社会与离土中国背景下原子化的乡村社会正在走向文化的荒漠。具体而言，“新读书无用论”的产生并非农民的被动选择，而是农民在“算计理性”驱动下的理性选择。农民对教育投资收益率（高等教育投入大、就业难）期望不断降低的状态，使他们产生了“知识难以改变命运”的思想认识。正因为如此，农村社会的贫弱阶层往往更多重视孩子在学校生活中的“安全”，高等教育费用持续增加以及大学生就业难等残酷的现实因素，使他们较早放弃了让孩子通过“读书改变命运”的希冀。教育促进底层升迁性社会流动的功能正在弱化[②]，“教育放弃”成为一些农村家庭的真实写照。当然，我们“需要认识到‘读书无用论’现象不仅仅是农民的理性计算，更是农民对现阶段‘城市导向’的农村教育发展思路和结果的‘回应’和‘反抗’”[③]。从深层次而言，它是城乡差距等外

① 熊春文：《再论“文字上移”：对农村学校布局调整的近期观察》，载《中国农业大学学报（社会科学版）》，2012（4）：34页。

② 参见余秀兰：《教育还能促进底层的升迁性社会流动吗》，载《高等教育研究》，2014（7）：9～15页。

③ 饶静、叶敬忠、郭静静：《失去乡村的中国教育和失去教育的中国乡村》，载《中国农业大学学报（社会科学版）》，2015（2）：19页。

部因素对农村教育影响的结果。在此过程中，农村教育的“制度”与村民“生活”之间关系的割裂和疏离，使得农村学校学生的“辍学率”提高。城乡关系巨变下乡村学校的城市化取向，使乡村的少年们过早地产生了“学做工”和“子承父业”的观念认知。与父辈相比，“大发展的孩子们”往往对乡土社会缺乏依恋，对城市生活则有着更为强烈的憧憬。简言之，农村教育的城镇化，正在终结乡土中国的乡愁与社会基础；日益理性的“文字”，正在加速“离土中国”的进程。

（三）后税费改革时代的来临：国家与农民关系变迁下的农村教育治理权

从农村公共物品供给体制改革的角度而言，新中国成立以来，国家与农民的关系总体上经历了从“汲取”走向“疏离”的变迁轨迹。农村税费改革以前，征缴体制下的农民与基层政权和村集体的关系较为紧密，其参与公共事务的积极性和话语权也较强。然而，后税费改革时代的来临，使得国家与农民的关系日益疏离，基层政府逐渐成为“悬浮型政权”。从“人民教育人民办”到“人民教育政府办”，农村义务教育正在成为“悬浮型有益品”，村民缺乏教育治理的参与权。“2008 年东北师范大学农村教育研究所对全国 6 省 77 个乡镇下辖的村级被撤并学校调查发现，有 45.4%的县级教育决策部门在村小撤并过程中没有进行认真调研，更没有召开村民大会让利益受影响主体参与讨论，领导只是走走过场，开一个会就直接宣布学校被撤并了。”① 毫无疑问，随着国家与农民关系的变化，基层政府的教育决策往往可能更加忽视民情。“农村义务教育进入公共财政保障阶段之后，农民不再缴纳农业税，不再进行教育集资，村委会也不再安排义工维修校舍，乡镇政府也不再设置教育行政部门，农村学童不再缴纳学杂费，而且还能领到一定的生活补助。在这种格局下，乡村社会成了‘反哺’和‘恩赐’的对象，从而失去了当年‘人民教育人民办’意义上的主体控制与话语权力。即使撤点并校可能带来间接成本增加，安全隐患增多，县级政府也可以不受约束而自行裁决，因为乡村社会已经失去了‘抵制’的合法性基础。”②

随着国家财政能力的增强，国家大型社会工程的实施不再需要依靠资源稀缺时代的“简约治理”模式予以推进。然而，这并不代表制度不再需要与生活形成

---

① 邬志辉：《农村学校撤并决策的程序公正问题探讨》，载《湖南师范大学教育科学学报》，2010（6）：5 页。

② 陈静漪、宗晓华：《中国农村义务教育供给机制变革及其效应分析——基于“悬浮型”有益品的视角》，载《江海学刊》，2012（4）：231 页。

良性互动。历史的经验表明，制度体系与生活的割裂往往会产生“致命的自负”和大量“意外后果”。正如人类学家斯科特在《国家的视角》一书中所揭示的那样，“由于难以适应地方上的状况，国家所推动的社会改造工程常常难以达到目的。”显然，日常生活世界对制度的漠视，很可能缔造乡村教育的浪漫主义想象与“文化景观”。而拒斥日常生活世界的制度，则可能衍生“国家视角”所特有的“致命自负”，进而诱发一系列“意外后果”。十余年的县域中小学布局调整，在促进教育资源优化配置的同时，也因为大量“校车事故”的产生、农村学校“辍学率”回升、“城挤乡空”、寄宿制学生心理健康与“社会化”缺失等严峻现实问题而备受质疑。发展主义主导下“行政主导”的城镇化，忽视公民自下而上的参与和民间社会的“共同治理”，以牺牲公民的基本权利为代价。而在县域中小学布局调整中，程序正义的缺位使得儿童的受教育权遭到践踏，儿童就近入学的受教育权在巨大的经济利益与政绩驱动下显得苍白无力。

三、新型城镇化与国家治理现代化：后“发展主义”时代县域中小学布局调整的权利本位与法治规约

2012 年，国务院发布了《国务院办公厅关于规范农村义务教育学校布局调整的意见》（以下简称《意见》）。《意见》指出，“随着我国进城务工人员随迁子女逐年增加、农村人口出生率持续降低，农村学龄人口不断下降，各地对农村义务教育学校进行了布局调整和撤并，改善了办学条件，优化了教师队伍配置，提高了办学效益和办学质量。但同时，农村义务教育学校大幅减少，导致部分学生上学路途变远、交通安全隐患增加、学生家庭经济负担加重，并带来农村寄宿制学校不足、一些城镇学校班额过大等问题。有的地方在学校撤并过程中规划方案不完善，操作程序不规范，保障措施不到位，影响了农村教育的健康发展。”《意见》要求，办好村小学和教学点，严格规范学校撤并程序和行为，解决学校撤并带来的突出问题。

国家治理范式的演进，本质上是超越了传统的权力为本的“统治”范式，旨在建构“权利为本”的治理范式。与此相应，中国新型城镇化将更重视公民权利的保障，城镇化的规划制定与实施也都将受到法治的规约，彰显法治精神与思维，恪守法治的基本秩序。县域中小学布局调整作为中国城镇化过程中政府促进教育资源优化配置的手段，涉及多元利益相关者的利益博弈。不受法治规约的“权力本位”的县域中小学布局调整，势必会使底层家庭与儿童的利益被剥夺。因此，如何真正实现中小学布局调整从“权力本位”向“权利本位”的转变，需

要接受法治的严格拷问。从法学的角度而言，“学校布局调整改变了儿童接受义务教育的地点，也就是改变了行政给付行为实施的方式，会导致一系列法律关系的产生、变更和消灭，属于行政给付行为的变更。”“县级政府根据上级政府的决定、实施意见制定本县学校布局调整实施方案的行为是发生法律效力的具体行政行为，是对农村儿童受教育权产生最直接影响的行为。该行为在形式上是针对中小学校做出的，实质上自作出之日起就改变了特定儿童接受义务教育的地点和条件，对已存在的行政给付行为进行了变更，由此引发了一系列教育法律关系的变化。”[①] 需要认识到，政府的义务教育学校布局调整的行为，“具有权力和义务的复合性质。立法者不仅赋予政府制定和调整学校设置规划的权力，而且明确要求政府必须‘根据本行政区域内居住的适龄儿童、少年的数量和分布状况等因素，按照国家有关规定’来设置并调整本行政区内义务教育学校的整体布局。”简言之，县域中小学布局调整的政府行为，“应当立足受教育者的诉求，保障受教育者的权利，寻求政府权力与受教育者利益的平衡点”[②]。

随着国家治理体系与治理能力的现代化以及法治中国的推进，县域中小学布局调整作为影响儿童受教育权的重大政策，应该纳入法治的轨道。该行政行为实际上“改变了以儿童受教育权为核心，包括国家教育权、学校教育权和家长教育权在内的权利（力）义务体系。学校布局调整应遵循儿童最大利益原则、法律保留原则、比例原则和正当程序原则”[③] 等行政法治的基本原则，促使县域中小学布局调整真正通过法律之门。需要认识到，随着我国新型城镇化建设、户籍制度改革以及全面“放开二孩”政策的实施，学生流动性与规模可能会持续增加。在此情境下，县域中小学布局调整势必再次成为社会各界关注的焦点。

2015 年 11 月 25 日，国务院发布的《关于进一步完善城乡义务教育经费保障机制的通知》明确指出，“各地要结合人口流动的规律、趋势和城市发展规划，及时调整完善教育布局，将民办学校纳入本地区教育布局规划，科学合理布局义务教育学校。加快探索建立乡村小规模学校办学机制和管理办法，建设并办好寄宿制学校，慎重稳妥撤并乡村学校，努力消除城镇学校‘大班额’，保障当地适龄儿童就近入学。加强义务教育民办学校管理。深化教师人事制度改革，健全城乡教师和校长交流机制，健全义务教育治理体系，加强留守儿童教育关爱。”显然，该《通知》充分认识到县域中小学布局调整与人口流动、户籍制度改革、

① 管华、陈鹏：《中小学布局调整如何通过法律之门》，载《教育研究》，2015（1）：52～58 页。

② 胡劲松、吴晓梅：《论义务教育学校布局调整——保障受教育者“就近入学”的视角》，载《清华大学教育研究》，2013（1）：98～102 页。

③ 管华、陈鹏：《中小学布局调整如何通过法律之门》，载《教育研究》，2015（1）：52～58 页。

生育政策调整、财政体制改革、城乡关系变化等重大议题的内在关联，意识到健全义务教育治理体系对于保障儿童受教育权的重要性。值得期待的是，随着国家治理体系与能力的现代化以及新型城镇化战略的部署实施，县域中小学布局调整必将受到法治的规约。彰显公共精神，平等保障儿童的受教育权，让所有的孩子在同一片蓝天下健康成长，已然成为后“发展主义”时代义务教育治理的价值旨归。

附录1：布局调整的高潮推进时期部分地方政府发布的中小学布局调整政策文本

关于调整中小学布局结构优化教育资源配置的意见的通知

辽宁省人民政府办公厅　辽政办发〔1999〕71号

各市人民政府，省政府各部门：

为深入贯彻国家和省教育工作会议通知，优化中小学教育资源配置，进一步提高办学效益和质量，经省政府同意，现将省教委、省计委、省财政厅《关于调整中小学布局结构优化教育资源配置的意见》转发给你们，请结合本地实际认真贯彻执行。

关于调整中小学布局结构优化教育资源配置的意见

我省已于90年代前期对农村中小学布局进行了一次调整，效果较好，但是布局分散、学校规模小的问题还没有从根本上解决。随着人口出生率的下降和农村人口向城镇流动，农村生源萎缩，微型学校、微型班级不断增多，教师资源得不到合理配置，管理粗放、办学水准低，难以实施有效监督和集中投资建设高标准、规范化学校的问题越来越突出。

我省城镇中小学的规模效益虽然较好，但是资源配置和生源负载不均衡。由于大规模的城区改造未给学校的建设和扩展预留空间，造成新城区学校学额猛增，形成大班额甚至超大班额；旧城区学校规模萎缩，形成小班额。同时，由于历史上形成的“重点学校”“薄弱学校”在资源配置、教育质量、自我发展能力等方面的差异以及群众的择校心理，也造成城区学校大班额、小班额并存，资源配置、生源负载不均衡，在某种程度上延缓了基础教育区域均衡化发展的进程。

“六三”或“五四”学制将义务教育阶段的教育资源分割为初中、小学两部分，这种资源结构与九年义务教育的一贯性原则不相称。尤为迫切的是未来几年全省将面临初中入学高峰的压力。一方面，小学生源减少，教育资源相对宽松；另一方面，初中生源短期骤增，教育资源不足。从长远看，义务教育九年一贯制是发展方向；从近期看，破除初中、小学资源分割的结构性制约，按九年一贯制配置教育资源，是缓解初中入学高峰压力的措施之一。

改革和发展中小学教育，必须对中小学的布局和结构进行调整，实施规模、结构、质量、效益协调化的发展战略。

一、调整的原则

中小学布局结构调整的目的，是通过重组、拓展等途径优化教育资源配置，推动资源配置由粗放型向集约型转变，扩大办学规模，提高办学水平、办学效益和教育质量。因此，中小学布局结构调整要遵循以下原则：

（1）长远考虑，统筹规划。要根据人口增长和流动规律，根据社会、经济、公共事业发展以及人民生活水平提高的预期前景，科学规划学校布点，增强其在一定时期内适应生源波动的宽容度，保持定点的相对稳定。

（2）因地制宜，稳妥实施。要根据地域、地理、交通、人口密度、人民生活水平、教育普及程度等自然条件和人文背景，采取不同的调整标准和模式，确保学生受教育机会均等，确保义务教育的入学率、巩固率、普及率。

（3）注重规模优势，提高办学效益。学校规模、班级规模的确定要适应当地经济发展水平并遵循学校管理、教育活动的客观规律。调整中要着重解决城镇大班额和农村微型学校、小班额问题，最大限度地提高管理效益、经济效益、质量效益。

（4）抓住调整机遇，推进中小学标准化、规范化建设。在调整中要运用价值规律和借鉴市场运作机制，采取资源优化重组、资产有偿转让、资产置换等方式以及政府加大投资力度，分批分期建设标准化学校，改造薄弱学校，使学校上水平、上档次。要低成本推动教育资产扩张，严防资源流失。

二、实施调整的指导方案

1. 农村中小学的调整

农村要利用乡（镇）、村行政区划调整的时机对中小学布局进行调整。以试办九年一贯制学校为契机，带动撤点、合班、并校，使中小学布点相对集中，以达到资源配置集约化。

（1）一般规模的乡镇原则上办好一所初中，规模 18 班型、在校生 800 人以上。提倡乡（镇）初中与中心小学合并，试办九年一贯制学校。

（2）突破村办小学体制局限，根据人口、地理、交通条件划分学区，按学区布点设校。原则上以年招生生源不低于 30 人的范围规划学区，以有自身优势的学校作为定点校，规模达到 6 班型、在校生 180 人以上。中心小学应兼并周边邻近的村小学，达到 12 班型、在校生 480 人以上，形成规模优势。

（3）提倡乡（镇）、村购置“校车”或租用通勤车接送学生，扩大学区范围，使学校达到效益规模。各级政府应予鼓励，帮助解决先期投入的困难。

（4）建立初级小学、完全小学办学结构。村设初小，数村合设高小，实行高小并班。

（5）年招生生源不足 20 人的初小实行隔年招生，乡统筹规划隔招年份，防止高年段生源波动。

（6）农村少数民族中小学的调整原则上由县级政府统筹，根据本民族学额数量和分布，实行集中或联合办学。提倡办寄宿制的九年一贯制义务教育学校。

2. 城镇中小学的调整

城镇要根据城区改造和扩展规划，通过合并、改制、置换等途径带动中小学布局调整和薄弱学校改造。

（1）积极推进邻近初中、小学合并，组建九年一贯制学校。根据学区生源前景预测和学校基础条件，集中投资扩建、改造中小学，使之分批分期达到标准化、规范化。

（2）以旧城区改造为契机，将学校建设纳入城区改造规划，在住宅小区新建、迁建九年一贯制学校。

（3）强弱联合，将同学段的薄弱学校并入强校，以强带弱，形成强校膨胀。

（4）易地新建处于市区黄金地段、扩建困难的学校，特别是高中。利用资产转让收益、地租差价、重组资产，低成本建设高标准学校。各级政府应在土地规划使用、税费征收等方面采取倾斜政策，给以支持。

（5）城区中小学调整要以改造薄弱学校为重点，优化其资源配置，提高办学水平，实现区域性均衡发展；合理划分学区，使各校生源负载均衡，消除大、小班额并存的局面。

（6）城镇用“双语”教学的少数民族高中的调整，提倡地区间联合办学。

三、加强领导，统筹规划，确保调整顺利实施

（1）加大领导力度。中小学布局调整涉及教育、财政、计划、土地、城建、公安等部门多方面的工作，各级政府必须加大领导力度，协调各有关职能部门，统一认识，统一步调，把调整中小学布局作为实施“科教兴省”战略的大事来抓。要像普及九年义务教育那样实行市、县、乡分级负责制，把调整任务落实到各级领导。

(2) 坚持县、乡政府统筹，一次性规划；本着先急后缓、先易后难、分类指导的原则分步实施。

(3) 做好工作，确保调整顺利实施。要克服阻力，切实做好干部、群众的思想工作，使他们认识到调整的必要性和重要性，积极化解消极因素。

(4) 建立激励机制，促进调整工作的实施。要把调整任务分解到县（市、区）、乡（镇）、村，建立目标责任制，纳入政府主管领导任期目标和政绩考核内容。义务教育、扶贫项目、希望工程、危房改造等各种专项教育资金要向调整后的定点学校投入，运用经济手段推动调整工作的实施。

辽宁省人民政府办公厅
1999 年 12 月 27 日

福建省人民政府批转省教育厅关于进一步完善中小学布局的实施意见的通知

福建省人民政府办公厅　闽政〔2010〕28 号

各市、县（区）人民政府，平潭综合实验区管委会，省人民政府各部门、各直属机构：

省教育厅制定的《关于进一步完善中小学布局的实施意见》已经省政府同意，现批转给你们，请认真贯彻执行。

关于进一步完善中小学布局的实施意见

合理规划中小学布局是优化配置教育资源、提高教育质量、促进教育公平的重要前提和基础。2008 年，全省各县（市、区）开展了义务教育学校布局规划编制工作，有力促进学校布局调整优化。随着经济社会的快速发展，特别是城镇化进程和人口流动的加快，现有中小学布局已不适应人民群众不断增长的教育需求。为改变这一状况，根据省委、省政府《关于抓紧落实事关群众利益十项实事的工作方案》（闽委〔2010〕35 号）的部署，制订本实施意见。

一、总体要求

深入贯彻落实科学发展观，坚持“先行先试、加快转变、民生优先、党建科学”，全面落实教育优先发展战略，因地制宜，统筹规划，软件硬件并举，近期远期兼顾，有效完善中小学布局，使之更加顺应经济社会发展的新形势，适应城镇化和人口流动的新趋势，促进中小学教育均衡发展，更好地满足人民群众的教育需求。

二、基本原则

（一）方便入学，合理布局。小学1～3年级原则上就近入学。加强对保留的农村小学和教学点的管理，保证基本办学条件和教学质量。切实办好乡镇中心校，充分发挥中心校的辐射和带动作用。人口转移较大的地方积极推动中学向县城集中。做好人口密集的地方教育资源扩容工作，在新建城市小区以及非户籍人口居住集中地区，坚持学校布局与城市建设同步，避免“大班额”和因教育资源短缺而造成辍学的现象。

（二）统筹师资，县域调配。根据学校布点和县域内教师队伍情况，统筹调配师资，配齐配足学校教师，推动县域内中小学师资合理配置。对保留的农村小学和教学点，加强师资配置，通过城镇或中心校教师“走教”以及充分利用现代远程教育等途径，共享优质教育资源。

（三）着眼质量，注重效益。以群众需求为依归，在完善布局中提高学校教育质量和效益。改造薄弱校，改善农村寄宿制学校的办学条件和生活条件，加大对寄宿学生生活的补助力度，努力为学生提供良好的学习、生活环境。

（四）规范程序，科学论证。根据学生数量、寄宿条件、保障水平等情况，对布局调整进行科学论证，提出每所学校的布局调整方案。对规划撤并的学校，应征求当地群众意见，并召开村民大会，充分听取村民意见，避免因布局调整不合理引发新的矛盾。全县的中小学布局调整方案应由县级人民政府审批，并进行社会公示。

三、近期目标

至2012年，中小学布局调整取得重大进展，工程建设有序推进，农村师资调整基本到位，基本保障进城务工人员子女以公办学校为主就近入学，有效缓解城市“大班额”问题，农村留守儿童关爱体系进一步完善。在此基础上，再用3年左右时间，形成比较合理的中小学布局，并建立动态管理机制，不断适应工业化、城镇化及人口流动的发展需要。

四、主要任务

（一）结合实施校安工程，调整中小学布局。各地要根据中小学布局调整要求，进一步完善校安工程建设方案，实现提高防灾能力与合理布局相结合，提高校安工程的实效。2009—2011 年完成重建地震重点监视防御区、七度以上地震高烈度区无设防校舍和其他地区 C 级及以上危房 779.84 万平方米（详见附件 1），2012—2013 年完成 6 度及以上的校舍重建和所有校舍加固工作。通过实施校安工程，对地震重点监视防御区、七度以上地震高烈度区、洪涝灾害易发地区、山体滑坡和泥石流等地质灾害易发地区的各级各类城乡中小学存在安全隐患的校舍进行抗震加固、迁移避险，提高综合防灾能力；其他地区按抗震加固、综合防灾的要求，集中重建整体出现险情的 D 级危房、改造加固局部出现险情的 C 级校舍，消除安全隐患。

（二）推进中小学寄宿制学校建设工程。随着中小学布局调整，寄宿制学校建设任务加重，要确保完成 2008—2010 年寄宿制学校建设任务，全省新建或改造学生宿舍、食堂等生活设施 103.8 万平方米（详见附件 1）。从 2011 年起省级寄宿制改造资金补助纳入校安工程建设统筹考虑。有条件的地方要进一步加快寄宿制学校建设步伐，重点加强人口转移密集区域、城乡结合部寄宿制学校和乡镇中心校寄宿生宿舍建设，扩大床位规模，进一步改善寄宿生学习、生活条件。全省至 2012 年要基本消除校外租房现象。

进一步完善“免费营养早餐工程”的组织实施，逐步提高家庭经济困难寄宿生生活补助标准，确保学生健康成长。加强寄宿制学校管理，2011 年秋季开学前寄宿制学校足额配备生管人员，并指定专人负责学校食堂、宿舍卫生。开展卫生、保卫、消防等安全管理专项整治行动，切实保障学生身心健康。

（三）大力实施城区中小学扩容工程。各地要将城区中小学扩容摆在议事日程，科学测算新增进城务工人员随迁子女就学和消除“大班额”所需学位，合理布局，加大组织推动力度。2011 年，省级对新增的 4.5 万个学位进行补助（详见附件 1），缓解新增进城务工人员随迁子女就学和消除超大班额所需学位问题；2012 年，根据工作进展情况，省级再补助新增学位 4.5 万个。各市、县（区）要结合校安工程，推进城区和乡镇中心学校扩容建设。

（四）积极合理配置师资。认真贯彻《福建省人民政府关于进一步加强中小学教师队伍建设的意见》（闽政文〔2010〕344 号）精神，全面落实县（市、区）域内公办学校教职工人事关系收归县管。根据布局调整需要，打破校界，统筹安排县域内教师资源，实现师资队伍优化配置。全面摸清布局调整后出现的富余教师状况，并有针对性地组织富余教师经过转岗培训后，分流担任紧缺学科教师、幼儿园教师和学校生管人员。转岗人员的教师身份和待遇保持不变。各设区市于 2011 年 1 月底前，分县（市、区）将富余教师有关情况上报省教育厅。

（五）确保学生交通安全。县级人民政府负责协调教育、交通、公安、运管等部门，研究解决寄宿制学校学生周末乘车难问题，科学制定保证学生交通安全和满足实际需要的周末客车班次、运行路线等具体方案，于2011年2月底前逐级上报至省教育厅。县级人民政府及其有关职能部门出台相关优惠政策，鼓励和支持乡镇政府、村委会、社会人士等购买车辆，专门用于周末运送回家返校学生。有条件的学校配置校车，车况必须符合公安、交管等部门规定，并制定校车使用管理制度，指定专人管理。

（六）逐步实现班生额达标。全省中小学班生额原则上按照国家和省定标准执行，做到每班学生小学不超过45人、初中不超过50人。生源压力过大的地方，加大城区中小学扩容工作力度，确保到2012年基本解决新增进城务工人员随迁子女就学和消除56人以上的“大班额”，到2015年全省中小学班生额达到国家标准。

（七）妥善处置闲置校舍。闲置校舍优先保证教育使用，改建为幼儿园、成人学校、老年学校等，力争教育资源不流失。对农村地区不能拍卖、置换，产权属于乡镇政府、村委会的校产，可移交改建为村部、农家书屋、医疗室、文化活动场所等。对闲置校产进行公开拍卖或置换，所得资金（校产）应专项用于学校建设及其他教育事业发展。

（八）完善农村远程教育工程应用服务体系。2012年前，形成覆盖全省的农村远程教育工程应用服务体系，实现远程教育工程“面向学生、走进课堂、用于教学”，促进教育资源城乡共享。建成省级教育骨干网，基本辐射到农村中小学。加快学校信息化基础设施建设，所有中小学校基本达到标准化配置。

五、保障措施

（一）加强组织领导。完善中小学布局事关群众利益，任务重、要求高。各级各有关部门要站在全局高度，统一思想，提高认识，进一步强化统筹协调，加大组织推动力度，切实把完善中小学布局的各项工作抓紧抓实抓好。主要领导亲自抓，分管领导具体负责，及时研究解决工作中出现的问题和困难。各地要加强调研，增强前瞻性、科学性，进一步修订完善中小学布局规划。

（二）增强资金保障。中小学校舍安全工程，省级财政按照《福建省中小学校舍安全工程总体规划》所确定的省、市县承担比例，安排补助资金。寄宿制学校建设工程，2008—2010年所需资金按原定方案执行，2011年后所需资金纳入校安工程统筹安排。城区中小学扩容工程，2011—2012年省财政每年安排专项资金予以补助，2011年省财政安排2.5亿元、新增学位4.5万个以上（每学位补助5 500元），专项补助资金由省财政厅会同教育厅安排下达（详见附件2）。各地要根据各项建设任务，合理测算年度资金需求，优化财政支出结构，优先安排工程建设所需资金，将本地区应承担的资金列入年度财政预算，确保资金及时足额到位，义务教育阶段学校一律不得举债建设。积极将社会捐助、希望工程、定向援建等引导到完善中小学布局之中。加强工程资金管理，实行专户管理、专账核算、集中支付、封闭运行，切实提高资金的使用效益。

（三）明确工作责任。县（市、区）人民政府是完善中小学布局的责任主体，各设区市人民政府要予以统筹督促、审核把关，于今年12月底前将所属县（市、区）新修订的中小学布局规划汇总报送省教育厅、发展改革委、财政厅。中小学校舍安全工程和寄宿制学校建设，按原有的工作机制推进。城区中小学扩容工程由各设区市人民政府负总责，层层分解任务，统筹协调推进。省市县各有关部门要加强联动，形成合力，确保各项工程建设按时保质保量完成。

（四）加强项目建设管理。各地要加强工程建设管理，按照校安工程“八个统一”的要求，建立健全县级统筹机制，实行项目建设统一管理、统一建设标准、统一办理工程前期工作、统一招标、统一调度学校周转安置房、统一调度资金、统一监督、统一验收。按照急事急办、特事特办原则，开辟“绿色通道”，简化审批手续，积极推行项目联审联批联办，交叉受理、限时办结、提速提效。

（五）强化督促检查。将完善中小学布局纳入民生工程考核内容，及时跟踪、定期通报。通过教育督导、行政监察、效能问责、专项审计等渠道，采取分片包干督查、专项督查、定期检查和不定期抽查相结合的方式，对工作开展情况进行全面监督检查，形成督查长效机制。

附件：略。

福建省人民政府办公厅
2010年11月22日

关于2005—2007年农村中小学校布局调整工作规划及实施意见

晋城市人民政府办公厅　晋市政办〔2005〕61号

各县（市、区）人民政府，市直及驻市各有关单位：

2002年以来，我市农村中小学布局有了较大幅度的调整，全市撤并小学772所，撤并初中31所，小学高段并点170余所，农村中小学校总数减少了24.9%。各县（市、区）为此付出了艰辛的努力，做了大量的工作，取得了令人满意的成绩。为深入贯彻落实国家、省、市关于农村教育工作会议精神，进一步整合农村教育资源，促进农村教育健康快速发展，现提出我市 2005—2007 年农村中小学校布局调整的工作规划及实施意见。

一、指导思想

以“三个面向”“三个代表”的重要思想为指针，以党和国家有关教育工作的法律、法规、政策为依据，以全面优化农村教育资源，提升农村义务教育水平为主要目标，以建设标准化寄宿制小学为重点，坚持“因地制宜，实事求是，统筹规划，分步推进”的工作原则和“小学低段就近入学、小学高段和初中相对集中”的工作思路，进一步解放思想，加大调整力度，为我市农村教育的快速发展创造条件。

二、工作要求和目标

（一）总体目标。用三年时间，通过撤、改、联、并等办法，使全市农村中小学校总数减少 30%左右。农村小学校数由现在的 2 229 所减少到 1 554 所，小学校均学生数由现在的 86 人提高到 120 人以上；农村初中学校由现在的 147 所减少到 127 所，校均学生数由现在的 608 人提高到 700 人以上。

（二）农村小学布局调整工作要求。在方便学生就近入学的前提下，对一些规模较小、条件较差、效益较低的小学和教学点进行合并。除偏远、交通十分不便的山区仍要保留必要的低年级教学点外，其余的小学教学点进行调整，10 生以下的学校予以撤销，10 生以上的学校酌情而定。平川县全部取消三、四级复式，二级复式控制在 10%以内；山区县取消四级复式，三级复式控制在 10%以内，二级复式控制在 20%以内。按照“小学一、二年级就近入学，三至六年级相对集中”的工作原则，每个乡镇重点建设好 2～4 所标准化寄宿制小学，适当扩大中心小学规模，并发挥其骨干辐射作用。

（三）农村初中布局调整工作要求。按照新的乡镇行政区划，平川地区 1.5 万至 2 万人口的乡镇设一所初中学校，2 万人以上的乡镇可设 2 所初中。偏远山区 1 万至 1.5 万人口的乡镇可设一所初中学校，人口不足 1 万人的乡，由县（市、区）教育行政部门统一安排，可以办成九年一贯制学校，也可以打破乡镇行政区划，安排到其他乡镇初中学校就读。适当扩大初中学校办学规模，除九年一贯制以外，其他初中学校一般应在 4 轨及以上。对规划保留的初中学校，要进一步加大投入，改善办学条件，以满足学生学习、食宿、活动、实践的需要。

三、工作措施

（一）提高认识，增强使命感。调整农村中小学校布局，是小康社会建设对教育提出的新要求，是农村城镇化、产业化发展的需要，是整合农村教育资源、促进农村教育发展的必然选择。各县（市、区）人民政府一定要从长远发展的大局考虑，本着对事业、对人民高度负责的精神，高度重视布局调整工作，并结合本地实际，制定切实可行的有效措施，积极稳妥地做好这项工作。

（二）加强领导，明确责任。农村中小学校布局调整工作由县级人民政府牵头，教育、财政、计划等部门共同组织规划指导，乡镇人民政府具体负责落实。各县（市、区）人民政府要把调整中小学校布局作为“科教兴县、兴乡、兴村”的一项具体内容列入政府议事日程，列入乡镇干部年度考核之中，切实加强领导，认真组织规划实施；要明确责任，建立责任制，统筹协调教育、财政、计划、人事、建设、土地、环保等部门，共同做好农村中小学校布局调整工作。

（三）多方筹措教育经费。各县（市、区）人民政府要对布局调整工作所需经费进行统筹安排。从今年起，市财政设立农村中小学校布局调整专项经费，并与标准化寄宿制学校建设结合起来进行分配。各县（市、区）政府也要设立布局调整专项资金，并列入财政预算。要积极采取措施，广泛吸纳社会资金，调动人民群众办学的积极性，动员企事业单位、社会团体和个人捐资助学。

（四）妥善处理闲置资产。各县（市、区）要学习陵川县的经验，将乡镇撤并后闲置的乡政府办公用房拿出来改建寄宿制学校。农村乡镇集体闲置的厂房、公共用房，符合使用标准的可划拨或暂借给中小学使用。在布局调整中，被撤并的农村中小学的房屋、土地等不动产由县级教育行政部门商所在地乡镇人民政府统筹安排，保证用于发展当地教育事业，其他任何组织、单位和个人无权处理。撤并的初中校舍可以用来办完全小学，撤并的小学，可以用来办幼儿园、农技校，也可作为教师住房、中小学勤工俭学基地或校外教育活动基地。确认无利用必要的，可以通过置换、租赁等方式，用于保留学校的建设。

（五）科学规划，统筹安排。各县（市、区）人民政府要对本辖区农村中小学的情况进行认真盘查摸底，对学校的布点进行实地考察、科学规划、精心测算、统筹安排。对于布局不合理的薄弱学校和危房比例较大的学校要坚决予以撤并。调整后保留的学校和新建的寄宿制学校应尽可能设置在乡镇政府所在地或人口集中的农村社区，同时要将幼儿园、小学、初中、职业学校和成人文化技术学校等教育场所相对集中，以利于教育资源共享。

（六）加强宣传，舆论先行。调整中小学校布局，涉及广大人民群众的切身利益，必须舆论先行，讲清道理。各级政府和教育行政部门务必加大宣传，形成强大的舆论攻势和良好的社会氛围；务必耐心细致地做好干部群众的思想政治工作，防止因工作简单粗糙引发群众性事件，保持思想稳定、学校稳定、社会稳定。

四、几个需要注意的问题

（一）中小学校布局调整工作，要坚持“因地制宜、分类推进”的原则，不搞一刀切。对规划撤并的学校，可采取先并后停再撤的办法进行。交通不便的农村山区要继续保留必要的教学点，决不能因布局调整造成学生辍学。

（二）认真处理好集中办学与方便学生入学的矛盾。要按照“小学低段就近入学，高段相对集中”的原则和“三有三统一”的要求，重点建设一批标准化寄宿制学校，并保证寄宿制学校正常运转所需经费和后勤人员及其工资的足额到位。要切实提高规划保留学校和寄宿制学校的办学水平，确保社会、家长满意。

（三）各乡镇人民政府要重点研究和解决好联村办学的投入、管理问题，要通过建立联村办学董事会等形式加强协调，确保联办学校的健康发展。

晋城市人民政府办公厅
2005 年 5 月 20 日

广昌县中小学网点布局调整 2004—2006 年规划

广昌县教育局办公室　广教发〔2004〕10 号

各中小学：

根据省、市有关中小学布局调整规划文件精神，结合我县现阶段中小学布局，新一轮中小学危房改造以及寄宿制学校建设、行政区划调整、中小学人事制度改革、学校学制改革等实际情况，本着“规模、结构、质量、效益”相统一的原则，进一步优化农村教育资源配置，集中优势，实施规模办学、效益办学，进一步提高农村中小学教育教学质量，特制定 2004—2006 年中小学布局调整规划。

一、基本情况

广昌地处武夷山麓，是抚河的发源地，辖 1 场 6 乡 5 镇，129 个行政村，面积 1 612 平方千米，人口 23 万，至 2003 年年底，全县共有各级各类学校 135 所，其中高中 2 所，职业学校、教师进修学校各 1 所，初级中学 13 所，完小 98 所，村小及教学点 75 个，另有幼儿园 32 所，在校中小学生 40 759 人，其中高中学生（含职高）2 880 人，初中学生 11 954 人，小学生 25 925 人。

二、2001—2003 年中小学布局调整执行情况

我县在巩固提高“普九”成果的同时，根据《广昌县人民政府关于印发中小学网点布局调整 2001—2003 年规划的通知》精神，对全县中小学布局进行了大幅度的调整，共撤并教学网点 40 个，其中撤并的初中 2 所，附中 4 所，村完小 2 所，教学点 32 个，网点改制 15 个。调整幅度为 22.55％。

三、中小学布局调整指导思想

中小学布局调整着眼长远，统筹规划，合理配置，分步实施，规范管理，积极稳妥有序地进行，减少农村中小学的数量，扩大校均规模；优化教师队伍结构，提高师生比例；合理配置教育资源，全面提高农村教育投资效益和教育教学质量，促进我县农村基础教育事业的健康稳步发展。

四、中小学布局调整编制原则

1. 坚持统筹规划原则。中小学布局调整规划必须服从规划的统一要求，体现城乡规划的基本原则，必须纳入城乡总体规划进行布局规划，根据今后 3 年人口分布、经济社会发展的趋势，教育中长期发展的需求和国家、省、市颁布的校舍建设标准，统筹规划，分步实施。

2. 坚持规模效益的原则。中小学发展的人口集中地调整，季度扩大办学规模，提高办学效益。

3. 坚持因地制宜的原则。根据不同的地理环境效益人口数、服务半径、经济水平和城镇建设总体规划，因地制宜，实事求是，科学调整。

4. 坚持分类指导的原则。小学按照就近入学适当集中，中学按照相对集中，在生源分散的农村，通过布局调整建设一批寄宿制中小学学校。将初中建在乡镇所在地或人口集中的集镇，高中建在县城所在地。

五、中小学布局调整的基本要求

1. 坚持“五个结合”中小学布局调整。与教育事业发展规划相结合，与中小学危房改造相结合，与中小学学制改革相结合，与中小学人事制度改革相结合，与改建寄宿制学校相结合。

2. 选址要求。新建或迁建学校要充分考虑防灾减灾、交通、学校布点满足学校用地，要有利于学生学习、身心、健康和生命安全。

3. 调整要求。完小要向人口相对集中的行政村和集镇集中。大力发展人口密集的所在地完小，扩大覆盖面。同时，新建一批寄宿制学校，满足山区、交通不便的四年级以上学生入学就读。

六、中小学布局调整的设置要求

小学：城区小学在校生规模达到 2 000 人以上；乡镇中心小学在校学生不少于 250 人；完小在校学生不少于 150 人；完小在校学生不足 150 人（不含学前班），取消完小建制改为初小，高年级学生并入附近完小就读或寄宿制学校就读。

初中：在校学生规模达到 300 人以上。200 人以下的初中撤并到附近初中或寄宿制初中，或改为九年制一贯制学校。

高中：办好广昌一中、广昌二中、广昌县职业高中三所学校。

七、中小学布局调整目标任务

根据“统筹规划，分步实施，合理配置，规范管理”的原则，结合地理环境、人口分布预测、经济和社会发展的现状及趋势，计划 2004—2006 年将公办完全小学从现有的90所调减到85所，调整幅度为13.3%；公办初中保留13所，高中保留3所。

八、中小学布局调整措施及时间

1. 加强领导。中小学网点布局调整涉及部门多，各地、各有关部门要切实加强领导，统筹协调。县、乡（镇）分别成立中小学网点布局调整工作领导小组，由县（镇）政府负责同志任组长，县教育局、乡（镇）中心小学主要负责同志任副组长，并抽调部分干部组成办公室，抓好网点布局调整的落实。

2. 集中力量办好乡镇政府所在地的初中和中心小学，有条件地将中心小学逐步办成寄宿制小学，扩大中心小学服务范围，有计划、有步骤地撤并部分完小和初小。

3. 做好校产处理工作。在布局调整中撤并的中小学校的校产，由县教育行政部门进行规划，用于大力发展学前教育。

4. 通过中小学危房改造、布置调整、希望工程、招商引资等建一批农村寄宿制小学。结合人口密度、区域、交通等实际情况，建8所寄宿制小学，将寄宿制学校附近的农村小学学生转入寄宿制小学就读。寄宿制小学布点：新安片区小学、头陂中心小学、驿前中心小学、塘坊中心小学、尖峰中心小学、赤水中心小学、千善中心小学、苦竹九年一贯制学校。

5. 各乡（镇）中小学网点布局调整工作在2006年8月底以前完成。

广昌县教育局办公室

2004年3月9日

关于顺义区2006—2010年学校布局调整方案的通知

北京市顺义区人民政府 顺政发〔2005〕33号

各镇人民政府，地区和街道办事处，区政府各委、办、局，各区属机构：

为了贯彻落实《教育部2003—2007年教育振兴行动计划》和市委市政府《关于实施首都教育发展战略率先基本实现教育现代化的决定》精神，主动适应我区经济社会快速发展和城市化步伐加快的需要，在全市率先基本实现教育现代化，特制定此方案。

一、基本思路

根据《北京市城市总体规划》顺义区功能定位对教育的要求和常住人口的变化趋势，立足当前，并着眼未来几年顺义经济社会发展和城市发展对教育的需求，合理规划学校布局，充分满足人民群众日益增长的教育需求；通过调整结构、资源重组、盘活资产，进一步改善办学条件，最大限度地优化和利用教育资源，发挥其社会效益。

二、学校布局现状

（一）总体情况：顺义区中小学幼儿园布局结构，经过多年的调整取得了巨大成绩，城乡中小学校均衡发展，农村地区学校布局结构基本合理；城区教育资源不断丰富，教育质量稳步提高，顺义教育保持了持续、健康发展的良好态势。但是随着北京市城市发展总体规划的重新修编，未来几年，我区城市化进程和经济社会将呈现加速发展的趋势，同时区域人口结构和分布也将发生变化。因此，进一步合理规划学校布局势在必行。

（二）教育资源布局存在的主要问题。

1. 随着城市化发展进程，部分地区教育资源布局已不适应需要，并存在一定的安全隐患。如东风小学处于城市交通要道，且学生上体育课需要过交通干道；顺义三中处于城市中心地区，学生上下学容易造成交通拥堵，学校缺乏学生运动场地和活动场地，生均占地面积不足。

2. 职业教育资源分散，实训基地建设相对薄弱。目前六所职业学校相对分散，教育资源不便于共享，实训基地建设相对不集中，造成重复建设和不必要的资源浪费；一些职业学校处在城区中，随周边地区住宅开发显得与城市整体功能不符，给城市交通带来一定压力；再有现代制造业、空港物流业等大型工业园区的发展急需具有一定规模的职业教育学校与之相适应。

3. 部分小区开发建设教育配套设施不到位或教育配套设施建设缓慢。如裕龙小区有近 8 000 户居民，2 000 名学生，由于没有初中学校，只能到顺义三中、五中或八中就读，学生的流动给城市交通造成了极大的压力。

4. 一些学校缺乏再发展的空间，优质教育资源得不到扩展。顺义一中 2003 年成为北京市普通高中示范校，下一步要争办全国示范校，但离示范校的校园建设（占地）标准有差距，在一定程度上制约了学校的发展；顺义三中和东风小学作为全区的品牌校，同样受到地域的制约，优质教育资源难以扩大。

三、布局调整的必要性

（一）通过调整教育资源布局，解决城区学校布局与城市建设和城市整体功能不协调的问题。

（二）通过调整教育资源布局，解决职业教育资源分散、实训基地缺乏、重复投资、效益低下等各方面问题。

（三）通过调整教育资源布局，加快示范校建设，进一步扩大优质教育资源，消除安全隐患，最大限度地满足人民群众日益增长的优质教育需求。

四、布局调整方案

（一）农村地区中小学、幼儿园调整方案。

1. 原则：循序渐进、自然过渡，留足发展空间。

2. 工作目标：原则上保留现有中学（完中5所、初中29所）、中心小学（29所）和中心幼儿园（19所）。

3. 布局调整重点：逐步取消村小和完小；重点规划杨镇、李桥、赵全营、李遂、高丽营等地区教育配套设施建设。

（二）城区及周边地区调整规划。

1. 原则：总体规划、分期实施、轻重缓急、稳步推进。

2. 工作目标：

（1）成立1个职业教育园区、改建2所初中学校、发展3所名校，扩充优质教育资源。

（2）整合职业教育资源，发挥资源最大的经济效益和社会效益。

（3）同顺义区城市功能定位和总体发展规划协调一致，改扩建住宅小区依据市政府《新建改建居住区公共服务设施配套建设指标》（京政发〔2002〕22号）的规定配套建设公用教育设施。旧城地区改造和新城（含马坡、牛山、北小营、南彩等地区）开发建设，要严格执行这一规定，建设相应的中学、小学和幼儿园。

3. 布局调整重点：

（1）组建顺义一中教育集团。

将顺义一中迁入仁和中学，对仁和中学进行扩建；将顺义三中迁入现顺义一中，使顺义一中和顺义三中形成教育集团；停建怡馨家园配套中学。

（2）规划建设职业教育园区。

在城市周边征地300亩（预留教育发展用地200亩），建设8万平方米的职业教育园区。建成集中等和高等职业教育于一体的教学、实习、培训、考核综合基地，承担职业教育与培训的任务。将北京现代职业技术学院、汽车职业学校、第一职业学校、劳动局技校、电大分校和农广校等六所中、高等职业学校搬到职教园区。2010年以后，逐步发展成为一所综合性教育机构。

（3）调整结构，实现现有教育资源的合理布局。

将东风小学本部和东校区（裕龙小学）迁入北京现代职业技术学院西院，接纳裕龙、滨河等地学生。同时保留东风小学西校区（建新小学），满足建新南区、建新北区和怡馨家园小学适龄儿童入学。

将北京现代职业技术学院东院改建成1所初中校，接纳裕龙、滨河等地学生。

将教委、教研考试中心和社区教育中心迁到北京现代职业技术学院新建的实训办公楼。停建北京现代职业技术学院图书馆和体育馆。

将第一职业学校（含电大分校和农广校）改建为一所中学，停建望泉小区配套中学，解决南法信中学拆迁后的重建问题。

五、保障措施

（一）成立由常务副区长牵头的布局调整规划领导小组，由发展改革委、市政管委、建委、教委、计生委、财政局、规划分局、国土资源分局、公安分局、交通局、经管站等部门参加，全面领导、协调学校布局调整工作。

（二）制定相应政策，通过停建怡馨家园、望泉小区和裕龙三区配套中小学等项目，盘活顺义三中、东风小学本部、东风小学东校区（裕龙小学）、教委、教研考试中心和社区教育中心等处资产，采用社会融资等方式筹集资金，进行仁和中学扩建和职业教育园区建设，同时争取市资金支持，减少政府投入。

（三）区政府统筹规划，保证新建项目的建设用地、建设资金、工程进度、搬迁协调等各方面工作顺利进行。

（四）将学校布局调整规划纳入顺义区城市发展总体规划，广泛征求区委、区人大、区政府、区政协领导及社会各界人士的意见，求得共识。

（五）认真总结顺义六中和顺义三中高中部搬迁、杨镇一中教育集团、东风小学重组的工作经验，并做好学生和家长的思想工作，保持社会稳定。

（六）电视、广播等宣传媒体要加大宣传力度，形成良好的舆论导向，保证不因学校布局调整引发社会稳定问题。

北京市顺义区人民政府

2005年4月11日

关于2004年大足县部分中学布局调整的实施方案

重庆市大足县人民政府　足府发〔2004〕45号

龙水镇、邮亭镇人民政府，县府有关部门：

为贯彻落实《大足县2003—2007年教育振兴行动计划》，切实执行市教委《关于大足县中小学布局调整规划的批复》（渝教基〔2004〕13号），不断优化大足教育资源，全面提高大足教育质量，努力促进大足教育的健康发展，在认真调查、共同研究的基础上，制定本实施方案。

一、指导思想

以邓小平理论和“三个代表”重要思想为指导，紧紧抓住全面建设小康社会和渝西经济走廊发展的历史机遇，坚持以教育兴县战略为统揽，以深化教育改革为动力，以调整布局为突破口，一手抓改革，一手抓发展，全面振兴大足教育，努力满足人民群众日益增长的教育需求，促进全县经济发展和社会全面进步。

二、调整原则

总体原则是：统一规划，一次合并；统筹管理，分步实施。具体原则：

（一）适度超前原则。充分考虑一个地区的地理环境、经济状况、人口分布、教育发展规模等多种因素，进行科学合理预测，使规划设计和项目建设适度超前，做到科学规划、超前设计、一步到位，防止重复建设和投资浪费。

（二）科学合理原则。按照“小学就近入学、初中相对集中、高中向县城集聚”的总体思路，撤弱扶强，将规模小的初中合并到规划保留发展的初中学校。

（三）校产不流失原则。保证调整过程中教育资产功能转化而不退化，资产重组而不流失。通过撤并调整后，减少资金的隐性闲置和浪费，提高教育投资的效益。

（四）稳步推进原则。在学校布局调整具体实施中，做到有计划、有步骤地进行，先建后撤，确保不影响正常教学秩序。

三、调整内容

（一）大足职中与大足县职教中心合并，组建为新的大足县职教中心。

（二）新利中学、子店中学、元通中学、邮亭中学合并组建为新的邮亭中学。

（三）平桥中学、沙桥中学、龙水镇中合并组建为新的龙水镇中。

（四）顺龙中学、龙西中学合并组建为新的龙西中学。

四、工作措施

（一）成立机构，加强领导。县上成立由分管领导任组长，县计经、教委、建委、人事、财政、编办、监察、国土房管、国税、地税等相关单位为成员的大足县中小学布局调整指导小组，强化对学校布局调整工作的领导、统筹、管理、监督，确保调整工作的有序进行。

（二）统筹规划，优化资源。县教委在会同相关镇乡实施学校布局调整过程中，要因地制宜、分类指导，根据不同区域和不同的经济水准，分层次、分类型有序推进。同时把握好“四个结合”：一是学校布局调整工作与校舍危房改造相结合，确保有限的危房改造资金用于规划保留的学校建设工程；二是与薄弱学校改造相结合，通过布局调整，实行师生分流、校产划拨，扩大合并学校规模，提高师资质量，提升学校档次；三是与推进学校标准化建设相结合，合并新建的学校要按照国家颁布的新标准进行建设，努力达到办学条件标准化；四是与行政区划调整相结合，着眼当前，面向未来，合理调整和设置校点。

（三）突出重点，稳步推进。以全县初中布局调整为切入点，创新和逐步理顺学校管理体制，努力提高办学效益，先试点、后推广，以点带面促进全县教育的大发展。

五、其他事项

（一）关于教师编制和经费问题。被调整学校的全体在册在编教职工，由新组建的学校按照竞争上岗、双向选择、择优聘任（用）的原则进行聘任。对通过竞争未能上岗的教职工由县教委统筹调整到缺编学校工作。对合并到县直属中学的乡镇中学的人员经费、公用经费，由县财政局核实后，据实扣减龙水镇、邮亭镇政府的财政支出基数补充给新组建的县直属中学。新利中学、子店中学、元通中学、平桥中学、沙桥中学并入前所欠教职工工资由原所在乡镇政府负责解决，并入后教职工的人事、工资关系由新组建的学校负责办理，由县财政统发工资。

（二）关于债权债务问题。新利中学、子店中学、元通中学并入邮亭中学前的债权、债务由邮亭镇政府负责处理。平桥中学、沙桥中学并入龙水镇中前的债权、债务由龙水镇政府负责处理。大足职中与职教中心合并前债权、债务由新组建的县职教中心承担。顺龙中学的债权、债务一并移交给龙西中学承担。

（三）关于办学管理问题。合并后的县职教中心、邮亭中学、龙水镇中、龙西中学的学校领导班子按干部管理权限和程序重新任命。被调整学校的所有学生和全部资产（土地、校舍、设备设施）一并移交给新组建的学校，原承担的辖区内义务教育由新组建的学校承担。新组建的四所学校在办学条件不完全具备的情况下，可分步实施，在原学校设教学点进行管理。

六、纪律要求

（一）经费管理。学校布局调整方案经县政府批转实施后，涉及调整的学校财务全部冻结，经费做到只进不出，特殊情况确需开支的报县教委审批。

（二）校产管理。经县教委和财政局清理评估的校产，合并前任何单位和个人不得进行处置；合并后需要变卖处置的校产按县国资委有关规定办理，确保教育资产不流失。

（三）人事管理。学校布局调整过程中，各级领导干部必须遵守国家法律法规和各项党纪政纪的规定，自觉服从组织安排，自觉服从改革大局。学校领导必须坚守工作岗位，维护好校产和学校正常的工作秩序。教师要遵守纪律，严格服从组织管理和工作安排。

（四）违规处理。调整过程中，要坚决执行党纪政纪的有关要求，杜绝各种铺张浪费现象发生，对调整中出现的违纪违法行为，将按国家法律法规和党纪政纪从严处理；对情节严重、造成损失的要移交司法机关依法追究责任。

重庆市大足县人民政府办公室
2004 年 6 月 29 日

关于转发平阳县2004年义务教育阶段学校布局调整实施意见的通知

平阳县人民政府办公室　平政办〔2004〕94号

各乡（镇）人民政府，县政府直属各有关单位：

为了进一步加快我县中小学校布局调整，根据《平阳县义务教育阶段学校布局调整的方案》，结合我县实际，特拟定平阳县2004年义务教育阶段学校布局调整实施意见。

一、主要目标

按照我县学校布局调整的总体规划，2004年，我县要基本完成村完小的布局调整工作，规划撤并象山小学等13所小学（见附件一）和撤并部分小学的高年段学生，重点解决南雁、腾蛟、宋桥等乡镇的小学布局调整；撤销龙尾、桃源、朝阳、南麂等乡镇中心校的初中部，停招西湾乡中学、维新乡中心校的初一新生。

二、主要措施

1. 积极筹措经费。我县2004年中小学校布局调整需扩建新建一些学校的教学楼、学生宿舍、食堂等，需要大量的经费投入。为积极稳妥推进我县校网布局调整工作，今年，县财政要落实县政府《关于进一步加快中小学校网布局调整的意见》（平政发〔2002〕108号），安排150万元作为校网布局调整的专项资金，依据各地各校工作到位情况，重点给予补助和奖励。同时，各地要动员社会各界支持办学，多渠道筹措学校建设资金，努力改善并入学校的办学条件。

2. 落实优惠政策。为了保证2004年我县学校布局调整规划顺利完成，今年我县将对校网调整的单位和学校给予适当的政策倾斜。一是县教育局将根据各地各校实际情况，对寄宿制的农村小学，按每50名住校生配置1名生活指导师。二是撤并学校学生可以在一定范围内自主选择学校。今年撤并的5所初中与停招初一新生的2所初中，均可在一定范围内自主择校（见附件二）。三是减免收费。对撤并学校生活困难学生的住宿费、杂费等给予减免，并给予交通费等补助（见附件三），并入学校给并入学生所减免的费用，县财政给予一定补助。四是照顾并入学生。并入学校要专门成立并入学生的生活与学习指导小组，帮助并入的学生度过一段心理和生活适应期，保证每一位学生能安心学习，坚决杜绝因校网撤并造成学生失学的现象。

3. 切实加强领导。今年我县学校布局调整工作已进入重点攻坚阶段，任务更重，难度更大，各地各校要抽调精干人员组成领导机构，制订实施方案，落实有效措施，切实完成本地学校布局调整任务，认真做好学校布局调整工作。

附件：略。

平阳县人民政府办公室
2004 年 8 月 25 日

淄博市淄川区农村中小学布局调整规划（2004—2006 年）

淄博市淄川区人民政府办公厅　淄政发〔2003〕182 号

根据全市农村教育工作会议精神和市政府《关于加快农村教育改革与发展的决定》文件要求，结合当前全区经济社会发展和教育工作实际，特制定淄川区中小学布局调整规划（2004—2006 年）。

一、全区经济社会发展情况和教育现状

淄川区面积 1 000 平方千米，人口 67 万，其中农业人口占 68%，辖 19 个乡镇、3 个街道办事处，其中山区、库区乡镇 8 个。2003 年全区国内生产总值完成 135.4 亿元，地方财政收入 39 086 万元，社会消费品零售总额 42.48 亿元，全社会固定资产投资完成 44.92 亿元，城乡居民储蓄存款余额 73.69 亿元，农民人均纯收入 4 215 元。国民经济稳步发展，招商引资收到成效，投资增势明显，工业发展加速，农业结构调整加快，服务业发展势头旺，环境建设取得新进展，城乡人民生活水平继续提高。

截至 2003 年年底，全区共有学校 179 处（包括教学点 22 个），小学 142 处（包括教学点 20 处），初中 26 处（包括教学点 2 处），完全中学 2 处，高级中学 4 处（包括 1 处普通高中，3 处职业中专），民办中学 4 处，民办小学 1 处。其中，小学在校生 43 298 人，1 161 个教学班；初中在校生 22 364 人，443 个教学班；完全中学在校生 7 264 人，135 个教学班；高级中学在校生 7 894 人，168 个教学班。全区中小学校舍建设和危房改造取得明显效果，近几年累计投入资金 1 521 万元，规划改造危房面积 11 525 平方米。先后投资 1.5 亿元，完成了建筑面积 14.7 万平方米的教育基础工程建设。全区中小学教育发展迅速，先后成为省级实验教学普及县、全省教育工作示范区。但是，随着全区人口低生育水平的逐步稳定，农村学龄儿童逐渐减少，一些学校规模较小、教育资源利用率低、学校生存发展难的问题日益突出，严重影响了全区教育质量的提高，也制约着全区基础教育事业的发展。

二、中小学布局调整规划的指导思想

认真落实全市农村教育工作会议精神，遵循“统筹规划、注重效益、量力而行、分类推进”的原则，促进中小学布局调整与农村小城镇建设、教育初步现代化学校建设、农村幼儿园建设、学校危房改造相结合，力争用3年时间完成全区农村中小学布局战略性调整，逐步实现学校布局合理、教育结构优化和学校用人机制健全、经费使用高效的目标，全面提高农村教育的办学效益，推动全区教育均衡、健康、快速发展。

三、中小学布局调整规划的具体方案

按照“高中向城区集中，初中向城镇发展，小学连片建设，学前教育规范办园”的思路，原则上每所完全小学施教服务人口1万人～3万人，每所初中施教服务人口3万人～5万人，每个乡镇兴办1处初中。全区学校由179处调整为69处，其中小学调整为38处（包括农村小学30处，城区小学6处，民办小学1处，特教中心1处），初中调整为14处（包括农村初中12处，区属初中2处），建成九年一贯制学校7处，完全中学2处，高级中学4处，民办中学4处。全区中小学布局调整规划实施分三步进行。

2004年，布局调整规划试点阶段。对全区学校布局情况进行摸底调研，立足实际，因地制宜，完成全区中小学布局调整的总体规划。撤并洪山镇车家小学等25处小学和教学点，改扩建杨寨镇金马小学等12处小学；撤并罗村镇二中等4处初中和教学点，改扩建龙泉镇龙泉中学等4处初中，并积极开展九年一贯制学校试点工作。

2005年，撤并城南镇公孙小学等28处小学和教学点，改扩建东坪中心小学等14处小学；改扩建西河中学等2处初中。

2006年，撤并张庄乡张庄小学等51处小学，改扩建太河中心小学等19处小学；扩建淄川二中等2处初中，新建将军路小学等2处小学；在东坪等乡镇建成7处九年一贯制学校；扩建淄博第十五中学。全面完成中小学布局调整，优化教育资源配置，扩大学校办学规模，提高学校办学效益。调整后小学在校生44 215人，995个教学班，平均班额44人；初中在校生22 123人，449个教学班，平均班额49人；完全中学在校生8 758人，168个教学班，平均班额52人；高级中学在校生10 972人，227个教学班，平均班额48人；民办中学在校生2 782人，63个教学班，平均班额44人。全区完成布局调整规划累计投资19 601万元，其中小学7 083万元，中学12 518万元。

四、中小学布局调整规划的保障措施

1. 加强领导，明确责任。区里成立由主要领导任组长，分管领导任副组长，教体、财政、人事、计划、建设等部门主要负责人任成员的全区中小学布局调整规划工作领导小组。各乡镇、有关部门要高度重视，明确责任，完善制度，加强对布局调整工作的督促落实。严格责任追究，对落实不到位、完不成任务的，严格追究主要领导和有关人员的责任。

2. 强化宣传，提高认识。通过电视、广播等新闻媒体，广泛宣传全区中小学布局调整的重要意义，做好群众的思想工作，使广大人民群众充分认识到布局调整对优化教育资源配置、提高教育水平的重要作用。

3. 多方筹资，加大投入。一是区、乡镇财政要分别安排一块资金，专门用于全区中小学布局调整，并免除学校建设时有关配套费用；二是开征三项教育费，即城镇就业职工义务教育费、企事业单位职业教育费和旅馆业义务教育费，所征费用专项用于教育建设；三是贯彻落实《关于对乡镇开展教育对口支援的通知》，认真开展好有关部门、单位对口支援乡镇教育活动；四是实行学校资产置换，保证置换资金全部用于中小学布局调整，专款专用；五是动员社会捐资助学，鼓励学校、企业联合办学，鼓励广大群众自愿提供劳务支持和参与学校后勤服务；六是认真核定投入标准，统筹安排经费，确保足额拨付，提高规划调整资金的使用效益。

4. 严格管理，科学实施。区教体局要充分发挥指导、协调和服务作用，统一部署对全区教育情况的统计和汇总工作，本着“牢固、实用、够用、方便学生”的原则，制定具体的村小、初中撤并方案，改建、扩建好规划定点学校，并积极协调解决存在的问题。

5. 统筹兼顾，优化资源。转变教育观念，把实施布局调整和危房改造工程、全面推进素质教育紧密结合，在村（居）布局相对集中、人口较少的乡镇实行九年一贯制办学，通过寄宿和校车接送解决路途遥远、交通不便村庄学生的上学问题，进一步落实对家庭困难学生的救助制度，完善农村义务教育体制，加强师资队伍建设，积极深化教育改革，使全区学生享有同等的学习条件，接受平等的义务教育，在德、智、体等方面得到全面发展。

淄川区人民政府办公室

2004 年 3 月 18 日

关于印发2001—2010年上杭县中小学布局结构调整规划的通知

龙岩市上杭县人民政府　杭政〔2002〕41号

一、总体思路

立足当前，着眼未来；面向需求，适应需要；分片规划，分步实施；相对集中，合理布局。充分利用现有的教育资源，优化组合，形成规模效益。农村小学和教学点要在方便学生入学的前提下适当合并，在交通不便的地区保留必要的教学点。布局调整要与危房改造、城镇化建设、移民搬迁等统筹规划。逐步形成能够适应大城关建设和社会主义市场经济需要，全面实施素质教育的中小学教育新格局。

二、主要目标

（一）小学

1. 近期（2002—2005年）：小学五、六年级正处学生入学高峰期（2002—2003学年小学五年级学生为11 372人，六年级学生为13 760人），加上实施大城关战略及小学前移至六周岁入学，学生人数相应增加。根据预测，目前城区7所小学现有规模基本能满足发展需要，布局合理。农村小学特别是边远山区学校，学生人数逐年减少，规划撤并完小35所、初小7所、教学点29个。到2005年全县保留完小84所、初小81所、教学点161个。

2. 中期（2006—2010年）：小学学生入学高峰期已过，招生基本正常，按全县10‰人口出生率测算，年生数3万人左右，规划撤并完小12所、初小40所、教学点24个。到2008年全县保留72所完小、53所初小、177个教学点，并保持相对稳定，正常运行。

（二）初中

1. 近期（2001—2005年）：满足“普九”需求，顺利渡过初中入学高峰期，统筹解决全县初中增加111个教学班带来的各种问题。小学毕业生全部升入初中，17周岁初中阶段义务教育完成率达90%以上，初中在校生年巩固率98%左右。

2. 中期（2006—2010年）：初中办学规模逐步缩小，开始调整初中布点，走规模效益之路。自2010年起初中年招生数均在5 000人左右，初中学校数调整为22所。小学毕业生100%升入初中，17周岁初中阶段义务教育完成率达95%

以上，初中在校生年巩固率99%左右。

（三）高中

1. 近期（2001—2005年）：加快高中教育发展步伐，现有6所完（高）中均挖潜扩容。把临城二中办成完中，新办一所高级中学。到2005年，全县高中招生班数达72个，招生数3 791人。

2. 中期（2006—2010年）：全县基本普及高中阶段教育，初升高比率达85%，高中年招生规模达84个班，招生数4 536人。加上部分毕业生进入职高、中专学习，基本普及高中阶段教育。

（四）职业教育

1. 近期（2002—2005年）：稳定现有的三所职校，充实上杭职专的办学力量，扩大上杭职专综合课程班的办学规模。

2. 中期（2005—2010年）：扩大上杭职专的办学规模，把我县职业教育的重点放在上杭职专，集中力量把上杭职专办成职业中专、职业高中和短期培训于一体的综合性学校。

三、具体任务

（一）小学

1. 近期（2002—2005年），根据预测，2002—2005年的3个学年度，城区7所学校学生分别为6 923人、6 751人、6 524人；班级数分别为154个、150个、150个，根据现有规模基本能满足需要。

农村学校撤并35所完小（原则上指在校生数少于150人的完小，下同），即2002年撤并6所（临城镇3所，古田镇2所，才溪镇1所）；2003年撤并6所（湖洋乡4所，溪口乡1所，珊瑚乡1所）；2004年撤并9所（中都镇2所，下都乡2所，稔田镇1所，溪口乡1所，蛟洋乡1所，古田镇2所）；2005年撤并14所（庐丰畲族乡4所，旧县乡1所，中都镇1所，兰溪镇2所，官庄畲族乡2所，南阳镇4所）。

2. 中期（2006—2010年）：2006—2010年的5个学年度，城区7所小学学生总数为6 026人、5 804人、5 724人、5 709人、5 593人；班级数为134个、129个、127个、127个、124个，需继续保留7所小学，农村小学撤并完小12所。2006年撤并完小3所（庐丰畲族乡2所，才溪镇1所）；2007年撤并完小1所（南阳镇1所）；2008年撤并完小8所（才溪镇1所，官庄畲族乡4所，太拔乡2所，湖洋乡1所）。

（二）初中

1. 近期（2001—2005年）：全县初中连续三年增班，其中2001年23个，2002年41个，2003年47个，2004年全县初中总班数虽然减少了11个，但庐丰、茶地、白砂、蛟洋、才溪等乡（镇）仍然增班8个。2005年，上杭三中要创办成省级达标初中。

2. 中期（2006—2010年）：年招生数少于80人的初中停止招生，其原招生范围分别划归临近中学。到2010年，全县初中招生学校为21所，其中有3所初中达省示范初中标准，10所初中达省达标初中标准。

（三）高中

1. 近期（2001—2005年）：上杭一中、上杭二中从2002年起连续3年扩招，年招生班级数由12个扩大为16个，才溪中学、明强中学年招生班级数扩大为6个，古田中学、龙田中学年招生班级数扩大至4个。临城二中升格为完全中学，于2003年开始招收6个高中教学班，上杭高级中学于2003年开始招生，招生规模为8个教学班。上杭一中成为国家级示范性高中。

2. 中期（2006—2010年）：全县基本普及高中阶段教育，8所完（高）中年招生规模趋于稳定，上杭一中、上杭二中年招生班级教扩大到20个班，县高级中学12个班，才溪、明强、临二（四中）各6～8个班，古田、龙田各4～6个班，2006年上杭二中力争成为一级达标学校，有2～3所一般完中成为三级达标学校。

（四）职业教育

1. 近期（2001—2005年）：至2005年，全县职校招生1 000人，在校生达1 900人。

2. 中期（2006—2010年）：2006年，全县职校招生1 300人，在校生达2 200人。至2010年，全县中职和普通高中招生数占当年初中毕业生数的85%。

龙岩市上杭县人民政府

2002年12月9日

附录2：
布局调整的理性反思时期部分地方政府发布的中小学布局调整政策文本

关于进一步优化农村中小学校点布局的通知

新疆维吾尔自治区教育厅　新教发〔2012〕9号

伊犁哈萨克自治州教育局，各地、州、市教育局：

2004年，自治区人民政府办公厅印发《关于自治区中小学校点布局规划指导意见》（新政办发〔2004〕63号），各地各部门认真落实意见精神，因地制宜，科学规划，积极推动学校布局结构调整工作，有力促进了城乡教育协调发展，全区中小学特别是农村学校教育资源得到进一步优化，办学条件显著改善，办学水平不断提高，对于全区如期实现"两基"攻坚目标和推动教育均衡发展起到了积极的促进作用。"十一五"期间，全区中小学办学规模、质量、效益进一步提高，中小学布局调整工作取得明显成效。

但在农村学校布局调整中，也出现了一些新情况、新问题，一些地方集中办学"简单化""一刀切"，脱离当地实际撤销了交通不便地区的中小学和教学点，造成了一些边远农牧区、贫困地区农牧民子女上学不便，引起社会各界的关注，需要认真研究加以解决。为推动农村义务教育科学健康发展，进一步优化农村中小学布局，现将有关事项通知如下。

一、正确处理农村中小学集中办学与就近入学的关系

（一）提高思想认识。正确处理集中办学与就近入学关系是贯彻落实科学发展观、践行执政为民理念、改善民生的重要体现，是推进义务教育均衡发展、办人民满意教育的迫切需要，也是“十二五”期间农村中小学布局调整工作急需解决的重要问题之一。优化农村校点布局要以科学发展观为指导，坚持教育的公益性和普惠性原则，坚持以学生为本、以办人民满意的教育为宗旨，充分发挥农村学校引领现代文化、服务“三农”需求，实事求是，统筹规划，稳中有进，合理控制学校规模，科学有效推进农村中小学布局调整。

（二）正确处理集中办学与就近入学的关系。认真贯彻落实《中华人民共和国义务教育法》和教育部《关于实事求是地做好农村中小学布局调整工作的通知》（教基〔2006〕10号）精神，处理好集中办学与就近入学的关系。既要坚持结合我区城乡经济社会发展状况、学龄人口变化、城镇化进程和新农村建设规划，稳步推进农村中小学布局调整，优化教育资源配置，提高规模效益和教育质量；又要方便学生就近入学，有益于学生亲情沟通和健康成长，有益于减轻农牧民负担，防止学龄儿童失学、辍学，切实保障所有适龄儿童依法接受九年义务教育。

二、进一步优化农村中小学校点布局

（一）坚持规划先行。根据当地城乡规划、新农村建设、人口状况和教育发展需求，科学制定辖区教育发展规划和学校建设规划，加强与发改、财政、城乡建设、国土等部门的协调，确保教育布局调整适应当地经济社会发展需求、与城乡建设总体规划有效衔接。进一步明确永久性保留学校、过渡性保留学校和撤并学校。在人口较少且交通不便的山区、牧区、留守儿童较多的地区以及双语教育薄弱地区，加紧布局建设寄宿制学校；在多民族聚居区，在有条件的前提下，推动民汉合校、民民合校、混合编班，改善办学条件，加强学校管理，提高办学效益和教育质量。按照小学就近入学、初中相对集中、优化教育资源配置的原则，合理规划和调整学校布局，农村小学和教学点要在方便学生就近入学、满足学生就近入学需求的前提下合并。要把确需保留的村小学和教学点，纳入学校基本建设规划。同时有下列情形之一者，撤并的学校和教学点应予恢复：一是造成学生失学，影响入学率、巩固率的；二是寄宿制学校食宿、安全条件不能保证的；三是地处偏远，交通不便，又无法解决交通工具的。

（二）明确服务半径，控制办学规模。依据《自治区义务教育学校办学条件基本标准（试行）》（新教基〔2011〕23号），小学教学网点的服务半径一般不超过3千米，农村小学低年级走读生上学途中单程时间不超过30分钟，小学高年级上学途中单程时间不超过45分钟。按照青少年儿童的成长规律和中小学、幼儿园的办学特点，普通高中办学规模原则上不超过3 000人，初中和小学原则上不超过2 000人，幼儿园原则上不超过360人。进一步加强学校标准化建设，妥善解决由于布局调整造成学校班额过大、教育教学资源和办学条件紧张等问题。深化基础教育课程改革，鼓励优质教育资源向城乡结合部延伸，有效遏制择校现象，推进义务教育均衡发展。

三、切实办好较小规模学校和寄宿制学校

（一）办好农村较小规模学校。启动实施《自治区农村较小规模学校“十二五”建设规划》，结合农村义务教育薄弱学校改造计划，对保留的规模较小学校和教学点加大经费投入和经费保障水平，改善办学条件，加强教学管理，使较小规模学校达到标准化学校的基本要求，保证教育教学的质量。

（二）改善寄宿制学校办学条件。按照国家和自治区规定标准完善学生宿舍、食堂、厕所等配套生活设施，落实家庭经济困难寄宿学生生活费补助政策，配齐后勤服务管理人员，加强学校食品、卫生、安全管理，确保学生在校的安全。鼓励有条件的县（市）为寄宿制学校购买公交校车服务，解决寄宿生回家往返的交通问题。

（三）加强农村中小学教师队伍建设。按规定编制配齐农村中小学及教学点专任教师，探索建立以乡镇中心学校为核拨教师编制单位，教师轮流支教的工作机制，并制定政策措施，提高教师待遇，妥善解决教师食宿、交通等问题，吸引优秀教师到农村任教，使农村小学及教学点教师能留得住、教得好。进一步优化教师结构，加强教师培养、培训工作，提高农村教师队伍的整体素质。

四、科学推进农村中小学布局调整工作

（一）规范审批程序。农村中小学布局调整工作由县级人民政府负责实施，严格申报、批准及建设程序。义务教育阶段学校布局调整由县（市、区）教育行政部门提出方案，经县级人民政府批准，报地（州、市）教育行政部门备案；普通高中布局调整由地（州、市）教育行政部门提出方案，经地（州、市）人民政府（行署）批准，报自治区教育行政部门备案。布局调整规划一经批准，严格按规划实施，不得擅自更改，凡没有进入布局调整规划的项目，不得实施。

（二）做好宣传工作。在实施学校布局调整前，要将调整方案向当地群众公示，充分听取社会各界的意见。要建立校点布局调整规划论证、听证制度，中小学校点撤销与合并要公开征求社会意见。对群众反映强烈的问题，一方面要认真调研，充分论证，及时修改完善方案，不得简单从事，强行撤并；另一方面要通过各种媒体、各种形式广泛宣传，耐心解释，争取群众的理解和支持。防止盲目过度集中办学引发新的上学难问题。

各地要认真贯彻落实通知精神，从加强和改善民生、推进教育均衡发展的战略高度，按照办好每一所学校、关注每一个孩子健康成长和办人民满意的教育的要求，以县为单位开展一次以就学路程、交通安全、寄宿制学校食宿条件为主要内容的校点布局调整专项检查，提出重点解决交通不便乡村中小学生上学难的整改措施和对策建议。各地、州、市教育局要针对县市校点布局调整后出现的新情况、新问题，进一步修订完善本地区校点布局规划和较小规模学校基本建设项目库，加大教育投入，改善办学条件，不断提高教育发展水平和教育教学质量。

新疆维吾尔自治区教育厅

2012 年 2 月 22 日

关于进一步推进
全省中小学布局结构调整指导意见的通知

贵州省人民政府办公厅　黔府办发〔2012〕26 号

各市、自治州人民政府，各县（市、区、特区）人民政府，省政府各部门、各直属机构：

在国家的大力支持和省委、省政府的正确领导下，通过全省上下的共同努力，全省基础教育发展取得了显著成绩，“两基”工作顺利通过国家验收。近年来，为巩固提高“两基”成果，推动各级教育协调发展，我省又启动实施了农村寄宿制学校建设攻坚工程、高中阶段教育突破性工程等，农村中小学办学条件、办学规模和办学质量不断提高。但随着我省工业化、城镇化水平的提高，大量人口向城镇集中，学龄人口流动发生了深刻变化。为适应新形势发展需要，推动义务教育均衡发展和教育公共服务均等化，实现从“有学上”到“上好学”的转变，需要加大中小学布局结构调整力度，优化教育资源配置。根据《中华人民共和国义务教育法》《国家中长期教育改革和发展规划纲要（2010—2020 年）》等法规和省委、省政府的有关要求，现就进一步推进我省中小学布局结构调整，提出如下指导意见。

一、总体要求

（一）指导思想。坚持以邓小平理论和“三个代表”重要思想为指导，深入贯彻落实科学发展观，牢固树立教育优先发展理念，抢抓国家实施西部大开发战略和支持贵州经济社会又好又快发展的难得机遇，实现全省基础教育扩大规模与提高质量的有机统一，进一步稳定教师队伍、让农村的孩子开阔眼界，逐步使农村中学集中布局到县城、寄宿制小学集中布局到乡镇，使教育更好地服务“加速发展、加快转型、推动跨越”的主基调和工业强省、城镇化带动战略。

（二）基本原则。科学规划、合理布局；就近入学、适度集中；资源整合、提高效益；先建后撤、保证教学；整体推进、分步实施。实现四个结合：与当地实际相结合，与社会主义新农村建设相结合，与城镇化发展相结合，与农村初中校舍改造工程、农村薄弱学校改造工程、农村寄宿制学校建设攻坚工程等重大教育建设项目实施相结合。

（三）目标任务。

1. 提倡小学、初中独立办学。在乡镇中心小学和部分人口较多的社区小学建设寄宿制学校，逐步减少现有村小和教学点，形成以一定比例的寄宿制小学和必要的村小、教学点为补充的农村小学新格局。

2. 适度扩大初中学校办学规模。初中学校学生一般应达到 1 000 人以上。原则上人口在 2 万人以下和学生规模达不到 600 人的乡镇不独立设立初中学校，人口在 2 万人至 5 万人的乡镇可举办 1 所初中学校，人口在 5 万人以上的乡镇可举办 2 所初中学校。

3. 支持各地集中举办普通高级中学，适度扩大高中办学规模，逐步撤销设在乡镇的普通高中学校，在县城新建一批规模一般在 3 000 人左右的普通高中，满足初中毕业生升入普通高中就读的需要。

4. 在市（州）政府所在地以及进城务工人员较多的县城逐步建设（以改扩建为主）一批学校，解决进城务工人员随迁子女入学就读问题，逐步满足城镇学生人数不断增加的需要。在“十二五”期间较好地解决县城及城市学校“大班额”和进城务工人员子女入学难问题。

二、主要措施

（一）统筹学校布局与经济发展。教育部门要主动与当地发展改革、财政、规划、住房城乡建设、国土资源等部门沟通协调，准确把握城镇化布局、产业发展、人口密度，尤其是学龄人口变化的趋势与特征，将中小学布局结构调整与工业化、城镇化统筹考虑，促进基础教育与经济社会协调发展。

（二）加大寄宿制学校建设。各地要针对布局结构调整后寄宿生大量增加的实际，认真贯彻落实《省人民政府关于印发贵州省农村寄宿制学校建设攻坚工程实施方案的通知》（黔府发〔2011〕23 号）精神，优先在县城、乡镇集中财力建设规模较大的寄宿制学校，配套建设学校食堂、学生宿舍、教师周转房等基础设施，实施营养改善计划，并配齐配足学校食堂工勤、安保和宿管人员，为教师教书育人、学生读书学习创造良好的环境。

（三）紧密结合布局调整实施教育项目。各地的教育项目规划要与中小学布局调整规划紧密结合，对目前正在实施和将要实施，但与中小学布局结构调整原则不相符的项目要尽快研究，作出必要调整。在安排有关项目和资金时，要优先向我省属武陵山区、乌蒙山区、滇桂黔石漠化地区等集中连片特困地区县和少数民族地区倾斜，优先向布局调整较快、结构相对合理的地区和布局调整后办学规模较大的新建、改建学校倾斜。对计划撤并的学校，一律不再投入建设资金。

（四）大力提高中小学办学质量和水平。全面实施素质教育，促进学生德智体美全面发展。在推进中小学布局结构调整工作中，要通过优化教育结构，实现中小学合理布局，最大限度缩小城区学校与农村学校、优质学校与薄弱学校之间的办学差距。要合理配置教师资源，教师总数在县域内调剂，禁止产生聘用新的代课人员；建立中小学校长、教师定期轮岗交流制度，促进教师在分布、学科、职务结构等方面不断趋于均衡，实现良性循环发展，推进教育均衡发展和教育公平。

三、工作要求

（一）制定具体规划。各级政府对中小学布局结构调整要高度重视，加强组织领导，制定详细规划，明确职责分工，精心组织实施，积极稳步推进。省有关部门要加强对各地的指导，帮助解决工作中的困难和问题。普通高中学校布局结构调整由市（州）统筹，市、县分级实施；初中学校和小学布局结构调整规划由县制定并负责组织实施。

（二）实行科学民主决策。各地对中小学布局结构调整尤其是中小学校的撤销与合并要慎重考虑，稳步推进。在撤销与合并原有学校、教学点之前，要充分论证，广泛听取意见，确保工作平稳有序推进。对一些有必要保留的学校和教学点，在师资配备、校舍维修、办学条件改善等方面要给予必要支持

（三）管好用好闲置校舍。校舍是宝贵的公共教育资源。各地对调整后闲置的校舍，可因地制宜改扩建为幼儿园，也可由当地政府开设文化活动中心、乡村图书馆或敬老院等公益事业。

（四）正确引导社会舆论。各地要深入细致地做好思想工作，使干部、群众、教师、学生充分认识学校布局结构调整工作的重要意义。加强正面宣传报道，切实消除负面影响，为推进中小学布局结构调整工作营造良好的社会环境。坚决杜绝因工作简单粗暴引发群体性事件，确保思想稳定、学校稳定、教育稳定、社会稳定。

贵州省人民政府办公厅
2012 年 6 月 20 日

关于进一步推进中小学布局结构调整的实施意见

重庆市人民政府办公厅　渝办发〔2012〕281号

各区县（自治县）人民政府，市政府有关部门，有关单位：

为贯彻落实《国家中长期教育改革和发展规划纲要（2010—2020年）》《重庆市中长期城乡教育改革和发展规划纲要（2010—2020年）》《重庆市教育事业“十二五”规划》和《中共重庆市委重庆市人民政府关于大力发展职业技术教育的决定》（渝委发〔2012〕6号）精神，根据《国务院办公厅关于规范农村义务教育学校布局调整的意见》（国办发〔2012〕48号）要求，进一步推进中小学（含幼儿园，下同）布局结构调整，优化教育资源配置，统筹城乡教育一体化发展，建设西部地区教育高地和长江上游教育中心，经市政府同意，现提出如下实施意见。

一、充分认识中小学布局结构调整的重要性和紧迫性

中小学布局结构调整是扎实推进国家统筹城乡教育综合改革试验区工作，统筹城乡教育一体化发展，建设西部地区教育高地和长江上游教育中心的战略举措；是提供公平教育，促进教育均衡，办人民群众满意教育的客观需要；是优化教育布局结构，合理配置教育资源，逐步消除“大班额”，缓解择校矛盾，保障学生安全，提高办学效益的有效途径；是坚持走内涵特色发展道路，促进教育科学发展上新台阶的内在要求。

长期以来，全市各级党委、政府高度重视中小学布局结构调整工作，加强领导，加大统筹，有效促进了中小学布局结构的优化，解决了广大中小学生“有学上”的问题，提高了办学效益，得到了人民群众的普遍认可。但是，随着经济社会的快速发展，教育改革发展的不断深化，统筹城乡教育一体化的稳步推进，人民群众对“上好学”期盼的日益增长，城市开发、旧城改造中的学校配套建设严重滞后，中小学的布局结构仍存在不配套、不协调、不和谐等问题，造成有的学校覆盖半径过大、学生就学不便、存在安全隐患、学生人数过多、校均班额过大、教育质量得不到保证等现象。全市各级各有关部门要充分认识中小学布局结构调整的重要性和紧迫性，采取更加有力的措施，进一步推进中小学布局结构调整工作。

二、中小学布局结构调整的指导思想

坚持以邓小平理论和“三个代表”重要思想为指导，认真贯彻落实科学发展观和市第四次党代会精神，以提供公平教育，促进教育均衡，提升发展水平，不建豪华、超规模学校为价值取向，突出旧城改造、新区开发、产业园区建设、新农村建设、人口流动集聚地等配套中小学建设重点，采取新建、改建、扩建、合并、置换等多种方式，科学合理布局中小学，改善条件，优化结构，为建设西部地区教育高地和长江上游教育中心作出新贡献。

三、中小学布局结构调整的主要目标

（一）总目标。

通过中小学布局结构调整，实现“资源配置更优化、学校发展更均衡、学生就学更方便、接受教育更公平”的目标。

（二）分目标。

1. 学前教育。大力发展普惠性幼儿园，到2015年，全市各类幼儿园由现在的4 114所调整为4 700所左右，稳定目前无建制的园点2 900所左右。原则上每个乡镇至少有1所公办中心幼儿园，每个街道有2所公办社区幼儿园，60%的行政村有幼儿园（班），实现农村普惠性学前教育全覆盖。

2. 义务教育。大力促进城乡义务教育均衡发展，到2015年，全市义务教育学校基本稳定在6 300所左右，其中小学约5 200所、初中约1100所。通过2～3年的努力，实现全市义务教育基本消除“大班额”现象。

3. 普通高中教育。大力促进普通高中教育特色多样化发展，到2015年，全市普通高中学校由现在的263所调整为300所左右，其中“一圈”约210所、渝东南约35所、渝东北约55所。

4. 中等职业教育。大力促进中等职业教育校企融合发展，到2015年，全市中等职业学校由现在的236所调整为180所左右，其中“一圈”约130所、渝东南约10所、渝东北约40所。

四、中小学布局结构调整的基本原则

（一）积极稳妥、有序推进。建立学龄人口预测机制，依据教育规律，满足需要，既积极推进，又慎重稳妥，分年度、分步骤、按规划扎实推进布局结构调整。

（二）统筹规划、合理布局。统筹加强布局结构调整工作，科学制定布局结构调整规划，做到各级各类教育学校布局合理、结构优化。

（三）优化资源、提高质量。调整、优化布局结构的目的是全面提高质量、促进每所学校科学发展，促进每位学生健康成长。

（四）市级统筹、区县为主。按照分级管理要求，市教育行政部门负责布局结构调整宏观调控，加大统筹力度，市政府有关部门支持配合。区县（自治县）是布局结构调整的主体，全面承担布局结构调整的主要责任。各区县（自治县）

人民政府要科学制定中小学布局结构调整专项规划，经市教育行政、规划、发展改革等部门审核备案后，报市政府批准实施。市级开发平台负责开发范围内中小学布局结构调整，在规划布局时须征得所在区县（自治县）人民政府同意，根据开发进程并按照先建后拆原则，全面完成中小学校建设，建成后移交所在区县（自治县）人民政府办学。

各区县（自治县）要结合人口因素、城镇发展、教育需求等，按照“小学就近入学、初中相对集中”要求，确定学校服务半径，原则上按每0.5万人布局1所幼儿园（6个班）、每2万人布局1所小学（30个班）、每3.5万人布局1所初中（30个班）、每8万人布局1所普通高中（36个班），统筹规划城乡中小学布局结构。中小学办学规模、校舍占地面积和建筑面积、生均占地面积和建筑面积、师生配置比例等标准，继续按照渝办发〔2008〕354号和渝教基〔2011〕69号文件规定标准执行。

五、调整学前教育布局结构，促进普惠发展

按照“因地制宜、就近入园”的原则，在旧城改造、新区开发、公（廉）租房建设和新农村建设等进程中，充分考虑城乡人口分布和流动趋势，严格按照《重庆市城乡规划公共服务设施规划导则》要求的服务范围、服务人口、选址条件、教育设施配置标准设置幼儿园（点）。满足新增城镇人口子女、转户居民子女、进城务工人员随迁子女和其他流动人口子女的入园需求，切实解决好“入园难”和“入园贵”问题。乡镇要充分利用闲置校舍和富余公共资源优先改（扩）建一批乡镇中心幼儿园。在城镇科学合理布局民办幼儿园，积极发展民办学前教育。小学不新办学前班和附设幼儿园。在交通不便的边远山区，可从当地实际和群众需求出发，在保障农村儿童入园入托条件下，合理安排幼儿园的规划与布局，提供灵活多样的学前教育服务，不强求整齐划一和“一刀切”。

六、调整义务教育布局结构，促进均衡发展

各区县（自治县）要坚持“就近免试入学”原则，将义务教育布局结构调整工作与改造薄弱学校、加强标准化学校建设结合，与切实减少“大班额”和大规模学校、有效缓解择校问题结合，与保障学生平等接受义务教育权利、全面提高教育质量结合，与盘活“空壳”学校、发展提升农村“末端教育”结合，统筹规划、审慎推进。坚持办好必要的村小和教学点，提高生均公用经费标准，对学生规模不足100人的村小和教学点按100人核定公用经费，保证其正常运转。在校学生在10人左右的村小原则上不得撤并，确保每个孩子都有学上。区县（自治县）在调整义务教育学校布局结构时，要统筹考虑城乡经济社会发展状况、未来人口变动状况和人民群众的现实需要，坚持实事求是、科学规划、严格程序，原则上小学向公路沿线集中，初中向集镇集中，避免盲目调整和简单化操作。生源较少地区，布局九年一贯制学校或在相邻几个乡镇布局一所初级中学。交通不便且留守儿童较多的地区，布局寄宿制学校。农村小学1—3年级学生原则上不寄宿，就近走读上学；小学高年级学生以走读为主，确有需要的可以寄宿；初中学生根据实际可以走读或寄宿。原则上每个乡镇都应设置初中，人口相对集中的村要设置村小和教学点，人口稀少、地处偏远、交通不便的地方应保留或设置教学点；规范学校撤并程序，严格履行撤并方案的制定、论证、公示、报批等程序，区县（自治县）人民政府撤并学校方案报市政府审批，坚决防止盲目撤并学校。学校撤并要先建后撤，平稳过渡。对条件尚不成熟的区县（自治县），要暂缓实施布局调整，对边远山区、高寒地区的教学点、村小以及小学原则上不得撤并。已经撤并的学校和教学点，确有必要的，由当地人民政府进行规划，按程序予以恢复。从2012年秋季开始，所有学校义务教育阶段的起始年级均不得再出现“大班额”情况。

七、调整普通高中教育布局结构，促进特色多样化发展

根据普通高中特色多样化发展原则，各区县（自治县）要坚持以有效整合资源、适度扩大规模、整体提高质量为重点，统筹普通高中布局结构调整工作。坚持改（扩）建为主、适度新建为辅的原则，扩大优质高中教育资源。新建普通高中原则上布局在区县城或中心镇。探索综合高中发展模式，逐步实行高中和初中剥离。优化渝东北和渝东南地区普通高中布局结构，全面提升普通高中质量水平。

八、调整中等职业教育布局结构，服务区域经济发展

各区县（自治县）要把职业教育纳入经济社会发展和产业发展规划，促进职业教育布局结构、专业设置、人才培养与经济社会发展需求相适应。按照“产教结合”原则，结合“6＋1”支柱产业和“2＋10”战略新兴产业、现代农业、现代服务业等发展要求，布局和建设中等职业学校，推进职业教育与产业园区合作共建，培养技能型人才，助推支柱产业、优势产业发展，服务地区经济社会建设。结合新农村建设，合理布局农村职业学校，大力发展农村职业教育。着力把主城区打造成为重庆职业教育核心区。把万州区、永川区建成职业技术教育重要基地，通过挖潜提质、内涵发展，发挥其辐射带动作用。把涪陵区、黔江区、江津区、合川区打造成职业技术教育的区域中心。其他区县（自治县）因地制宜办好现有职业技术学校，原则上不再开办新学校。

九、盘活中小学布局结构调整工作中的闲置校舍资源

盘活中小学布局结构调整工作中的闲置校舍资源有利于充分发挥教育资源效益作用，有利于避免教育资产流失。对保留继续办学的闲置校舍资源，各区县（自治县）人民政府须优先用于新建、改（扩）建中小学、幼儿园，不得挪作他用和改变教育用地性质。对不保留继续办学的闲置校舍资源，区县（自治县）人民政府可采取地票交易、市地产集团统一储备等多种方式最大限度地盘活使用。盘活闲置资产的收益部分，必须优先用于教育事业。

十、为中小学布局结构调整提供有力保障

（一）组织保障。市政府成立以分管副市长为组长，教育、编制、发展改革、财政、国土房管、城乡建设、规划等有关部门负责人为成员的中小学布局结构调整领导小组，明确职责，落实责任。各区县（自治县）要成立相应组织领导机构，结合实际制定中小学布局结构调整的具体实施办法，加强统筹和协作，强化监管和调控。各地规划配套的中小学建设确需修改规划的，须经区县（自治县）教育行政部门同意。从本意见印发之日起，各区县（自治县）中小学校点撤并“冻结”一年，“冻结”结束后，凡是要撤并学校（点）的，区县（自治县）教育行政主管部门必须提前半年报区县（自治县）人民政府，由区县（自治县）人民政府核实后上报市政府审批。

（二）政策保障。中小学布局结构调整涉及面广，市政府有关部门和各区县（自治县）要齐心协力积极落实现行有关政策，并结合实际创造新鲜经验，为中小学布局结构调整提供土地、规划、建设、经费、师资配置等政策支持。小区配套中小学与小区建设同步规划、同步建设、同步验收、同步交付使用。对未按规定配套中小学的小区，规划部门不予审批，城乡建设部门不予验收，国土房管部门不予批准销售和办证。对闲置和挪作他用的配套中小学校要进行清理整顿，恢复办学。

（三）经费保障。全市各级政府要为中小学布局结构调整工作提供必要的经费保障。中小学布局结构调整提倡实事求是、因地制宜、厉行节约，反对铺张浪费，杜绝举债合并调整、建设豪华超标准学校等行为发生。

（四）制度保障。建立健全布局结构调整调研论证、征询意见、民主评议、方案审批、集体决策、矛盾调解、听证会等制度，充分听取学生、家长、社会各界人士的意见和建议。建立布局结构调整督导考核、表彰奖励、责任追究等制度，确保学校布局结构调整顺利健康推进。

（五）舆论保障。加强宣传，注重正面引导，争取学校、社会、家庭各方面的理解支持和配合，创造学校布局结构调整良好环境。

重庆市人民政府办公厅

2012 年 10 月 8 日

关于进一步做好农村义务教育学校布局调整工作的意见

河南省人民政府办公厅　豫政办〔2012〕132号

各省辖市、省直管试点县（市）人民政府，省人民政府各部门：

近年来，随着我省城镇化水平的不断提高和农村人口出生率的持续降低，农村学龄人口不断下降，各地对农村义务教育学校进行了布局调整和撤并，改善了办学条件，优化了资源配置，提高了办学效益和教育质量。但在农村义务教育学校布局调整的过程中，一些地方存在规划方案不完善、操作程序不规范、保障措施不到位的问题，影响了农村教育健康发展。根据《国务院办公厅关于规范农村义务教育学校布局调整的意见》（国办发〔2012〕48号）要求，经省政府同意，现就进一步做好我省农村义务教育学校布局调整工作提出如下意见。

一、农村义务教育学校布局调整的总体要求

保障适龄儿童少年就近入学是《中华人民共和国义务教育法》的规定，是政府的法定责任。农村义务教育学校布局调整，要与中原经济区建设、新型城镇化和新型农村社区建设的要求相适应，统筹考虑城乡人口流动、学龄人口变化趋势，以及当地农村地理环境、交通状况、教育条件保障能力、学生家庭经济负担等因素，充分考虑学生的年龄特点和成长规律，处理好提高教育质量和方便学生就近入学的关系。要在注重方便学生就近入学，保证入学率、普及率的前提下，积极稳妥地推进农村中小学布局调整，优化资源配置。要坚决杜绝因过急、过快、过度撤点并校造成学生失学、辍学和上学难等现象发生。

二、科学制定农村义务教育学校布局规划

根据我省中小学布局调整的要求，各地已经制定了2011—2015年中小学布局调整规划。县级政府要按照国务院的有关规定和本意见要求，在已有中小学布局调整规划的基础上，结合当地实际，完善农村义务教育学校布局专项规划，合理确定县域内教学点、村小学、中心小学、初中学校布局，以及寄宿制学校或非寄宿制学校的比例，明确学校布局调整的保障措施，保障学校布局与村镇建设和学龄人口居住分布相适应，与城镇建设规划、新型农村社区建设规划、土地利用总体规划以及土地整治规划相衔接。各县（市、区）的专项规划要在本级政府和教育、规划等部门网站上向社会公示，经省辖市政府审核后于2012年12月底前报省政府批准。

农村义务教育学校布局要满足学生就近上学的需要。农村小学1至3年级学生原则上不寄宿，就近走读上学；小学高年级学生以走读为主，确有需要的可以寄宿；初中学生根据实际可以走读或寄宿。原则上每个乡镇都应设置初中，人口相对集中的村要设置村小学或教学点，人口稀少、地处偏远、交通不便的地方应保留或设置教学点。

三、严格规范农村义务教育学校撤并行为

规范农村义务教育学校撤并程序和行为是保障布局调整科学性的重要环节。对确因生源减少需要撤并的学校，县级政府必须严格履行撤并方案的制定、论证、公示、报批等程序。要统筹考虑学生的交通安全、寄宿生学习生活设施等条件保障，并通过举行听证会等多种有效途径，广泛听取学生家长、学校师生、村民自治组织和乡镇政府的意见，保障群众充分参与并监督决策过程。学校撤并必须坚持先建后撤，保证平稳过渡。撤并方案要逐级上报省政府审批。在撤并之前，要保证学校和幼儿园的基本条件，确保教育教学工作的正常进行。要依法规范撤并后原有校园校舍资源的再利用工作，优先保障当地教育事业特别是学前教育的需要。

坚决制止盲目撤并农村义务教育学校。凡并入学校住宿和就餐条件不能满足需要或撤并后学生上下学交通安全得不到保障、造成学校超大规模或“大班额”问题突出的，均不得撤并现有学校或教学点。对已经撤并的学校或教学点，不符合本意见要求、确有必要保留的由当地政府按程序予以恢复。

各地的农村义务教育学校布局专项规划未经省政府批准之前，暂停对学校的撤并。

四、切实办好村小学和教学点

各级政府和有关部门要采取多种措施改善农村小学和教学点的办学条件，着力提高教学质量。要提高村小学和教学点的生均公用经费标准，对学生规模不足100人的村小学和教学点要按100人核定公用经费，保证其正常运转。要建立完善符合村小学和教学点实际的职称评定标准，职称晋升和绩效工资分配向村小学和教学点专任教师倾斜，鼓励省辖市、县（市、区）采取在绩效工资中设立岗位津贴等政策措施，支持优秀教师到村小学和教学点工作。要加快推进农村教育信息化建设，优先为村小学和教学点配备班级多媒体设备和数字化优质课程教学资源。要充分发挥中心小学的管理和指导作用，组织优秀教师巡回教学，开展连片教研，推进优质教学资源共享，提高村小学和教学点教学质量。

五、加强新型农村社区学校建设

学校建设是新型农村社区建设的重要组成部分。各地要把学校建设纳入新型农村社区的总体规划与建设之中，做到学校与新型农村社区同步规划、同步建设、同步交付使用。新建学校要严格按照国家建设标准和省定办学条件标准进行规划、设计和建设，确保质量。新型农村社区中小学校建设资金由县级政府负责统筹落实，学校不得举债建设。教育费附加、地方教育附加和土地出让收益中计提的教育资金，在规定的使用范围内，可优先用于支持新型农村社区学校建设。新型农村社区学校建设可参照财政部、国家发展改革委《关于免收全国中小学校舍安全工程建设有关收费的通知》（财综〔2010〕57号）规定的收费减免政策执行。新型农村社区学校布局要坚持相对集中、规模适度的原则。原则上4 000人至1万人的社区设1所6至12班规模的完全小学；1万人以上的社区，每1万人设1所18至24班规模的小学，每2万人设1所18班以上规模的初中。对新型农村社区学校建设规划确定的3年内需要撤并的学校，经省政府有关部门审核后，原计划安排的校舍安全工程、薄弱学校改造等项目资金，可集中用于新型农村社区学校建设。新型农村社区学校建设是农村中小学布局调整的重要方面，涉及学校迁移和撤并，要按照本意见的规定，规范学校迁移和撤并程序，并做好新建学校与原有学校的衔接和平稳过渡工作。

六、着力解决农村义务教育学校撤并带来的突出问题

加强农村寄宿制学校建设和管理。学校撤并后需要寄宿的，由县级政府负责按照省定标准建设寄宿制学校或提供寄宿条件，为寄宿制学校配备教室、学生宿舍、食堂、饮用水设备、厕所、澡堂等设施和聘用必要的管理、服务、保安人员，寒冷地区要配备安全的取暖设施。有条件的地方应为学校配备心理健康教师。结合寄宿制学校特点，研究解决寄宿制学校教职工配备有关问题。要切实加强对寄宿制学校师生的安全教育与管理，科学安排学生的作息时间，积极开展符合学生身心特点、健康向上的校园活动，确保学生安全、健康成长。

认真贯彻落实《校车安全管理条例》（国务院令第617号），切实保障学生上下学交通安全。要加快发展农村公共交通，通过增设农村客运班线及站点、增加班车、班次、缩短发车间隔、设置学生专线等方式，满足学生的乘车需求。公共交通不能满足学生上下学需要的，县级政府负责组织提供校车服务。严厉查处接送学生车辆超速、超员和疲劳驾驶等违法行为，坚决制止采用低速货车、三轮汽车、拖拉机以及拼装车、报废车等车辆接送学生。

高度重视并切实解决学校撤并带来的“大班额”问题。各地要通过新建、扩建、改建学校和合理分流学生等措施，使学校班额符合国家标准。凡班额超标的学校不得再接收其他学校并入的学生。对教育资源较好学校的“大班额”问题，要通过实行学区制管理、联合办学或建立学校联盟、探索集团化办学等措施，扩大优质教育资源覆盖面，合理分流学生。

七、开展农村义务教育学校布局调整专项督查

省、省辖市政府教育督导机构要对农村义务教育学校布局是否制订专项规划、规划是否公开、调整是否合理、保障措施是否到位、工作程序是否完善、村小学和教学点建设是否合格等进行专项督查，督查结果向社会公布。对存在问题较多、社会反映强烈的地方，要责成其限期整改。对因学校撤并不当引起严重不良后果的，要依照法律和有关规定追究责任。县级政府要认真开展农村义务教育学校布局调整工作检查，及时发现并解决好存在的问题。省教育厅要会同有关部门加强对各地农村义务教育学校布局调整工作的督促指导。

河南省人民政府办公厅
2012 年 10 月 12 日

关于规范农村义务教育学校布局调整意见的通知

内蒙古自治区人民政府办公厅　内政办发〔2013〕16 号

各盟行政公署、市人民政府，自治区各委、办、厅、局，各大企业、事业单位：

经自治区人民政府同意，现将《国务院办公厅关于规范农村义务教育学校布局调整的意见》（国办发〔2012〕48 号，以下简称《意见》）转发给你们，并提出以下要求，请一并贯彻执行。

一、全面总结“十五”以来农村牧区义务教育学校布局调整工作，认真开展自查，解决好学校撤并带来的突出问题

自“九五”开始，按照国家各项教育工程的实施要求，我区陆续开展了农村牧区中小学布局调整工作。特别是进入“十五”以来，为适应全区撤乡并镇和城镇化的快速推进，针对日益显现出来的中小学生源相对不足、校均规模偏小、师生比偏大、办学资源分散浪费、教育教学质量不高等问题，全区加大了农村牧区中小学布局调整工作力度，中小学办学条件得到较大改善，教师队伍配置逐步优化，办学效益和质量稳步提高，取得明显成效。但由于中小学布局调整工作涉及面广，各地情况差异大，工作不平衡，在操作过程中也存在一些困难和问题。2012 年 5 月至 7 月，审计署对我区 50 个旗县（市、区）2006 年以来义务教育阶段农村牧区中小学布局调整情况进行了专项审计调查，审计调查报告提出我区部分地方不同程度存在的突出问题包括：布局调整规划方案不完善、操作程序不规范、保障措施不到位；农村牧区义务教育学校减少过多过快，存在学校撤并不合理现象；寄宿制学校比重过大，学生寄宿生活条件不能及时跟上；就学交通工具管理不规范；停办学校校舍资产处置和管理不规范。这些问题导致部分学生上学路途变远、交通安全隐患增加、学生家庭经济负担加重，同时造成城镇学校班额过大，影响了农村牧区教育的健康发展。对此，各级人民政府应予高度重视，采取有效措施，认真加以整改。

为认真贯彻《意见》精神，自治区人民政府决定，凡自2013年春季未动工的，一律停止撤并义务教育学校（含小学教学点）。各地区对“十五”以来所属旗县（市、区）农村牧区中小学布局调整工作进行全面总结，肯定成绩，查找问题，凡是存在《意见》和审计报告中指出问题的，要制订具体整改措施和工作时间表，按时完成整改。

二、从实际出发，科学制定农村牧区义务教育布局规划，规范今后布局调整工作

农村牧区义务教育学校规划的主要责任在旗县（市、区）。各旗县（市、区）要按照《意见》要求，科学制定农村牧区义务教育学校布局专项规划。首先要做好“十二五”后三年即2013至2015年布局规划，今后每五年制定一次。布局专项规划经所在盟市审核后报自治区人民政府批准，由自治区统一上报国家教育体制改革领导小组备案。未列入布局规划的学校原则上不予调整。有必要恢复已撤并学校或教学点的，由旗县（市、区）列入2013至2015年农村牧区义务教育布局专项规划；按程序同意恢复的，其校舍建设经费由旗县（市、区）、盟市和自治区三级承担。自治区教育督导机构要适时对农村牧区义务教育学校布局是否制定专项规划、调整是否合理、保障措施是否到位、工作程序是否完善、村小学和教学点建设是否合格等进行专项督查。各旗县（市、区）要认真开展农村牧区义务教育学校布局调整工作检查，及时发现并解决好存在的问题。对因学校撤并不当引起严重后果的，要依照法律法规和有关规定追究责任。

专项规划的协调、汇总工作由自治区教育厅负责。各盟市要于2013年4月底前将工作总结和专项规划报自治区教育厅，由自治区教育厅汇总后报自治区人民政府。

内蒙古自治区人民政府办公厅

2013年2月27日

关于规范农村义务教育学校布局调整的实施意见

安徽省人民政府办公厅　皖政办〔2012〕62号

各市、县人民政府，省政府各部门、各直属机构：

保障适龄儿童少年就近入学是《义务教育法》的规定，是政府的法定责任，是基本公共服务的重要内容。为进一步规范农村义务教育学校布局调整，努力办好人民满意的教育，根据国务院办公厅《关于规范农村义务教育学校布局调整的意见》（国办发〔2012〕48号），经省政府同意，结合我省实际，制定本实施意见。

一、总体要求

（一）总体要求。农村义务教育学校布局，要尊重农村教育发展和学校建设的基本规律，适应城镇化、信息化快速发展和美好乡村建设的新形势，统筹考虑城乡人口流动、学龄人口变化，以及当地农村地理环境及交通状况、教育条件保障能力、学生家庭经济负担等因素，充分考虑学生的年龄特点和成长规律，处理好提高教育质量和方便学生就近上学的关系，稳妥、慎重、规范调整，切实保障农村适龄儿童少年就近接受良好义务教育。

二、科学制定规划

（二）规划制定与报批。县级人民政府要制定农村义务教育学校布局专项规划，合理确定县域内教学点、村小学、中心小学、初中学校布局，以及寄宿制学校和非寄宿制学校的比例，保障学校布局与美好乡村建设和学龄人口居住分布相适应，结合义务教育学校标准化建设规划，明确学校布局调整的保障措施。县级人民政府要将农村义务教育学校布局专项规划于2013年2月底前报市人民政府审核，各市汇总后于2013年3月底前报省人民政府批准。在完成农村义务教育学校布局专项规划审批之前，暂停农村义务教育学校撤并。

（三）保障学生就近上学需要。农村义务教育学校布局以小学就近入学、初中相对集中为原则，保障学生就近上学的需要。农村小学1至3年级学生原则上不寄宿，就近走读上学；小学高年级学生以走读为主，确有需要的可以寄宿；初中学生根据实际可以走读或寄宿。原则上每个乡镇都应设置初中，人口相对集中的村要设置村小学或教学点，人口稀少、地处偏远、交通不便的地方应保留或设置教学点。农村学校及教学点的设置，由县级人民政府根据不同年龄段学生体力特征、道路条件、自然环境等因素，合理确定学校服务半径，尽量缩短学生上下学路途时间。各市根据有关要求和实际情况负责统筹审核。

三、严格规范撤并程序

（四）严格规范农村义务教育学校撤并程序。确因生源减少需要撤并学校的，县级人民政府必须严格履行撤并方案的制定、论证、公示、报批等程序。撤并方案要说明撤并的具体原因，明确撤并步骤，统筹考虑学生上下学交通安全、寄宿生学习生活设施条件等条件保障。撤并方案经过充分论证后在当地媒体公示，广泛听取社会意见。按照“一校一议”的原则举行学校撤并听证会，以公开表决的方式形成是否同意的撤并意见，切实保障群众充分参与并监督决策过程。参加听证会的代表应包括学生家长、学校师生、村民自治组织和乡镇人民政府的代表，以及教育教学专家。学校撤并应先建后撤，保证平稳过渡。撤并方案要经市级人民政府审核后报省人民政府审批。要依法规范撤并后原有校园校舍的再利用工作，优先保障当地教育事业发展需要。

（五）坚决制止盲目撤并农村义务教育学校。多数学生家长反对或听证会多数代表反对，学校撤并后学生上学交通安全得不到保障，并入学校住宿和就餐条件不能满足需要，以及撤并后将造成学校超大规模或“大班额”问题突出的，均不得强行撤并现有学校或教学点。已经撤并的学校或教学点，群众恢复意愿强烈的，由县级人民政府进行规划，并报经市级政府同意，可予以恢复。

四、办好村小学和教学点

（六）改善办学条件。提高村小学和教学点的生均公用经费标准，对学生规模不足100人的村小学和教学点按100人核定公用经费，保证其正常运转。加快推进农村教育信息化建设，为村小学和教学点配置多媒体教学设备和数字化优质课程教学资源。

（七）提高教学质量。完善农村义务教育学校学区管理，学区内统一学校管理、教学管理、队伍管理、资源管理和教研管理，推动学区内教育教学资源共享，提高村小学和教学点教学质量。完善符合村小学和教学点实际的职称评定标准，实行城乡同一教师职务结构比例，职称晋升和绩效工资分配向村小学和教学点专任教师倾斜，在绩效工资中设立岗位津贴，鼓励和支持优秀教师到村小学和教学点工作。

五、妥善解决学校撤并带来的突出问题

（八）加强农村寄宿制学校建设和管理。学校撤并后学生需要寄宿的地方，要结合农村义务教育薄弱学校改造工程加强寄宿制学校建设，为寄宿制学校配备教室、学生宿舍、食堂、饮用水设备、厕所、澡堂等设施，配备必要的管理、服务、保安人员。有条件的地方应为学校配备校医和心理健康教师。各市、县政府要安排必要的经费，保证寄宿制学校的基本运转。加强寄宿制学校安全管理和教育，有针对性地开展卫生常识、安全用电、预防火灾和应急疏散等方面的教育演练。要科学管理学生作息时间，培养学生良好的生活习惯，开展符合学生身心特点、有益于健康成长的校园活动。寄宿小学生不得组织统一晚自习，初中学生晚自习时间不得长于2小时。

（九）切实保障学生上下学交通安全。要认真落实《校车安全管理条例》，通过增设农村客运班线及站点、增加班车班次、缩短发车间隔、设置学生专车等方式，满足学生的乘车需求。公共交通不能满足学生上学需要的，要组织提供校车服务。严厉查处接送学生车辆超速、超员和疲劳驾驶等违法行为，坚决制止采用低速货车、三轮汽车、拖拉机以及拼装车、报废车等车辆接送学生。

（十）逐步解决学校撤并带来的“大班额”问题。各地要通过新建、扩建、改建学校和合理分流学生等措施，使小学班额不超过46人，初中班额不超过50人。班额超标学校不得再接收其他学校并入的学生。对教育资源较好学校的“大班额”问题，要通过实施学区管理、建立学校联盟、探索集团化办学等措施，扩大优质教育资源覆盖面，合理分流学生。

六、保障工作落实

（十一）加大宣传力度。要通过政策解读、开展培训、媒体报道等多种途径扩大宣传，使广大群众和社会各界了解国家和省关于农村学校布局调整的政策措施，为规范农村义务教育学校布局调整工作营造良好的社会环境。教育系统要进行专题部署，确保规范农村义务教育学校布局调整各项措施落到实处。

（十二）开展专项督查。省政府教育督导机构要对农村义务教育学校布局专项规划是否制定、调整是否合理、保障措施是否到位、工作程序是否完善、村小学和教学点建设是否合格等进行专项督查，督查结果纳入县级党政领导干部年度教育工作督导考核和市级教育主管部门年度教育目标管理考核，并向社会公布。对存在问题较多、社会反映强烈的地方，要责令限期整改。对因学校撤并不当引起严重不良后果的，要依照法律和有关规定追究责任。县级人民政府要认真开展农村义务教育学校布局调整工作检查，及时发现并解决好存在的问题。

安徽省人民政府办公厅
2012年12月12日

关于进一步规范农村义务教育学校布局调整的实施意见

江西省人民政府办公厅　赣府厅发〔2012〕87号

各市、县（区）人民政府，省政府各部门：

为贯彻落实《国务院办公厅关于规范农村义务教育学校布局调整的意见》（国办发〔2012〕48号），经省政府同意，现就进一步规范我省农村义务教育学校布局调整提出如下实施意见。

一、准确把握农村义务教育学校布局总体要求、保障适龄儿童少年就近入学是《义务教育法》和《江西省义务教育条例》的规定，是政府的法定责任

做好农村义务教育学校布局工作是促进教育均衡、保障教育公平的客观需要，是合理配置教育资源、提高教育质量的有效途径，是推进教育科学发展、办人民满意的教育的内在要求，事关农村发展，事关农村适龄儿童少年义务教育权利保障，事关义务教育持续健康发展。

农村义务教育学校布局调整，要坚持以人为本，因地制宜，努力满足学生就近接受良好义务教育需求；要适应城镇化发展和社会主义新农村建设的新形势，统筹考虑城乡人口流动、学龄人口变化趋势，以及当地农村地理环境、交通状况、教育条件保障能力、学生家庭经济负担等因素，充分考虑学生的年龄特点和成长规律，处理好提高教育质量和方便学生就近入学的关系；要认真查找工作中的偏差，坚决遏止盲目撤并农村义务教育学校的做法，妥善解决学校撤并带来的寄宿制学校建设、学生上下学交通安全、“大班额”等突出问题。

二、认真编制义务教育学校布局专项规划

县级人民政府要坚持以学生为本、就近入学的原则，从方便和满足学生及家长需求出发，进一步完善农村地区教学网点布局，科学编制2013—2015年的县域内义务教育学校布局专项规划（包括新建、保留、撤并、恢复等情况，有条件的也可以规划到2020年）。专项规划要在本级政府和教育等部门网站上向社会公示一个月，经设区市人民政府审核后，于2013年4月30日前报省教育体制改革领导小组汇总呈报省人民政府审批。

三、合理确定农村义务教育学校网点设置标准

县（市、区）人民政府应从服务人口、服务半径、上下学时间等方面合理确定农村义务教育学校网点设置标准。农村小学1至3年级学生原则上不寄宿，就近走读上学；小学高年级学生以走读为主，确有需要的可以寄宿；初中学生根据实际可以走读或寄宿。不能提供校车服务或没有公交专线的地区，非寄宿制学校学生上下学原则上步行时间单程不超过30分钟；能够提供校车服务或设有公交专线的地区，非寄宿制学校学生上下学原则上行车时间单程不超过30分钟，采取其他交通方式上下学的学生，原则上单程不超过40分钟。原则上每个乡镇都应设置初中，人口相对集中的村要设置村小学或教学点，人口稀少、地处偏远、交通不便的地方保留或设置教学点。原则上按每万人布局1所完全小学、每3.5万人布局1所初中，确保每个孩子都方便上学。

四、严格规范农村义务教育学校撤并程序

规范农村义务教育学校撤并程序。确因生源减少需要撤并学校的，县级人民政府必须严格履行撤并方案制定、论证、公示、报批等程序。撤并方案应具备招生区域调整、学生分流、周边学校接收能力、撤并后学生交通安全等方面的可行性，并通过举行听证会，广泛听取意见，保障群众充分参与并监督决策过程。听证会应由学生家长、学校师生、村民自治组织和乡镇政府、有关专家等方面代表参加，根据听证会意见，完善撤并方案。撤并方案经县（市、区）人民政府研究后，要在本级政府和教育等部门网站上向社会公示一个月。公示期满后，报设区市人民政府审核。设区市人民政府审核通过后，按程序上报省人民政府审批。学校撤并要坚持先建后撤，平稳过渡，确保教育教学工作的正常进行。当地教育部门要依法统筹学校布局调整后闲置资产的再利用工作，将学校闲置校舍资产作为教育储备项目，统筹用于地方教育事业特别是学前教育发展的需要。

五、坚决纠正盲目撤并农村义务教育学校的做法

坚决纠正盲目撤并学校的做法。各地不得通过行政手段强行撤并学校，多数学生家长或听证会代表反对，学校撤并后学生上学交通安全得不到保障，并入学校住宿和就餐条件不能满足需要，撤并后造成学校超大规模或大班额问题突出的，均不得强行撤并现有学校或教学点。要坚决纠正一些地方盲目推进的“小学进镇，初中进城”做法，坚决纠正通过减少投入、减少教师配备和不予以生源调整等方式使学校自然消亡的做法。今后，即使是经济比较发达、城乡一体化水平较高的地区，撤并农村学校网点，也要充分考虑当地的地理情况、受教育人口的分布状况和学校服务半径，充分尊重当地群众意愿，充分考虑家长的承受能力。

暂停撤并学校。从本实施意见印发之日起，各地的农村义务教育学校布局专项规划未经省政府批准，并完成备案之前，暂停农村义务教育学校撤并。今后，凡是要撤并学校（教学点）的，县（市、区）教育行政主管部门必须提前半年报县（市、区）人民政府，经县（市、区）人民政府研究后，按程序上报设区市人民政府审核、省人民政府审批。

酌情恢复具备办学条件的教学网点。对具有一定生源、家长要求强烈、具备条件确有必要恢复的教学点，在调查摸底的基础上，综合考虑办学条件、师资、教学质量、办学成本等因素，由当地政府按程序予以恢复。

六、切实办好村小和教学点

改善教学网点办学条件。对保留和恢复的村小和教学点，要采取多种措施改善办学条件。要建立健全公共教育资源向农村边远地区小学、特别是教学点倾斜的机制。明确一定比例的校园建设维修改造资金，切块用于农村边远地区小学和教学点建设，加快村小和教学点校舍、教学仪器设备、数字教育资源、图书资料、体育卫生场地和设施等基本达标步伐，使之具备较为完善的教学和生活设施。要进一步提高农村边远地区小学特别是教学点的生均公用经费标准，对于不满 100 名学生的村小和教学点，以 100 名学生为基数下拨生均公用经费。要切实加大农村边远地区小学教师周转宿舍建设，提供基本的住宿条件。要进一步完善农村边远地区义务教育经费的拨付方式，实行全过程检查，确保资金使用规范、安全、高效。

加强师资队伍建设。建立健全在村小和教学点从教激励机制，在培训进修、职称评定、评优评先等方面给予特殊政策。继续实施艰苦边远地区农村中小学教师特殊津贴政策，并逐步提升标准。适当增加教师配备数量，解决村小和教学点教师配备不足问题，特别是要配齐配足英语、体育教师，确保村小、教学点英语和体育课程的正常开设。建立教学点、村小、乡（镇）中心小学、县城小学教师和校长互派交流制度，鼓励城区优秀教师到边远地区支教，建立中心小学优秀教师不定期送教到各教学点制度。积极改善村小、教学点教师办公、住宿、膳食及业余文化娱乐条件，让其安心教学。加快推进农村教育信息化建设，为村小和教学点配置数字化优质课程教学资源，加强指导与管理，采取基层连片教研、结对帮扶、巡回教学等方式提高村小和教学点教学质量。

七、妥善解决学校撤并带来的突出问题

加快农村寄宿制学校建设和管理。学校撤并后学生需要寄宿的，由县级人民政府负责按照省定标准建设寄宿制学校或提供寄宿条件，为寄宿制学校配备教室、学生宿舍、食堂、饮用水设备、厕所、澡堂、体育卫生等设施和聘用必要的管理、服务、保安人员。有条件的地方应为学校配备卫生保健教师和心理健康教师。结合寄宿制学校特点，研究解决寄宿制学校教职工配备有关问题。适当提高对家庭困难寄宿学生的生活费补助标准。凡是寄宿制小学和有学生在校午餐的学校，都应开办食堂或伙房，配备必要的设备，为学生提供热饭和成本价饭菜，确保食品卫生安全。

高度重视学生上下学交通安全。认真落实《校车安全管理条例》，加快发展农村公共交通，通过增设农村客运班线及站点、增加班车班次、缩短发车间隔、设置学生专车等方式，满足学生的乘车需求。交通较为发达的地方，应优化客运线路，方便学生上学。公共交通不能满足学生上学需要的地方，县级人民政府和有关部门应积极筹措资金，组织提供校车服务，定点接送学生。严厉查处接送学生车辆超速、超员和疲劳驾驶等违法行为，坚决制止采用低速货车、三轮汽车、拖拉机以及拼装车、报废车等车辆接送学生。

逐步解决学校撤并带来的“大班额”问题。各地要通过新建、扩建、改建学校和合理分流学生等措施，使学校班额符合国家标准。班额超标学校不得再接收其他学校并入的学生。对当地优质学校的“大班额”问题，要通过实施学区管理、建立学校联盟、联合办学、结对帮扶、探索集团化办学等措施，扩大优质教育资源覆盖面，合理分流学生。

八、加强义务教育学校布局工作组织领导

各市、县（区）人民政府要认真履行职责，将规范农村学校布局调整作为当前推进义务教育均衡发展的一件大事专题部署，建立健全教育部门牵头、有关部门分工负责的工作机制。教育行政部门要科学制订农村义务教育布局规划并负责具体组织实施、检查指导、管理监督，有效规范农村义务教育学校布局调整工作。发改、财政、编办、人保、公安、交通、安监、住建等部门要在项目安排、经费投入、教师配备、教师待遇、师生安全等方面提供政策支持，形成合力。

市、县（区）人民政府要把规范农村义务学校布局作为对教育工作综合考核的重要内容。省人民政府教育督导机构将对农村义务教育学校布局是否制定专项规划、调整是否合理、保障措施是否到位、工作程序是否完善、村小和教学点建设是否合格等进行专项督查，督查结果将向社会公布。对存在问题较多、社会反映强烈的地方，要责成其限期整改。对因学校撤并不当引起严重不良后果的，要依照法律和有关规定追究责任。

江西省人民政府办公厅
2012 年 12 月 17 日

关于做好农村义务教育学校布局专项规划制定工作的通知

山西省人民政府办公厅　晋教基〔2013〕21 号

各市教育局：

2012 年 9 月，国务院办公厅印发了《关于规范农村义务教育学校布局调整的意见》（国办发〔2012〕48 号，以下简称《意见》），就进一步规范农村义务教育学校布局调整工作提出了明确意见，特别是要求“县级人民政府要制定农村义务教育学校布局专项规划”“专项规划经上一级人民政府审核后报省级人民政府批准，并由省级人民政府汇总后报国家教育体制改革领导小组备案”。近日，教育部又下发了《关于做好农村义务教育布局专项规划制定工作的通知》，要求全省农村义务教育学校布局专项规划须经省人民政府批准，于 2013 年 6 月 30 日前以省人民政府文件报送国家教育体制改革领导小组备案。为贯彻《意见》精神，切实做好专项规划，规范布局调整工作，现就做好农村义务教育学校布局专项规划制定工作通知如下。

一、高度重视专项规划制定工作

制定农村义务教育学校布局专项规划是国务院着眼于农村发展大局和保障教育公平作出的一项重要决策。科学规划农村义务教育学校布局，对于保障农村适龄儿童少年就近入学权利，推进农村教育可持续发展具有重要意义。只有科学制定专项规划，才能使学校的增设和撤并有据可依、有章可循。按照保障就近入学原则布局适当的农村义务教育学校，才能有效保障适龄儿童少年的受教育权，维护群众的切身利益。各地要把专项规划制定工作作为贯彻《意见》的主要抓手，认真负责，统筹协调，确保按时保质完成专项规划制定工作。

二、科学制定县域内专项规划

各市要指导所属县（市、区）根据县域内适龄就学人口、地理特点和交通条件，坚持方便学生就学、优化资源配置、注重教学效益的原则，科学制定县域内农村义务教育学校布局专项规划。专项规划文本包含以下基本内容：一是明确县域内教学点、村小学、中心小学、初中学校布局结构，以及寄宿制学校和非寄宿制学校的比例，确保原则上每个乡镇都设置初中，人口相对集中的村都设置村小学或教学点，人口稀少、地处偏远、交通不便的地方保留或设置教学点；二是明确每所学校（包括教学点）的服务半径、办学规模和学生上下学路途时间，保证义务教育学校覆盖到全县所有范围，保证学生就近上学，保障农村小学 1 至 3 年级学生原则上不寄宿，小学高年级学生以走读为主，确有需要的可以在标准化寄宿制学校寄宿，初中学生根据实际可走读或在标准化寄宿制学校寄宿；三是细化学校布局专项规划实施的时间和工作程序；四是保障专项布局规划顺利实施的政策和措施，包括领导制度、经费保障、工作机制等。

三、认真做好专项规划汇总、审核和上报工作

各市要指导县级教育行政部门逐项如实填写“县域义务教育学校布局专项规划表”，确保数据无误。县级人民政府制定的专项规划文本和所填表格报市级人民政府，市级人民政府对县级人民政府制定的专项规划是否符合《意见》精神和上述要求进行审核，提出审核意见，并将县级所填表格汇总形成全市规划总表，务于 2013 年 5 月 15 日前将全市汇总表同各县规划文本和规划表格一并报省教育厅基础教育处。省级汇总后呈报省人民政府审批，由省人民政府批准后报国家教育体制改革领导小组备案。

山西省人民政府办公厅

2013 年 4 月 8 日

关于规范农村义务教育学校布局调整的实施意见

四川省人民政府办公厅　川办发〔2013〕13 号

各市（州）、县（市、区）人民政府，省政府各部门、各直属机构：

为进一步规范农村义务教育布局调整，根据《国务院办公厅关于规范农村义务教育学校布局调整的意见》（国办发〔2012〕48 号）精神，结合我省实际，提出如下实施意见。

一、进一步提高对规范农村义务教育学校布局调整重要性的认识

2002 年以来，各地对农村义务教育学校布局进行了不同程度的调整。总体上看，我省农村义务教育学校布局调整，顺应了农村人口变化和经济社会发展的客观趋势，整合了农村教育资源，优化了布局结构，改善了农村义务教育学校的办学条件，提高了办学效益和教育教学质量，缩小了学校间的办学差距，为推进县域内义务教育均衡发展奠定了一定的基础。但由于一些地方不顾客观条件，盲目撤点并校，导致部分学生上学路途变远、交通安全隐患增加、学生家庭经济负担加重，并带来农村寄宿制学校不足、一些城镇学校班额过大等问题，给农村适龄儿童、少年就近入学造成了一定困难。有的地方在学校撤并过程中，规划方案不完善，操作程序不规范，保障措施不到位，影响了农村教育的健康发展。

当前，规范农村义务教育学校布局调整，对保障农村适龄儿童、少年就近接受良好义务教育的权利、保障农村义务教育全面协调可持续发展及农村社会稳定都具有十分重要的意义。各地要把规范农村义务教育学校布局调整作为当前义务教育发展改革中的一件大事，进一步提高认识，统一思想，根据实际情况制定明确具体的政策措施，开展布局调整专项规划工作，坚决制止盲目撤并农村义务教育学校，努力办好人民满意的农村义务教育。

二、进一步明确农村义务教育学校布局的基本要求

农村义务教育学校布局，要适应新型城镇化发展和社会主义新农村建设的新形势，统筹考虑城乡人口流动、学龄人口变化，以及当地农村地理环境及交通状况、教育条件保障能力、学生家庭经济负担等因素，充分考虑学生的年龄特点和成长规律，处理好提高教育质量和方便学生就近上学的关系，努力满足农村适龄儿童、少年就近接受良好义务教育的需求。农村义务教育学校布局要保障学生就近入学的需要，农村小学 1 至 3 年级学生原则上不寄宿，就近走读上学；小学高年级学生以走读为主，确有需要的可以寄宿；人口相对集中的村要设置和办好村小学或教学点，形成有乡（镇）中心小学或九年一贯制学校和村小学、教学点的合理学校布局结构。人口稀少、地处偏远、交通不便的地方应保留或设置教学点。各地要根据不同年龄段学生的体力特征、道路条件、自然环境等因素合理确定学校服务半径，尽量缩短学生上下学路途时间。小学校点设置应使农村低、中年级学生上学单程一般不超过1.5千米，高年级学生上学单程一般不超过5千米。初中学生根据实际可以走读或寄宿。除人口少的民族地区，原则上每个乡（镇）都应设置初中，可以单独设置初中，也可以设置为九年一贯制学校。小学班额应控制在45人以内，初中班额应控制在50人以内。

三、科学制定农村义务教育学校布局规划

各县（市、区）要根据学龄人口变化情况、经济发展状况、城镇化建设进程等因素，制定农村义务教育学校布局专项规划，合理确定县域内教学点、村小学、中心小学、初中学校布局，以及寄宿制学校和非寄宿制学校的比例，保障学校布局与村镇建设和学龄人口居住分布相适应，明确学校布局调整的保障措施。专项规划经市（州）人民政府审核后报省政府批准，汇总后报国家教育体制改革领导小组备案。在规划批准实施之前，各地不得以任何理由撤并农村义务教育学校（含任何教学点）。经批准的专项规划不得随意变更。专项规划以市（州）为单位汇总后于2013年4月30日前报教育厅，教育厅汇总各地专项规划后于5月20日前报省政府。

四、严格执行农村义务教育学校撤并程序

针对一些地方撤并学校存在的盲目性和随意性，应进一步规范撤并程序，坚决制止盲目撤并学校的行为。对确因生源减少需要撤并学校的，县级人民政府应严格履行撤并方案的制定、论证、公示、报批等程序。要统筹考虑学生上下学交通安全、寄宿生学习生活设施等条件保障，并通过举行听证会等多种有效途径，广泛听取学生家长、学校师生、村民自治组织和乡（镇）人民政府的意见。要保障学生家长在学校撤并中的知情权和参与权，特别是要明确规定参加听证会的代表人数、学生家长所占比例，确保学生家长的意见在学校撤并中得到充分体现，使学校撤并置于公众的监督之下。凡是多数家长反对、学校撤并后到新学校往返交通不便、安全得不到保障、寄宿条件不能满足需要、大班额现象突出的地方不得强制撤并现有校点。学校撤并应先建后撤，保证平稳过渡。各地要充分考虑本地区地理环境的特殊性和农民群众的可接受程度，对路途较远、学龄人口变化大、撤并后群众意见大、确有必要恢复的学校（教学点）应按程序恢复办学。恢复办学的方式应灵活多样，既要方便适龄儿童、少年就近入学，又能保证提升教育质量。

五、努力完善布局调整后学校的保障条件

完善农村义务教育学校办学条件。加大对农村地区、民族地区、贫困地区义务教育经费投入力度，大力推进农村义务教育学校标准化建设，切实缩小校际办学差距。提高村小学和教学点的生均公用经费标准，对学生规模不足100人的村小学和教学点按100人核定公用经费，保证其正常运转。完善符合村小学和教学点实际的职称评定标准和办法，职称晋升和绩效工资分配向村小学和教学点专任教师倾斜，鼓励各地采取在绩效工资中设立岗位津贴等有效政策措施支持优秀教师到村小学和教学点工作。加快推进农村教育信息化建设，为村小学和教学点配置数字化优质课程教学资源，促进优质教育资源共享。中心学校要发挥管理和指导作用，统筹安排课程，组织巡回教学，开展连片教研，推动教学资源共享，提高村小学和教学点教学质量。

加强农村寄宿制学校建设和管理。继续推进农村义务教育薄弱学校改造计划，支持农村寄宿制学校学生附属生活设施建设。对学校撤并后学生需要寄宿的地方，按照《四川省义务教育学校办学条件基本标准（试行）》等加强农村寄宿制学校建设，为寄宿制学校配备教室、学生宿舍、食堂、饮用水设备、厕所、澡堂等设施。高寒地区要配备安全的取暖设施。有条件的地方应按有关规定通过公开招聘方式为学校配备必要的心理健康教师。各地要通过政府购买服务方式解决寄宿制学校学生生活管理服务、保安人员短缺问题，所需经费由同级财政予以保障。各地要合理确定农村义务教育学校公用经费补助标准，积极向寄宿制学校倾斜，足额安排预算，确保正常运转。要科学管理学生作息时间，培养学生良好的生活习惯，开展符合学生身心特点、有益于健康成长的校园活动，加强寄宿制学校安全管理和教育。不得违规利用休息日、节假日补课或上新课，不得违规组织晚自习。加大教师周转房建设力度，鼓励各地将符合条件的农村教师住房纳入各地住房保障范围予以统筹解决。

逐步解决大班额问题。各地要将城乡义务教育学校建设纳入城乡建设总体规划，科学布局城乡学校。根据城镇总体规划，综合考虑配套设施、旧城改造、人口密度加大、人口流动加速等因素，科学修订城镇中小学布局规划。做到同步规划、同步建设、均衡推进。从2013年起，各级财政要加大经费投入，通过新建、扩建、改建学校和合理分流学生等措施，使学校班额符合国家标准。班额超标学校不得再接收其他学校并入的学生。对教育资源较好学校的“大班额”问题，要通过实施学区管理、建立学校联盟、探索集团化办学等措施，扩大优质教育资源覆盖面，合理分流学生。

确保学生交通安全。认真落实《校车安全管理条例》，切实保障学生上下学交通安全。通过增设农村客运班线及站点、增加班车班次、缩短发车间隔、

设置学生专车等方式，满足学生的乘车需求。公共交通不能满足学生上学需要的，要组织提供校车服务，严厉查处接送学生车辆超速、超员和疲劳驾驶等违法行为，坚决制止使用低速货车、三轮汽车、拖拉机及拼装车、报废车等接送学生。

六、加强规范农村义务教育学校布局调整的组织领导

全省各级人民政府要采取切实可行措施，加强领导、落实责任，确保规范农村义务教育学校布局调整工作顺利开展。教育、人口计生、发展改革、住房城乡建设、国土资源、财政、编制、人力资源和社会保障、交通运输、公安等部门要统筹协调、各司其职、密切配合，将农村义务教育学校布局调整纳入当地经济社会发展规划、城乡建设规划和新农村建设规划，共同做好规范农村义务教育学校布局调整工作。

全省各级人民政府教育督导机构要对规范农村义务教育学校布局工作，包括是否制定专项规划、撤校并点是否合理、程序是否完善、保障措施是否到位等开展定期专项督查。对存在问题较多、社会反映强烈的地方，责成限期整改。对因学校撤并不当引起严重不良后果的，依照法律和有关规定严肃追究责任。

四川省人民政府办公厅
2013年2月21日

关于规范农村义务教育学校布局调整的实施意见

浙江省人民政府办公厅　浙政办发〔2013〕32号

各市、县（市、区）人民政府，省政府直属各单位：

为进一步规范全省农村义务教育学校布局调整工作，根据《国务院办公厅关于规范农村义务教育学校布局调整的意见》（国办发〔2012〕48号）精神，经省政府同意，现提出如下实施意见。

一、农村义务教育学校布局的总体要求

保障适龄儿童就近入学是义务教育法的规定，是政府的法定责任。农村义务教育学校布局，要统筹考虑城乡人口流动、学龄人口变化，以及当地农村地理环境与交通状况、教育条件保障能力、学生家庭经济负担等因素，充分考虑学生的年龄特点和成长规律，处理好提高教育质量和方便学生就近上学之间的关系，努力满足农村适龄儿童少年就近接受良好义务教育的需求。

二、科学制定义务教育中小学布局调整规划

县级人民政府要在已有中小学布局调整规划的基础上，根据本实施意见要求，结合当地实际，制定完善农村义务教育学校布局专项规划，合理确定县域内教学点、村小学、中心小学、初中学校布局，以及寄宿制学校和非寄宿制学校的比例，保障学校布局与村镇建设和学龄人口居住分布相适应，明确学校布局调整的保障措施。专项规划须向社会公示，经上一级政府审核后，于 2013 年 6 月底前报省政府审批。专项规划的具体内容和要求由省教育厅另行下发。

农村义务教育学校布局要保障学生就近上学的需要。农村小学 1 至 3 年级学生原则上不寄宿，就近走读上学；小学高年级学生以走读为主，确有需要的可以寄宿；初中学生根据实际可以走读或寄宿。原则上每个乡镇都应设置初中，人口相对集中的村要设置村小学或教学点，人口稀少、地处偏远、交通不便的地方应保留或设置教学点。

三、严格规范学校撤并程序和行为

规范农村义务教育学校撤并程序。确因生源减少需要撤并学校的，县级人民政府必须严格履行撤并方案的制定、论证、公示、报批等程序。要统筹考虑学生上下学交通安全、寄宿生学习生活设施等条件保障，并通过举行听证会等多种有效途径，广泛听取学生家长、学校师生、村民自治组织和乡镇人民政府的意见，保障群众充分参与并监督决策过程。学校撤并应先建后撤，保证平稳过渡。撤并方案要逐级上报省政府审批。在完成农村义务教育学校布局专项规划备案之前，暂停农村义务教育学校撤并。要依法规范撤并后原有校园校舍再利用工作，优先保障当地教育事业需要。

坚决制止盲目撤并农村义务教育学校。多数学生家长反对或听证会多数代表反对，学校撤并后学生上学交通安全得不到保障，并入学校住宿和就餐条件不能满足需要，以及撤并后将造成学校超大规模或"大班额"问题突出的，均不得强行撤并现有学校或教学点。已经撤并的学校或教学点，确有必要的由当地人民政府进行规划、按程序予以恢复。

四、办好村小学和教学点

要采取多种措施改善村小学和教学点的办学条件，着力提高教学质量。提高村小学和教学点的生均公用经费标准，对学生规模不足 100 人的村小学和教学点按 100 人核定公用经费，保证其正常运转。制订符合村小学和教学点实际的职称评审标准，职称晋升和绩效工资分配向村小学和教学点专任教师倾斜，各地要通过在绩效工资中设立岗位津贴等有效政策措施支持优秀教师到村小学和教学点工作。加快推进农村教育信息化建设，为村小学和教学点配置数字化优质课程教学资源。中心学校要发挥管理和指导作用，统筹安排课程，组织巡回教学，开展连片教研，推动教学资源共享，提高村小学和教学点教学质量。

五、解决学校撤并带来的突出问题

加强农村寄宿制学校建设和管理。学校撤并后学生需要寄宿的地方，要按照国家或省级标准加强农村寄宿制学校建设，为寄宿制学校配备教室、学生宿舍、食堂、饮用水设备、厕所、澡堂等设施和聘用必要的管理、服务、保安人员。有条件的地方应为学校配备心理健康教师。要科学管理学生作息时间，培养学生良好的生活习惯，开展符合学生身心特点、有益于健康成长的校园活动，加强寄宿制学校安全管理和教育。

切实保障中小学生交通安全。各地要认真贯彻落实《校车安全管理条例》和《浙江省中小学生交通安全保障工程实施办法》，加强领导，加大投入，加快推进中小学生交通安全保障工程。要采取多种方式解决学生上下学交通问题。具备通车条件的，鼓励依托公共交通解决；公共交通公司或专业运输公司不能覆盖的地区，当地政府应当提供校车服务。严厉查处接送学生车辆超速、超员和疲劳驾驶等违法行为，严令禁止采用低速货车、三轮汽车、拖拉机以及拼装车、报废车等车辆接送学生。

逐步解决学校撤并带来的“大班额”问题。各地要通过新建、扩建、改建学校和合理分流学生等措施，使学校班额符合国家和省定标准。班额超标学校不得再接收其他学校并入的学生。对教育资源较好学校的“大班额”问题，要通过实施学区制管理、建立学校联盟、探索集团化办学等措施，扩大优质教育资源覆盖面，合理分流学生。

六、开展农村义务教育学校布局调整专项督查

省政府教育督导机构要对农村义务教育学校布局是否制定专项规划、调整是否合理、保障措施是否到位、工作程序是否完善、村小学和教学点建设是否合格等进行专项督查，督查结果要向社会公布。对存在问题较多、社会反映强烈的地方，要责成其限期整改。对因学校撤并不当引起严重不良后果的，要依照法律和有关规定追究责任。县级人民政府要认真开展农村义务教育学校布局调整工作检查，及时发现并解决好存在的问题。省教育厅要会同有关部门加强对各地规范农村义务教育学校布局调整工作的督促指导。

浙江省人民政府办公厅
2013 年 4 月 16 日

关于规范农村义务教育学校布局调整的实施意见

甘肃省人民政府办公厅　甘政办发〔2013〕71 号

各市、自治州人民政府，省政府各部门：

为认真贯彻落实《国务院办公厅关于规范农村义务教育学校布局调整的意见》（国办发〔2012〕48 号，以下简称《意见》）精神，切实规范农村义务教育学校布局调整行为，优化教育资源配置，积极推进全省农村义务教育均衡发展，结合我省实际，经省政府同意，现就规范农村义务教育学校布局调整工作提出如下实施意见。

一、充分认识我省农村义务教育学校布局调整的重要性和紧迫性

中小学布局调整工作是推进义务教育均衡发展的客观需要，是解决政府办学“高成本、低收益”问题的突破口。2006 年，我省顺应城镇化和义务教育阶段学生减少的趋势，适度加大了中小学布局调整力度，农村义务教育学校布局结构逐步优化，办学质量和效益进一步提高。但是，随着经济社会的快速发展、城乡教育一体化的稳步推进，我省农村义务教育学校布局结构仍存在不配套、不协调、不和谐等问题。有的地方脱离实际撤销了一些交通不便地区的小学和教学点，造成学校覆盖半径过大、校均班额过大、安全隐患增多、教育质量得不到保证；有的地方对布局调整后的校舍处置不当，致使教育资源浪费和流失。各地、各有关部门要充分认识我省农村义务教育学校布局调整的重要性和紧迫性，在“十一五”时期农村义务教育学校布局调整工作的基础上，结合国家教育体制改革领导小组办公室确定的酒泉市金塔县、庆阳市西峰区和陇南市徽县布局调整试点项目推进工作，进一步加强对农村义务教育学校布局调整工作的组织领导，保障布局调整顺利开展，实现全省农村义务教育均衡发展。

二、科学制定农村义务教育学校布局调整专项规划

各县市区要按照《意见》确定的指导思想和原则，根据县域义务教育均衡发展要求，结合县域义务教育均衡发展、标准化学校建设、校舍安全工程建设规划，组织教育、发展改革、财政、建设、国土资源等部门提出修订农村义务教育学校布局调整规划的意见，经市州政府批准后报省政府审定。要合理确定区域内教学点、村小学、中心小学、初中学校布局和规模以及寄宿制和非寄宿制学校的功能和分布，明确学校布局调整的保障措施，确保学校布局与学龄人口居住分布、村镇建设、城镇化进程和社会主义新农村建设相适应。要根据不同年龄段学生的体力特征、道路条件、自然环境等因素，合理确定学校服务半径，尽量缩短学生上下学路途时间，保证学生就近上学。农村小学 1 至 3 年级学生原则上不寄宿，就近走读上学；小学高年级学生以走读为主，确有需要的可以寄宿；初中学生根据实际可选择走读或寄宿。人口相对集中的村要设置村小学或教学点，人口稀少、地处偏远、交通不便的地方应保留或设置教学点，防止因调整造成学生辍学和上学难。学校的规模、校舍、教学设施和其他设施设备的建设、配备应当符合国家和省规定的办学标准。

三、办好村小学和教学点

村小学和教学点是义务教育学校布局调整中的难点和“风险”点，也是实现农村义务教育均衡发展的关键点。对于保留的村小学和教学点，要采取多种措施改善办学条件，加强管理，着力提高教育质量。县市区政府要制定并完善农村寄宿制小学、教学点管理和运行的保障措施及相关政策。要继续推进学区统筹教学管理机制，实现“学生不动资源动”或“送教上门”。同时，可采取“并”“挂”等形式（“并”即乡镇中心小学可兼并周边邻近的村小学，形成规模优势；“挂”即对偏远、交通不便的地方可保留教学点，挂靠在相距最近的小学，实行“一校两区”或“一校多区”管理），充分发挥中心学校的管理和指导作用，通过统筹安排课程、组织教师巡回教学、连片教研、集中备课等方式推动教学资源共享，提高村小学和教学点教学质量。要按照《意见》要求，切实强化教育经费保障，提高村小学和教学点的生均公用经费标准，对学生规模不足 100 人的村小学和教学点按 100 人核定公用经费。要研究完善符合村小学和教学点实际的教师职称评定标准，职称晋升和绩效工资分配向村小学和教学点专任教师倾斜，并采取在绩效工资中设立岗位津贴等有效政策措施，吸引、支持优秀教师到村小学和教学点工作。要加大村小学和教学点教师培训工作力度，着力提高教师职业素质。要倾斜支持村小学和教学点教育信息化建设。通过完善办好村小学、教学点的措施，形成城乡布局均衡协调、教育资源配置得当、质量效益稳步提高的新教育布局体系，促进城乡之间、校际之间、区域之间教育均衡发展。

四、严格规范学校撤并程序和行为

学生和家长是农村学校布局调整的当事人，要保障学生家长在学校撤并中的知情权和参与权。确因生源减少需要撤并学校，县市区政府必须严格履行撤并方案的制定、论证、公示、审批等程序。要通过听证会等多种途径广泛征求家长、学生、学校教师、当地群众、村委会和乡镇政府的意见，充分考虑学生的上下学交通安全、寄宿制学校生活设施的保障、师资配备等条件。学校的撤并要坚持先建后撤，保证平稳过渡，坚决制止盲目撤并。多数学生家长、当地群众或听证会代表反对，学校撤并后不能保障学生上下学安全，并入校寄宿条件不能满足需要，以及撤并后形成超大规模或“大班额”的，均不得撤并学校或教学点。对于已经撤并的学校或教学点，当地大多数群众至今仍然反对且确有必要恢复的，应由当地政府重新进行规划、按程序予以恢复。

五、切实加强农村寄宿制学校建设与管理

各地、各有关部门要按照《甘肃省人民政府办公厅关于转发省教育厅〈甘肃省义务教育学校办学基本标准（试行）〉的通知》（甘政办发〔2012〕233 号）要求，在学校调整撤并过程中，因地制宜加强农村寄宿制学校建设，为寄宿制学校配备学生宿舍、食堂、饮用水设备、厕所、澡堂等必备设施，寒冷地区要配备安全的取暖设施。要认真贯彻落实《甘肃省义务教育条例》，按办学标准为寄宿制学校配齐各学科专任教师，配备教学辅助和生活管理人员，有条件的地方应为学校配备心理健康教师。要科学安排农村寄宿制学校学生作息时间，加强学生安全教育和管理，有计划、多形式地组织开展符合学生身心特点的课内外活动。

六、积极妥善做好闲置校舍的处置管理

中小学闲置校舍是指各地在中小学教育布局调整实施中被撤并停办且今后不再用于举办同类学校的所有可用校舍、校产，包括被撤并学校的校园土地、实践基地、校外农场和房屋、树木及其他附属设施设备等。各地、各有关部门要按照《财政部事业单位国有资产管理暂行办法》（财政部令第 36 号）和省教育厅、省财政厅、省国土资源厅《关于甘肃省农村中小学闲置资产处置管理的意见》（甘教厅〔2006〕132 号）等文件精神，依法规范撤并后学校原有校园校舍的利用工作，妥善做好闲置校舍的处置管理，提高有限教育资源的使用效益。闲置校舍应优先用于发展学前教育、继续教育，有的可作为农村集体活动场所，处置方案须经县市区政府批准后执行。

七、开展农村义务教育学校布局调整专项督查

省政府督查室、省政府教育督导团办公室要把农村义务教育学校布局调整纳入对县市区政府教育工作督导评估之中，对是否制定了专项规划、布局调整是否合理、群众是否满意、保障措施是否到位、工作程序是否完善、村小学和教学点建设是否合格等进行专项督查，督查结果及时向社会公布。对存在问题较多、群众反映强烈的突出问题，要督促限期整改；对因学校撤并不当引起严重不良后果的，要协调有关部门依法依规追究责任。县市区政府要认真开展自查，及时查找并解决好存在的问题。省教育厅要会同有关部门加强对各地规范农村义务教育学校布局调整工作的业务指导。

甘肃省人民政府办公厅
2013 年 4 月 28 日

关于做好义务教育学校布局工作的意见

山东省人民政府办公厅　鲁政办发〔2013〕19 号

各市人民政府，各县（市、区）人民政府，省政府各部门，各直属机构，各大企业，各高等院校：

为认真贯彻落实《国务院办公厅关于规范农村义务教育学校布局调整的意见》(国办发〔2012〕48 号）和《山东省中长期教育改革和发展规划纲要(2011—2020 年)》，进一步规范我省义务教育学校布局工作，巩固和提高义务教育质量，现提出如下意见。

一、充分认识义务教育学校布局工作的重要意义

近年来，我省多数地方根据经济社会发展和人口流动变化情况，以提高教育质量为目的，对义务教育学校特别是农村学校进行了布局调整，适当撤并了一些规模过小的学校，同时新建了一批标准化学校，优化了教育资源配置，改善了办学条件，提高了办学效益。但是，在学校布局过程中也存在许多亟待解决的问题：城镇学校建设滞后于城镇化建设进程，造成学校规模和班额过大，学生就学机会和条件不能得到有效保证；城镇居民小区配套学校建设缺少统一规划，出现学校建设缺位或重复的现象；农村义务教育学校撤并过度，导致部分学生上学路途变远、交通安全隐患增加、家庭经济负担增加等；甚至有少数地方在学校规划方案不完善、操作程序不规范、配套保障措施不到位的情况下，强行撤并学校，忽视群众的实际需求，引起群众的不满，影响了教育事业健康发展。各级、各有关部门要充分认识做好义务教育学校布局工作的重要性和紧迫性，强化措施，加强领导，努力为广大适龄儿童少年创造良好的就学条件。

二、科学制定义务教育学校布局规划

各级要以依法保障学生受教育的权利作为基本出发点，坚持政府主导、着眼长远、因地制宜、积极稳妥的原则，制定 2013—2020 年义务教育学校布局规划。要适应城镇化深入发展和社会主义新农村建设的新形势，统筹考虑城乡人口流动、学龄人口变化、不同年龄学生的生理和心理特点，以及地理环境与交通状况、教育条件保障能力、学生家庭经济负担等因素，合理确定辖区内初中学校、城区小学、乡镇中心小学、村小学、教学点的布点方案，使学校规划布局建设与人口流动相适应。要认真摸清当地学校分布和学生就学等现状，科学分析预测未来的教育需求，分年度确定学校布局规划实施目标，保障学校布局与学龄人口规

模变化和居住分布相适应，实现城乡教育一体化发展。布局规划由县级以上政府依法制定，编制过程要充分论证，广泛征求和吸收社会各界意见，并以适当方式向社会公布。已经制定本地中小学布局规划的，要根据以上要求进一步修订。为保证学校布局规划落实，各级教育部门要会同机构编制、发展改革、财政、住房城乡建设等部门抓紧编制学校布局专项规划，按照法定程序报批，并纳入城市及村镇建设控制性详细规划中。

三、积极扩增城镇教育资源

各级要认真研究城镇化给当前教育制度、教育规模、教育模式等方面带来的影响，科学预测教育资源需求，坚持学校建设与城镇建设同步，不断扩增城镇教育资源，适当增加教育储备。制定城镇建设规划涉及学校设置的，应听取教育部门的意见。在城市规划区内，原则上每 1 万人～1.5 万人设立 1 所完全小学，每 3 万人～5 万人设立 1 所初级中学。要依法做好新建居民小区配套学校建设，施行教育行政部门前置审核制度，科学确定学校的类型、招生规模、招生范围等，保证配套学校同步规划、同步建设、同步交付使用，并按照规定核定教师编制、安排教育经费。建设单位要及时将校舍场地和相关资料移交给教育行政部门。要高度重视并逐步解决城镇学校“大班额”问题，通过新建、扩建、改建学校等措施，扩大教育资源供给；招生压力较大的学校，要通过实施学区管理、建立学校联盟、探索集团化办学等措施，合理分流学生，按省定标准确定班额。凡班额超过省定标准的学校，禁止招收择校学生。

四、科学调整农村学校布局

各级要将农村学校布局纳入当地经济文化建设的整体规划，保障学生就近接受义务教育。原则上农村每个乡镇应至少设置 1 所初级中学，5 万人口以上的乡镇可设置 2 所初级中学，并保持学校规模适宜。农村小学 1 至 3 年级学生就近走读上学，不宜安排寄宿；小学高年级学生以走读为主，确有需要的可以寄宿；初中学生根据实际可以走读或寄宿。小学生走读半径一般不超过 2 千米。人口相对集中的村，要设置村小学或教学点；人口稀少、地处偏远、交通不便的地方，应保留或设置教学点，同时采取多种措施改善保留和恢复的农村学校办学条件，加快推进教育信息化建设，为村小学和教学点配置数字化优质课程教学资源，着力提高教育质量。

五、严格规范学校撤并

坚决制止盲目撤并学校，确因生源少、条件差、教学质量难以保障等原因需要撤并学校的，县级政府必须严格履行撤并方案的制定、论证、公示、报批等程序。学校撤并应先建后撤，保证平稳过渡。要统筹考虑学生上学交通安全、寄宿生学习生活设施等条件保障，并通过举行听证会等多种有效途径，广泛听取学生家长、学校师生、基层群众自治组织、城区街道办事处、乡镇人民政府的意见。多数学生家长反对或听证会多数代表反对的，学校撤并后学生入学困难的，交通安全得不到保障的，并入学校住宿和就餐条件不能满足需要的，以及撤并后将造成学校超大规模或大班额问题突出的，均不得强行撤并现有学校或教学点。已经撤并的学校或教学点，确有必要的应当恢复。要依法规范撤并后原有校园校舍再利用工作，优先保障当地教育事业需要。在义务教育学校布局规划获得批准之前，暂停义务教育学校撤并。

六、做好学校布局的配套服务工作

各级要针对学校布局过程中容易产生的突出问题，制定切实可行的改进措施。通过多种方式筹措城镇学校建设资金，在城镇改造过程中优先保证学校建设用地，将学校建设用地纳入当地的土地利用总体规划。将中小学办学条件标准化建设和验收的重点放在农村，中小学建设资金优先用于农村学校建设。保障村小学和教学点的生均公用经费标准，对学生规模不足100人的村小学和教学点按100人核定公用经费，保证其正常运转。鼓励发展农村公共交通，通过增设农村客运班线、增加班车班次、缩短发车间隔、设置学生专车等方式，满足学生的乘车需求。公共交通不能满足学生上学需要的，应组织提供公益性的校车服务。各级要认真落实《校车安全管理条例》，切实保障学生上学交通安全。学生有寄宿需要的地方，要加强农村寄宿制学校建设，为寄宿制学校配备安全的食宿、饮水、取暖、洗浴等生活设施和管理、服务、保安人员，有条件的地方应为学校配备心理健康教师。寄宿制学校要优先满足农村留守儿童的寄宿需要。加强农村教师队伍建设，合理配置农村中小学教师编制，按照《山东省人民政府办公厅转发省教育厅等部门关于进一步加强农村中小学教师队伍建设的意见的通知》（鲁政办发〔2013〕11号）的规定核定教师机动编制，以补足配齐村小学、教学点和寄宿制学校急需学科教师为重点，全部用于补充农村中小学。研究完善符合村小学、教学点和寄宿制学校实际的教师职称评定标准，职称晋升和绩效工资分配向村小学和教学点专任教师倾斜，采取切实措施吸引优秀教师到农村学校长期任教。

七、健全政策和制度保障

各级要切实加强对义务教育学校布局工作的领导，通过科学编制学校布局规划、规范开展学校布局调整，促进城乡教育均衡，为全面建成小康社会提供高质量的教育公共服务。各级教育、规划、机构编制、国土资源、财政、住房城乡建设、交通运输等部门要完善制度、加大投入、形成合力，共同做好义务教育学校布局工作。各级研究制定的义务教育学校布局规划、学校撤并方案以及分年度实施方案，要逐级报省政府批准。义务教育学校布局规划方案经审批后原则上不得随意变动。省教育厅等有关部门要对义务教育学校布局规划制定和实施情况进行专项督查，及时调度各地学校布局规划的落实情况，督查结果向社会公布。对存在问题较多、社会反映强烈的地方，责成限期整改。对因学校设置或撤并不当引起严重不良后果的，要依照法律和有关规定追究责任。

山东省人民政府办公厅
2013 年 8 月 9 日

关于进一步做好农村义务教育学校布局调整工作的意见

黑龙江省人民政府办公厅　黑政办发〔2013〕47 号

各市（地）、县（市）人民政府（行署），省政府各直属单位：

为贯彻落实《国务院办公厅关于规范农村义务教育学校布局调整的意见》（国办发〔2012〕48 号），进一步做好全省农村义务教育学校布局调整工作，经省政府同意，现提出如下意见。

一、总体要求

以科学发展观为指导，深入贯彻《中华人民共和国义务教育法》，以促进学生全面发展为宗旨，以提升教育质量为目标，按照统筹规划、以县为主、科学合理、方便就学的总要求，遵循学生年龄特点和成长规律，不断适应城镇化发展和新农村建设新形势，着力解决因学校撤并带来的择校、“大班额”、师生安全、生活费用超出当地群众承受能力、教育资源流失等问题，进一步优化教育资源，推进县域义务教育基本均衡发展，努力满足农村适龄儿童、少年接受良好义务教育的需求。

二、工作目标、原则和任务

（一）工作目标。

到 2015 年年底，全省农村初中、小学布局调整工作科学规范、健康有序推进，初步完成布局调整任务，学校布局进一步合理，择校、“大班额”、师生安全和学生上学费用超出家长承受能力等问题有效缓解，农村教育资源进一步优化，县域义务教育基本均衡推进。到 2020 年年底，全省农村义务教育布局调整工作基本完成，布局更加合理，学校保障水平、办学水平和教育质量明显提升，基本解决择校、“大班额”、师生安全和学生上学费用超出家长承受能力问题，所有县实现义务教育基本均衡发展目标。

（二）主要原则。

1. 科学布局、以人为本。要在充分调研、论证的基础上，广泛征求学生家长、学校师生、村民自治组织和乡镇政府的意见，并进行公示，保证群众充分参与并监督决策过程。在规划办学布局、财力投入、校舍建设和人员配备时，要把保障学生全面发展和健康成长放在首位，给予优先落实。

2. 统筹协调、明确主体。省、市政府（包括省农垦总局、森工总局，下同）负责农村义务教育布局调整的统筹协调工作；县级政府是农村义务教育布局调整工作的主体，负责县域义务教育学校布局调整规划的制定和组织实施工作。

3. 严格程序、分步实施。县级政府要按照国办发〔2012〕48号文件要求，坚持先完善、后规划和先建设、后撤并的程序，制定布局调整工作规划及撤并方案，经过规范程序报批后，积极稳妥地实施。

4. 因地制宜、适度调整。县级政府要根据本地实际，做好农村义务教育学校布局调整工作，要实事求是，不能脱离实际、简单化和“一刀切”，切实保障学生食宿和上下学交通安全，确保布局调整工作科学规范、健康有序。

（三）主要任务。

1. 科学制定布局规划。县级政府要根据国办发〔2012〕48号文件和我省中小学布局调整要求，制定农村义务教育学校布局调整专项规划，合理确定县域内教学点、村小学、中心小学、初中学校布局，以及寄宿制学校或非寄宿制学校的比例，确保小学低年级学生就近走读上学，使学校布局与村镇建设和学龄人口居住分布相适应。县级专项规划经市级政府审核后报省政府批准。

2. 严格规范撤并程序。县级政府要按照省政府审批的布局规划，在每年9月底前制定出下一年撤并学校方案，并在广泛征求意见、论证、公示的基础上，报市级政府审核。市级政府审核同意后，于同年10月底前报省教育厅，省教育厅和有关部门核实、汇总并经省政府审批，呈报国家教育体制改革领导小组备案后实施。未经批准和备案的，暂停农村义务教育学校撤并工作。坚决制止盲目撤并农村义务教育学校。对存在学生家长反对、学生上下学交通不安全、校舍条件不能满足需要以及撤并后造成“大班额”问题的，均不得撤并。

3. 保障学生上下学交通安全。认真贯彻落实《校车安全管理条例》《黑龙江省学校安全条例》，切实做好学生上下学交通安全工作。要加快发展农村公共交通，通过增设农村客运班线及站点、增加班车、班次、缩短发车间隔、设置学生专线等方式，满足学生的乘车需求。公共交通不能满足学生上学需要的地方，县级政府和有关部门应组织提供校车服务。严厉查处接送学生车辆超速、超员和疲劳驾驶等违法行为；坚决制止采用低速货车、三轮汽车、拖拉机以及拼装车、报废车等车辆接送学生。

4. 切实办好村小学和教学点。要确保村小学和教学点的公用经费投入，保证其正常运转，对学生规模不足100人的村小学和教学点按100人核定公用经费。优先改善村小学和教学点办学条件，尽快使村小学和教学点达到省标准化要求，缩小城乡校际办学差距。省级财政将根据各地资金投入和办学条件情况，在分配教育改善办学条件资金时给予支持。加快推进农村教育信息化建设，优先为村小学和教学点配备班级多媒体设备和数字化优质课程教学资源。充分发挥中心小学的管理和指导作用，组织优秀教师巡回教学，开展连片教研，推进优质教学资源共享，提高村小学和教学点教学质量。

5. 均衡配置教师资源。做好农村初中、小学编制管理工作，按照因事设岗、专兼结合、全额核定、逐步到位的原则，优化教职工队伍，严格按照省政府规定的编制标准核定农村初中、小学教职工编制。各地在现有中小学教职工事业编制总量内，动态调整优化编制配置结构，生源少、班额小的村小学和教学点，专任教师编制可按班师比1∶2标准配备。寄宿制义务教育学校，小学可按与寄宿生1∶10至1∶20、初中可按与寄宿生1∶20至1∶40比例标准，配备学生生活服务指导工作人员；可按照与学生1∶40比例标准配备食堂工作人员。学生生活服务指导工作人员和食堂工作人员实行聘用制，不纳入编制内管理。全面推行校长负责制、教职工全员聘任制、岗位责任制、校内结构工资制、特岗计划和定期交流制度。全面实行教师持证上岗，完善教师职务评聘制度，进一步调整初中、小学教师职务结构，使城乡学校教师年龄、学历和职称逐步均衡。

6. 规范农村学校资产管理工作。各地要建立农村初中、小学资产管理制度，加强对现有校舍资产和校田地的管理；对布局调整后的农村初中、小学逐校建立资产档案，确保教育和校田地资产不流失；确需调整的学校，调整后的教育资源应优先保障当地教育事业需要；确实闲置的校园校舍，应由县级教育行政部门提出处置意见，报同级财政部门审批，处置所得由各地统筹安排使用。

三、保障措施

（一）加强组织领导。各级政府要把农村义务教育学校布局调整工作纳入年度工作目标考核内容。各部门要密切配合，组织到位、责任到位、规划到位、保障到位。要总结宣传农村义务教育学校布局调整工作的好经验、好做法，努力营造全社会关心、重视和支持的良好氛围。

（二）统筹规划建设。各地要统筹考虑地理环境、人口变化、经济条件和教育基础等因素，结合社会主义新农村建设、城镇化建设要求，坚持城乡统一规划，在着力改善农村中小学校办学条件的同时，根据县域人口分布情况新建或改扩建学校，把校舍建设与教学设施设备配备、加强教师队伍建设等结合起来；积极推广联盟式、学区式和集团化办学管理模式改革，促进校际共建和资源共享，全面提高义务教育水平，促进农村义务教育健康发展。

（三）完善制度机制。继续完善以县为主的投入机制，加大转移支付力度，合理配置硬件资源，统一配置和管理县域教师资源，优先补充年轻教师到村小学、教学点工作。建立教育、财政、人社、发改、机构编制等部门工作协同机制，在项目安排、经费投入、教师配备、教师待遇、师生安全等方面提供政策支持，保障农村学校基本办学条件达到省标准化要求。

（四）加强农村寄宿制学校建设和管理。按照国家和省级规定标准建设校舍、学生宿舍、食堂、厕所等设施，严格寄宿制学校的管理，及时消除各种安全卫生隐患，确保学生在校安全。科学管理住宿学生作息时间，配备专职生活教师、心理健康教师，培养学生良好生活习惯和健康的心理素质，开展符合学生身心特点、有益于学生健康成长的校园文化活动。努力改善寄宿条件，为学生提供良好的学习和生活环境，特别要优先解决因布局调整需要寄宿学生的需求。落实寄宿学生贫困补助政策，减轻学生经济负担。

（五）切实抓好师资队伍建设。建立并实施农村义务教育学校教师“退一补一”的机制，有效解决教师及时补充问题。完善村小学和教学点从教激励机制，对村小学和教学点教师的培训进修、职称评定、评优评先等给予优惠政策。县级政府要实行县域教师、校长交流制度，鼓励城区优秀教师到农村支教和中心小学优秀教师到各教学点送教。积极改善乡村教师办公、住宿、餐饮、通勤及业余文化生活条件，使其安心教学。加快推进农村教育信息化建设，为村小学和教学点配置科学、信息技术、音乐、体育、美术等仪器设备和教学器材，为班级配备数字化优质课程教学资源，采取连片教研、结对帮扶、巡回教学等方式，提高村小学和教学点教学质量。

（六）扎实开展专项督查。各市地及省教育厅要对农村义务教育学校布局调整工作进行专项督查，重点督查县级政府是否认真实施布局规划、布局调整方案是否得到人民群众的同意认可、保障措施是否到位、工作是否规范、村小学和教学点建设是否合格达标等工作，并向社会公布督查结果。对存在问题、社会反映强烈的县（市、区），要责其限期整改完善；对因学校撤并不当引起严重不良后果的，要依照法律和有关规定追究责任；对工作成绩突出的，要给予表彰。

黑龙江省人民政府办公厅
2013 年 09 月 27 日

关于编制全面改善贫困地区义务教育薄弱学校基本办学条件建设规划（2014—2018年）的通知

陕西省人民政府办公厅　陕教财〔2014〕32号

各市（区）教育局、发展改革委、财政局，韩城市教育局、经发局、财政局，省石油普教管理中心：

根据《教育部、国家发展改革委、财政部关于全面改善贫困地区义务教育薄弱学校基本办学条件的意见》（教基一〔2013〕10号）要求，结合3月14日国家教育体制改革领导小组召开的全面改善贫困地区义务教育薄弱学校基本办学条件（简称"全面改薄"）电视电话会议精神，按照省政府要求，经研究，省教育厅、省发展改革委、省财政厅决定启动全面改善贫困地区义务教育薄弱学校基本办学条件建设规划（2014—2018年）编制工作。现将有关事项通知如下。

一、主要目标

从2014年起，经过5年的努力，逐步使义务教育学校教室、桌椅、图书、实验仪器、运动场等教学设施满足基本教学需要；学生宿舍、床位、厕所、食堂（伙房）、饮水、取暖等生活设施满足基本生活需要；留守儿童学习和寄宿需要得到基本满足，村小学和教学点能够正常运转；县镇超大班额现象基本消除，逐步做到小学班额不超过45人、初中班额不超过50人；完善学籍管理系统等教育管理信息系统建设，推进信息技术在教育教学中的应用；校长和教师交流轮岗全面开展，教师配置趋于合理，数量、素质和结构基本适应教育教学需要。

二、重点任务

（一）保障基本教学条件。要保障教室坚固、适用、通风，符合抗震、消防安全要求，自然采光、室内照明和黑板材料符合规范要求。按照学校规模和教育教学要求配备必要的教学仪器设备、器材。每个学生都有合格的课桌椅。配备适合学生身心发展特点的图书，逐步达到小学生均图书不低于15册，初中生均图书不低于25册。根据学校地理条件和农村体育特点，因地制宜地建设运动场地和配备体育设施，保障学生活动锻炼的空间和条件。

（二）改善学校生活设施。保障寄宿学生每人1个床位，消除"大通铺"现象。根据实际需要配备必要的洗浴设施和条件。根据营养改善计划实施要求，新建或改建学生食堂和伙房，满足学生就餐（或集中供餐）需要。设置开水房或安装饮水设施，确保学生饮水安全便捷。厕所要有足够厕位（女生蹲位要明显增加，一般是男生的2倍以上）。关中、陕北地区应有冬季取暖设施。设置必要的安全设施，保障师生安全。

（三）按照就近、安全的原则，因地制宜办好农村完小和必要的教学点。对确需保留的教学点，要确保无危房校舍，配备必要设施，满足教学和生活基本需求。中心小学或完全小学要统筹教学点课程和教师安排，保障教学点教学质量。优先安排免费师范生和特岗教师到教学点任教。职称晋升和绩效工资分配向教学点专任教师倾斜。农村教师周转宿舍建设和使用要优先考虑教学点教师需要。对学生规模不足100人的村小学和教学点按100人的标准单独核定公用经费，由县级财政和教育部门按时足额拨付，不得截留挪用。

（四）妥善解决县镇学校大班额问题。各地要根据城镇化发展趋势，充分考虑区域内学生流动、人口出生和学龄人口变化等情况，科学规划学校布局，加强城区中小学建设，并充分利用已有办学资源，首先解决超大班额问题。必要情况下，可以采取新建、扩建、改建等措施，挖掘学校潜力，对义务教育学校进行改造，扩大优质教育资源。加强新建住宅区配套学校建设。对教育资源较好学校的大班额问题，积极探索通过学区制、学校联盟、集团化办学等方式扩大优质教育资源覆盖面，合理分流学生。对大班额现象严重的学校，要严格控制招生规模。加强对薄弱学校的管理，提高其管理水平和教育教学质量。

（五）推进农村学校教育信息化。要逐步提升农村学校信息化基础设施与教育信息化应用水平，加强教师信息技术应用能力培训，推进信息技术在教育教学中的深入应用，使农村地区师生便捷共享优质数字教育资源。稳步推进农村学校宽带网络、数字教育资源、网络学习空间建设。要为确需保留的村小学和教学点配置数字教育资源接收和播放设备，配送优质数字教育资源。加快学籍管理等教育管理信息系统应用，并将学生、教师、学校资产等基本信息全部纳入信息系统管理。

（六）提高教师队伍素质。重点抓好农村教师队伍建设，通过实施农村义务教育学校教师特岗计划等多种方式，完善农村教师补充机制，重点补充体音美等薄弱学校教师。推进县域内校长教师交流轮岗，提高城镇中小学教师到乡村学校任教的比例。面向乡镇以下农村学校培养能承担多门学科教学任务的小学教师和“一专多能”的初中教师。提高中小学教师国家级培训计划的针对性和有效性，省级教师培训要向农村义务教育教师、校长倾斜。要结合实际制定农村教师职称评审条件、程序和办法，农村学校教师职称晋升比例应不低于当地城区学校教师。要积极推进农村教师周转宿舍建设，努力改善农村教师生活条件。

三、贫困地区覆盖范围

此次项目确定的贫困地区以国家集中连片特困县和国家扶贫开发工作重点县

为主，兼顾省级集中连片困难地区和革命老区，具体县区详细名单见附件1。在解决好农村学校基本办学条件的同时，项目设置要充分考虑解决城区义务教育学校大班额问题。同时，支持县城以上地区，以科学布局、扩大教育资源规模为重点，挖掘利用和盘活现有闲置的各类公共资源，建设中小学校，逐步消除大班额现象。其他农村地区，除危房改造和校舍总量严重不足之外，原则上不支持新建校舍，主要通过调整闲置房舍使用功能，配备必需的教育教学及生活设施设备等，保障教学和学生生活基本需要。十二年一贯制学校和完全中学的高中部不得纳入项目实施范围。

国家集中连片特困县中小学食堂建设规划任务已于2013年年底基本完成，原则上不得再次将食堂项目纳入本次项目规划。若确需纳入，需逐校进行说明。

未纳入此次项目所覆盖贫困地区的县区，以地方投入为主，统筹各级中小学校舍维修改造长效机制资金等，按期完成县域内义务教育薄弱学校基本办学条件改造任务。

四、规划内容

主要包括学生课桌凳和学生用床、校舍建设类、教学装备类、设施设备类、运动场地、校园附属设施（工程）类等六类。

学生课桌凳和学生用床。保证每人配备一套安全、环保、符合学生身心成长的课桌凳，寄宿学生每人配备一张床，并于今年秋季开学前配置到位。

校舍建设类。教学及辅助用房、学生宿舍、食堂（餐厅）、厕所、锅炉房（开水房）、浴室、教工周转宿舍等。

教学装备类。教学仪器设备、音体美器材、图书资料、多媒体远程教学设备（班班通）、计算机网络教室等。

设施设备类。食堂设备（饮水设备）、取暖设备、电风扇、空调、安防设备等。

体育运动场地改造。场地硬化、软化以及购置必要体育运动器材等。

校园附属设施（工程）类。大门、围墙、护坡（坎）、校园硬化（绿化）等。

独立建筑的办公楼、图书馆、礼堂、体育馆、游泳馆（池）以及其他超越基本办学条件范畴的项目，不得列入规划。对征地等问题尚未解决（或难以解决）的，不得纳入规划。

教育信息化、校长和教师交流轮岗、教师队伍建设等仍执行现有规划或另行安排编制规划。

五、规划编制原则

（一）保证基本，兜住网底。各地要围绕目标任务，采取有效措施，从薄弱环节入手，保障学校教学和学生生活设施的基本需要。要从困难地方做起，按照“面向贫困、聚焦薄弱、保障基本”的要求，全面改善薄弱学校办学条件。牢固树立可持续意识，把资金用到最急需、最紧迫、最薄弱的地方，把钱花在"刀刃"上，充分体现"雪中送炭"，杜绝"锦上添花"。

（二）一校一策，缺什么补什么。各地要在科学制定农村义务教育学校布局专项规划的基础上，以校为单位，清查登记学校教育教学、学生生活用房、设施、设备及各类附属设施等，对照基本办学标准，分析确定每所学校（含教学点）办学条件缺口，为规划编制工作打好基础。要针对辖区内每一所存在基本办学条件缺口的学校制定专门方案，按照"缺什么补什么"的原则，列出现状和需求清单并编制每校的建设计划书，提出每一个环节的时间安排、实现途径和具体步骤，分门别类列出清单，编成账册，做到"一校一策"。在此基础上，以县为单位，按照规划编制要求，遴选项目学校，编制项目总体规划和年度实施计划。

（三）限定标准，勤俭办学。各地要遵循"安全、节俭、实用、适用、够用"的原则，把满足教育教学和学生生活的基本需要放在首位，因地制宜确定每所薄弱学校的改造方案。规模较小学校特别是村小学（教学点）提倡配置适当的教学设施设备等，通过改造教室、调整闲置房舍使用功能以及校园硬化、绿化等方式，满足基本教学和学生生活需要；规模较大学校和寄宿制学校提倡对照办学标准，按照《农村寄宿制学校生活卫生设施建设与管理规范》的通知（教体艺〔2011〕5号）要求，逐步完善。各地要优化整合办学资源，避免大拆大建，校舍建设要在达到抗震设防标准和综合防灾要求的基础上，着重满足功能使用，严禁不切实际扩大规模和超标准配置。设施设备配备要充分考虑学校需求和实际利用率，不得盲目配置，杜绝闲置浪费。

（四）因地制宜，分步实施。各地要结合当地经济社会发展、城乡一体化建设和教育事业发展规划，充分考虑村镇调整、城镇化进程、学龄人口变化趋势、移民搬迁和教育扶贫等因素，突出重点，科学编制规划。优先满足学校最为紧迫急需的基本条件，优先保障基本教学、学生生活的校舍和设施建设。要按照轻重缓急合理排序，循序渐进，分步实施。坚决杜绝将资源向少数优质学校集中，打造豪华学校。规划编制要与原上报的2010—2015年薄改计划规划（包括食堂建设规划）、农村初中校舍改造工程、教师周转宿舍项目等相衔接，对原规划尚未实施的校舍建设类项目，如符合条件且需要建设的，要纳入本规划申报。

（五）统筹规划，提高效益。"全面改薄"要统筹用好各级各类资金，实事求是进行需求测算。农村义务教育经费保障机制改革资金在首先保障学校基本运转之外，可按照公用经费支出管理规定，安排适当资金用于小额的仪器设备、图书资料等，以及房屋、建筑物及仪器设备的日常维修、维护。农村学校教师周转宿舍项目和初中校舍改造工程纳入"全面改薄"工作继续实施，并将农村初中运动场地改造、学生宿舍、食堂、饮水设施、厕所、澡堂等教学和生活设施建设纳入初中工程进行重点支持。在原来薄弱学校改造计划支持内容的基础上，将信息化建设和农村小学体育场地改造、学生宿舍、食堂、饮水设施、厕所、澡堂等教学和生活设施纳入支持范围。市县要将“全面改薄”所需资金分年度列入财政预算，多渠道筹集建设资金。省级将对各地规划任务完成情况、财政投入情况和项目进展情况等进行考核，考核结果作为分配中省补助资金的参考因素。

六、有关要求

（一）高度重视，加强领导。各地教育、发展改革、财政等部门要高度重视，统筹规划，加强协作，尽快成立工作领导小组和机构，抽调懂业务、负责任、有经验的项目管理同志，组成精干班子，明确职责分工，集中时间和精力，按照规划编制原则和要求，摸清家底，遴选项目，高质量、高标准进行规划编制工作。

（二）充分论证，严格审核。各地在规划编制前，要深入学校，掌握第一手信息，自下而上根据各校需求确定项目内容。教育、发展改革、财政等部门要加强对所辖县（市、区）项目规划编制工作的指导、监督，切实负起责任，严把摸底排查和规划编制质量关，逐县、逐校审核、论证方案的合规性和可行性，确保数据真实可靠、措施得当，切忌做“二传手”。规划一经审核确定，原则上不得变更。对市县因规划编制不认真，前期论证不充分，导致规划执行过程中请求调整使用方向、变更用途或大幅度增减规模的，原则上不予批准；一经发现，将纳入绩效考评并在一定范围内通报，扣减下一年度项目分配资金。

（三）严格按时限上报。本次规划编制工作前期需要动员组织大量专业力量，深入基层，摸清底数，范围广、战线长、时间紧、任务重、工作细、标准高、要求严，各地要在规定的时间内组织完成填报《陕西省全面改善义务教育薄弱学校基本办学条件建设需求摸底调查表》《陕西省全面改善贫困地区义务教育薄弱学校基本办学条件建设规划表（2014—2018年）》和编制规划文本工作。各地务必要抓紧组织，全力推动，及时安排部署，制定本地区“全面改薄”的路线图和时间表。各县（市、区）项目规划文本在经同级政府同意后，汇编成册（文本统一为Word格式，表格为Excel格式，不得修改省定格式，影响全省汇总的将不受理）以政府文件报送市（区）教育、发展改革、财政部门。

附件：略。

陕西省教育厅
陕西省发展和改革委员会
陕西省财政厅
2014年4月21日

关于进一步规范农村义务教育学校布局调整的实施意见

广西壮族自治区人民政府办公厅　桂政办发〔2014〕53号

各市、县人民政府，自治区农垦局，自治区人民政府各组成部门、各直属机构：

为贯彻落实《国务院办公厅关于规范农村义务教育学校布局调整的意见》（国办发〔2012〕48号，以下简称《意见》）精神，进一步规范我区农村义务教育学校布局调整，努力办好人民满意的教育，根据《意见》及《中共广西壮族自治区委员会 广西壮族自治区人民政府关于加快改革创新全面振兴教育的决定》（桂发〔2014〕2号）和《广西壮族自治区人民政府关于深入推进义务教育均衡发展的实施意见》（桂政发〔2014〕7号）要求，结合我区实际，经自治区人民政府同意，现提出如下实施意见。

一、深刻认识规范农村义务教育学校布局调整的重要意义

近年来，我区以办好每一所义务教育学校、关注每一个学生的健康成长为宗旨，扎实推进学校布局调整工作。义务教育经费投入机制进一步健全，学校办学条件明显改善，教育资源配置不断优化，城乡学校布局更加合理，师资队伍专业水平逐步提高，义务教育质量稳步提升，进一步促进教育公平，人民群众对教育的满意度不断提高。但同时，农村义务教育学校减少导致部分学生上学路途变远、交通安全隐患增加，学生家庭经济负担加重，并带来农村寄宿制学校不足、一些城镇学校班额过大等问题。有的地方在学校撤并过程中，规划方案不完善，操作程序不规范，保障措施不到位，影响了农村义务教育的健康发展。

规范农村义务教育学校布局调整，是促进义务教育均衡发展、保障教育公平的客观需要，是合理配置教育资源、提高教育质量的有效途径，是推进教育科学发展、办人民满意教育的内在要求，对保障农村适龄儿童少年就近入学、提高义务教育办学质量、促进义务教育均衡发展具有重要意义。各市县要深刻领会《意见》的精神实质，准确把握《意见》的目标要求，进一步统一思想、提高认识，切实把行动统一到贯彻落实《意见》精神上来，进一步规范做好农村义务教育学校布局调整工作。要坚决遏制盲目撤并农村小学和教学点的做法，妥善处理好提高教育质量与方便学生就近上学的关系，稳步推进义务教育均衡发展。

二、进一步把握农村义务教育学校布局调整的总体要求

农村义务教育学校布局调整要适应农村城镇化深入发展和社会主义新农村建设的新形势，统筹考虑城乡人口流动、学龄人口变化、当地农村地理环境及交通状况、教育条件保障能力、学生家庭经济负担等因素，充分考虑学生的年龄特点和成长规律，努力满足农村适龄儿童少年就近入学和接受良好义务教育需求，积极稳妥推进农村义务教育学校布局调整，优化教育资源配置，促进义务教育均衡发展。

三、严格实施农村义务教育学校布局专项规划

我区农村义务教育学校布局专项规划已经国家教育体制改革领导小组办公室备案。各县级人民政府要严格实施经国家教育体制改革领导小组办公室备案的农村义务教育学校布局专项规划，不能随意变更，以确保规划的科学性和严肃性。各地在实施过程中确需调整的，要按程序经上一级人民政府同意后报自治区人民政府核准。

各县级人民政府实施农村义务教育学校布局专项规划，要切实保障学生就近入学的需要，根据不同年龄段学生的体力特征、道路条件、自然环境等因素，合理确定学校服务半径，尽量缩短学生上下学路途时间。农村小学1至3年级学生原则上不寄宿，就近走读上学，超过服务半径的，应当通过就近设置小学或教学点来解决；小学高年级学生以走读为主，确有需要的可以寄宿，当地人民政府需为学生提供基本的寄宿生活条件；初中学生根据实际可走读或寄宿。原则上每个乡镇都应设置初中，人口相对集中的村寨要设置村小学或教学点，人口稀少、地处偏远、交通不便的地方应保留或设置教学点。

四、严格规范撤并农村义务教育学校的程序和行为

（一）严格规范学校撤并程序。要保障学生家长在学校撤并中的知情权和参与权，确因生源减少需要撤并学校的，县级人民政府必须严格履行撤并方案的制定、论证、公示、报批等程序：(1) 县级教育行政部门在调查研究的基础上制定撤并方案。方案应包括撤并理由、学校及师生安排办法、具体实施步骤等内容。(2) 县级教育行政部门举行撤并听证会。听证会代表应包括拟撤并学校的学生家长、师生、村民自治组织和乡镇人民政府等有关人员，听证会应充分听取代表意见，并进行无记名投票表决，多数人同意撤并方案才能通过。(3) 县级人民政府组织论证会。成员由政府相关部门负责人以及有关专家组成，进一步对方案进行论证完善。(4) 县级人民政府对修订完善后的撤并方案，通过在乡镇、村（组）张贴公告、发放告群众书以及新闻媒体进行公示，最后将撤并方案和各次讨论的书面意见一并逐级上报自治区人民政府审批。

（二）坚决制止盲目撤并学校。学校撤并要坚持先建后撤，保证平稳过渡。多数学生家长反对或听证会多数代表反对，学校撤并后不能保障学生上下学交通安全，并入学校住宿、就餐及办学条件不能满足需要，以及撤并后将造成学校超大规模或“大班额”问题突出的，均不得强行撤并现有学校或教学点。各地要充分考虑本地区地理环境的特殊性和群众的可接受程度，对路途较远、学龄人口变化大、撤并后群众意见多、确有必要恢复的学校或教学点，当地人民政府可重新进行规划、按程序予以恢复。学校或教学点恢复程序参照撤并方案程序进行。县级人民政府要依法规范撤并后原有校园校舍再利用工作，优先保障当地教育事业需要，不得随意挪作他用和改变教育用地性质。

五、切实办好农村小学和教学点

农村小学和教学点学龄人口居住分散，班额小，教师数量不足、结构不合理等问题，是制约其健康发展的重要因素。对保留和恢复的村小学和教学点，要积极采取措施改善办学条件，配足教师，加强管理，努力提高教学质量。

（一）强化教育经费保障。提高村小学和教学点的生均公用经费标准，对学生规模不足 100 人的村小学和教学点按 100 人核拨公用经费，保证其正常运转。

（二）改善办学条件。结合农村义务教育学校建设工程项目，加快村小学和教学点校舍、教学仪器设备、图书资料、音体美器材和生活配套设施建设。

（三）加强教师队伍建设。教师编制核定向村小学和教学点倾斜，加强英语、体育、音乐、美术等紧缺学科教师配备，确保村小学和教学点开齐课程、开足课时。研究完善符合村小学和教学点实际的职称评定标准，职称晋升、绩效工资分配、评先评优向村小学和教学点教师倾斜，鼓励各地采取在绩效工资中设立岗位津贴等措施支持优秀教师到村小学和教学点工作。建立县域内教师定期交流、轮岗和支教机制。加大村小学和教学点教师培养、培训工作力度，着力提高教师专业水平。

（四）加快推进农村教育信息化建设。为村小学和教学点配备多媒体教学设备和数字化优质课程教学资源。

（五）充分发挥中心校对村小学和教学点的管理与指导作用，统筹安排师资、课程、教研活动。建立和完善乡镇中心小学教师到村小学和教学点开展集中备课、巡回教学制度，开展连片教研，推动优质教学资源共享，提高村小学和教学点教学质量。

六、努力解决农村义务教育学校撤并带来的突出问题

（一）加强农村寄宿制学校建设和管理。要结合全面改善贫困地区义务教育薄弱学校基本办学条件工程等教育工程项目，加强农村寄宿制学校建设，为寄宿制学校配备教室、学生宿舍、食堂、饮用水设备、厕所、洗澡房等设施。要安排必要的经费，保证寄宿制学校的基本运转。要严格落实《广西壮族自治区人民政府办公厅关于做好我区学校安全协管员队伍建设的指导意见》（桂政办发〔2010〕95 号）等文件，为农村寄宿制学校配备必要的管理、服务、安全协管人员。有条件的地方应为学校配备校医和心理健康教师，学生规模在 200 人以上的中小学，原则上每校要配备1名专职心理健康教师，学生规模在600人以上的中小学或实行寄宿制的学校，原则上每校至少配备1名专职卫生专业技术人员，并根据学生数每增加1 000名至少增配1名专职卫生专业技术人员。要严格落实《广西壮族自治区寄宿制中小学校管理办法（暂行）》，加强寄宿制学校安全教育和管理，有针对性地开展预防火灾和应急疏散等安全演练。要科学安排学生作息时间，培养学生良好的生活习惯，开展符合学生身心特点、有益于健康成长的校园活动。

（二）保障学生上下学交通安全。要依照国务院《校车安全管理条例》（国务院令第617号）、《广西壮族自治区人民政府办公厅关于进一步加强中小学校车安全工作的指导意见》（桂政办发〔2012〕56号）和《广西壮族自治区人民政府办公厅关于校车安全管理工作的实施意见》（桂政办发〔2012〕219号）要求，强化公共服务，大力发展农村客运交通，科学调整运力，通过增设农村客运班线及站点、增加班车班次、缩短发车间隔、设置学生专车等方式，满足学生的乘车需求。公共交通不能满足学生上学需要的，当地人民政府可组织提供校车服务。加强学生周末、学期末放假、学生集中出行等重点时段的交通安全管控。继续净化农村道路交通环境，严查低速货车、三轮汽车、拖拉机以及拼装车、报废车等车辆接送学生的交通违法行为。建立起符合本地实际、能够满足现实需要、责权利明晰的中小学校车管理秩序，为构建和谐广西创造平安、稳定、和谐的社会环境。

（三）高度重视并逐步解决"大班额"问题。要将城乡义务教育学校建设纳入城乡建设总体规划，根据城镇总体规划，综合考虑配套设施、旧城改造、人口密度和人口流动等因素，科学布局城乡学校，从源头上遏制"大班额"问题的产生。要加大经费投入，通过新建、扩建、改建学校和合理分流学生等措施，努力使学校班额符合国家标准。各地要统筹资金支持城区、县镇义务教育学校扩容改造建设，推进城乡结合部义务教育学校建设。班额超标学校不得再接收其他学校并入的学生。对教育资源较好学校的"大班额"问题，要通过实施学区管理、建立学校联盟、探索集团化办学等措施，扩大优质教育资源覆盖面，合理分流学生。

七、积极开展农村义务教育学校布局调整专项督查

自治区人民政府教育督导机构要对农村义务教育学校布局调整是否合理、保障措施是否到位、工作程序是否完善、村小学和教学点建设是否合格等进行专项督查，督查结果向社会公布。对因学校撤并不当引起严重不良后果的，要依照法律和有关规定追究责任。市级人民政府教育督导机构要结合督学责任区工作，每年至少组织一次对县（市、区）规范农村义务教育学校布局调整工作的专项督查，并将督查结果列入县级人民政府主要领导教育工作考核的内容。县级人民政府要认真开展规范农村义务教育学校布局调整工作自查，对上级行政部门和教育督导机构督查发现的问题及时整改，确保农村义务教育学校布局调整工作稳步实施。

广西壮族自治区人民政府办公厅
2014 年 6 月 13 日

关于进一步规范农村义务教育学校布局调整工作的通知

湖北省教育厅、省政府教育督导室　鄂教发〔2014〕14 号

各市、州、直管市、神农架林区教育局、政府教育督导室：

2013 年，按照国务院和教育部的统一部署，我省各县（市、区）完成了《农村义务教育学校布局专项规划（2013 年—2015 年）》的编制工作。总体上看，我省农村义务教育学校布局调整顺应了农村人口变化趋势，优化了农村学校布局，提高了农村学校办学效益和教育教学质量。但同时，仍然有少数地区执行规划不力，调整幅度过大，布局过于集中，学生上学路途变远、交通安全隐患增多、学生家庭经济负担加重；少数地方撤点并校程序不规范，没有充分听取意见，没有完善论证、听证、公示等环节，群众意见较大。根据国家和教育部有关工作要求，现就对进一步规范我省农村义务教育学校布局调整工作通知如下。

一、进一步强化专项规划的严肃性

各县（市、区）编制的农村义务教育学校布局专项规划已经省政府批准，并报国家教育体制改革领导小组备案。各地在实施农村义务教育学校布局调整工作中，要严格执行已经制定并备案的专项规划，不得随意变更或调整。凡布局专项规划中未列入撤并范围的学校，一律不得撤并。

二、进一步规范撤并程序和行为

各地要按照国务院和教育部有关农村义务教育学校布局调整工作的要求，进一步规范学校撤并程序和行为。

一是对于已列入撤并范围，且确因生源减少需要撤并学校的，各县级政府必须统筹考虑并落实学生上下学交通安全、寄宿生学习生活设施等条件保障，严格执行撤并方案的制定、论证、公示、报批等程序。学校撤并应遵循先建后撤的原则，保证平稳过渡。

二是撤并学校前，县级地方政府和教育部门要通过调研座谈、实地走访、调

查问卷、召开听证会等形式，广泛听取学生家长、学校师生、村民自治组织和乡（镇）政府的意见。要保障群众在学校撤并中的知情权和参与权，参加听证会的周边群众代表、学生家长、学校教师等所占比例不得少于听证会代表总数的60%。

三是凡多数家长或师生反对、学校撤并后入学交通不便、安全不能保障、寄宿条件不能满足需要、大班额现象突出的地方，均不得强制撤并现有学校和教学点。

四是撤并方案确定后，县（市、区）政府要进行专题研究，并通过政府、教育等部门的政务网站和相关媒体向社会公示。根据《国务院办公厅关于规范农村义务教育学校布局调整的意见》（国办发〔2012〕48号）的要求，撤并方案由县级人民政府报市州人民政府同意后，再报省政府审批。

三、进一步加强布局调整的督查工作

各市、州、直管市和林区教育局、政府教育督导部门要加强对本地农村义务教育学校布局专项规划执行情况的督查，重点督查超规划范围撤并学校、撤并程序不规范、保障措施不到位等情况，坚决纠正少数地方盲目推进的“小学进镇、初中进城”的做法。要督促各县（市、区）政府办好村小学和必要的教学点。省教育厅、省政府教育督导室将加强农村义务教育学校布局调整工作的指导和督查，对因执行规划不力、学校撤并不当造成不良社会影响的，将在全省予以通报，并依照有关规定追究相关单位和责任人的责任。各地规范农村义务教育学校布局调整的有关情况请及时上报。

湖北省教育厅
湖北省人民政府教育督导室
2014年12月25日

参考文献

1. 费孝通. 费孝通学术文集：学术自述与反思[M]. 北京：三联书店，1996.

2. 傅勇. 中国式分权与地方政府行为：探索转变发展模式的制度性框架[M]. 上海：复旦大学出版社，2010.

3. 管华，陈鹏. 中小学布局调整如何通过法律之门[J]. 教育研究，2015（1）.

4. 胡建淼. 论公法原则[M]. 杭州：浙江大学出版社，2005.

5. 景春梅. 城市化、动力机制及其制度创新——基于政府行为的视角[M]. 北京：社会科学文献出版社，2010.

6. 李强，陈宇琳，刘精明. 中国城镇化"推进模式"研究[J]. 中国社会科学，2012（7）.

7. 李涛. 中国城乡底层教育公正的政策研究：基于社会分层的视角[J]. 中国行政管理，2013（3）.

8. 刘惠林. 中国农村教育财政体制[M]. 北京：社会科学文献出版社，2012.

9. 刘守英，周飞舟，邵挺. 土地制度改革与转变发展方式[M]. 北京：中国发展出版社，2012.

10. 罗玉中，万其刚. 人权与法制[M]. 北京：北京大学出版社，2001.

11. 滕大春. 美国教育史[M]. 北京：人民教育出版社，1994.

12. 翁乃群. 村落视野下的农村教育——以西南四村为例[M]. 北京：社会科学文献出版社，2009.

13. 许宝强，汪晖. 发展的幻象[M]. 北京：中央编译出版社，2001.

14. 姚荣. 从"嵌入"到"悬浮"：国家与社会视角下我国乡村教育变迁研究[J]. 清华大学教育研究，2014（4）.

15. ［德］尤尔根·哈贝马斯. 交往行为理论：行为合理性与社会合理化［M］. 曹卫东，译. 上海：上海人民出版社，2004.

16. 张鸣. 乡村社会权力和文化结构的变迁（1903—1953）［M］. 西安：陕西人民出版社，2013.

17. 郑树山. 中国教育年鉴（2001）［M］. 北京：人民教育出版社，1988.

18. 周飞舟，谭明智. 当代中国的中央地方关系［M］. 北京：中国社会科学出版社，2014.

19. 周黎安. 转型中的地方政府：官员激励与治理［M］. 上海：上海人民出版社，2008.

20. 周其仁. 城乡中国（上）［M］. 北京：中信出版社，2013.

后 记

历时四年，《嵌入中国城镇化脉络的县域中小学布局调整》一书终于要与读者见面了，心中不免惶恐。“中小学布局调整”是一个牵涉问题广、涉猎学科多、具有挑战性的研究课题，虽然相关研究不少，但如何从新的角度入手，把教育问题放在整个社会发展的脉络中去考察，而不是孤立地就教育论教育，是课题组一直在思考的问题。在四年多的时间里，课题组成员潜心开展研究工作，查阅了大量国内外研究资料，进行了广泛的田野调查，不定期地在一起研讨。就是在这样的过程中，研究思路逐渐清晰。

在实地调研中，课题组努力克服各种困难，取得第一手资料。有一次去山区教学点调研，我们从县里驱车一个多小时到镇上，在镇上换乘越野车在山路上小心前行两个多小时，旁边就是陡峭的悬崖，一路上神经紧张，最终到达弥漫着浓雾的山区教学点（由于特殊的地理环境，教学点所在村庄终年浓雾弥漫）。到达教学点后，我们步行到村里进行访谈，结果山区的雨说来就来，气势凶猛，把我们一行人瞬间浇成了落汤鸡。在雨中，我们在梯田的田埂上奔跑，课题组成员宋婷娜一边跑还要一边护住背包，尽量让背包少淋雨，因为里面装着我们的调研资料和电脑。跑回教学点的时候，大家已经完全湿透了，师生们帮我们升起篝火，我们在篝火边“自转”，水汽氤氲，每个人都“热气腾腾”。没有人因为浑身湿透了而沮丧，大家都有说有笑，讨论刚才的访谈。

本书是集体智慧的结晶。中国人民大学博士研究生姚荣在本书的写作过程中发挥了重要的作用，他的意见富有见地、切中要害，提升了研究的高度。虽然他在研究后期才加入，但是深厚的学术积累和敏锐的学术嗅觉让他很快成为研究团队的主力，对全书的框架提出了建设性的意见。北京师范大学博士研究生宋婷娜参与了大量的实地调研工作，收集数据、撰写研究报告，同时帮助指导李东宏和孙国勇两位同学的研究工作，是研究团队的主心骨，有担当，责任心强。北京师范大学硕士研究生孟静怡同学参与了研究的全过程，查阅了大量跨学科研究资料，在兼顾多项研究的前提下，保证本研究的工作实属不易。我和静怡多次沟通都是在深夜，她的勤奋好学和扎实的学术素养给我留下了深刻的印象。首都师范大学硕士研究生李东宏同学主动参与研究，查阅了大量相关资料，虚心好学，在研究过程中学术素养和学术能力都得到了很大的提高。首都师范大学硕士研究生孙国勇同学在研究过程中承担了主要的会务工作，确保我们每两周一次的讨论顺利进行，并积极参与研究工作，献智献力，利用各种渠道查阅资料，力求数据准确。在此期间，要感谢薛海平教授多次为本研究的实地调研提供帮助。

本书是教育部人文社科研究项目“县域中小学布局调整的政策工具分析”（项目批准号 12YJC880083）的研究成果，对教育部人文社科基金提供的支持表示感谢。在此要特别感谢顾明远教授为本书作序，顾先生在学界德高望重，能够在繁忙的工作中为本书作序，甚为感动。顾先生的作序既是对年轻同志的鼓励，亦是我们前行的动力。感谢首都师范大学教育学院的领导和同事，是这个温暖的大家庭为青年教师的成长保驾护航。感谢蔡春教授和李静老师为本书的出版所做的努力。

在本书的撰写过程中，参阅了国内外专家学者的著作、论文与资料，在此一并表示衷心的感谢。由于作者才疏学浅，书中还有很多缺点和不足，请各位专家、学者、同人指正。

荣利颖

图书在版编目（CIP）数据

嵌入中国城镇化脉络的县域中小学布局调整/荣利颖著. —北京：中国人民大学出版社，2016.4

ISBN 978-7-300-22577-7

Ⅰ.①嵌… Ⅱ.①荣… Ⅲ.①县-中小学-区域布局-研究-中国 Ⅳ.①G639.2

中国版本图书馆 CIP 数据核字（2016）第 042062 号

嵌入中国城镇化脉络的县域中小学布局调整

荣利颖 著

Qianru Zhongguo Chengzhenhua Mailuo de Xianyu Zhongxiaoxue Buju Tiaozheng

出版发行	中国人民大学出版社		
社　　址	北京中关村大街 31 号	**邮政编码**	100080
电　　话	010－62511242（总编室）		010－62511770（质管部）
	010－82501766（邮购部）		010－62514148（门市部）
	010－62515195（发行公司）		010－62515275（盗版举报）
网　　址	http://www.crup.com.cn		
	http://www.ttrnet.com（人大教研网）		
经　　销	新华书店		
印　　刷	北京易丰印捷科技股份有限公司		
规　　格	170 mm×240 mm　16 开本	**版　　次**	2016 年 5 月第 1 版
印　　张	14	**印　　次**	2016 年 5 月第 1 次印刷
字　　数	248 000	**定　　价**	45.00 元